宁波文化研究工程·专门史研究 ZM11.201201

宁波造船史

NINGBO ZAOCHUANSHI

林士民 著

ZHEJIANG UNIVERSITY PRESS
浙江大学出版社

序　一

　　地处长江三角洲和东海之滨的宁波,古称明州。自古以来就是我国舟船文化的发祥地和著名大港,宁波港的吞吐量据 2011 年 1 月 15 日中新网报道:2010 年宁波—舟山港货物吞吐量已达到 6.27 亿吨,已成为世界第一大港。作为造船重地和大港与明州齐名的还有广州、交州和扬州,《宁波造船史》领先于其他各地率先问世,不是没有原因的。

　　首先,在 20 世纪的 1973 年,发现于宁波市余姚县罗江乡姚江之阳河姆渡村的 7000 年前的新石器时期文化遗址及其河姆渡文化,是改写了中华文明史的。在考古学界众所周知,早在 1958 年前后,在同是长江三角洲地域的吴兴钱三漾和杭州水田畈两处 4700 年前的新石器时期的文化遗址中,都曾出土多把木桨。当 1960 年在《考古学报》上发表发掘报告时,都说这是属于黄河流域的龙山文化南进的结果。但是,当 1980 年在《文物》上发表关于河姆渡文化遗址的发掘报告时则改口说:长江流域也是中华文明的摇篮。因为,代表黄河流域的新石器时期的仰韶文化,是在河南三门峡市渑池县的仰韶村于 1921 年被首次发现的,后来在 1951 年、1981 年又有第二、第三次发掘,其年代大约在 6500 年以前。地处长江三角洲的河姆渡文化的年代,不仅不晚于而且还稍早于黄河流域的仰韶文化。从此,改写中华文化发源于黄河流域的一元说,确认黄河和长江同是中华古文明的摇篮,在中国的考古和历史学界开始取得共识。

　　河姆渡文化不仅传播到许多沿海岛屿,而且越海传播到中国台湾、菲律宾以至太平洋的波利尼西亚的许多岛屿上,最有力的证据就是史前石器有段石锛。据林惠祥研究报告,有段石锛最初由德国考古学家、民族学家海尼·格尔顿(Robet Heine Geldern)命名。由于分布在菲律宾、北波罗洲(沙巴)、苏拉威西岛以及太平洋的波利尼西亚的很多岛屿上的有段石锛,在形态上同中国大陆东南沿海地区的极为相似,但年代都逐次较晚。中外考古学家都认为这样较为复杂的石器制造技术不可能在世界各地同步发生,一般是起源于一处,而后随着制造人的迁徙逐次传播到所到之处。考古学界据此断定有段石锛起源于中国东南沿海,逐次传播到南洋和太平洋。本书作者林士民的研究认为:"河姆渡先民制作的石锛,是目前亚洲地区出土文物中最早的石锛,它的发展演变,向太平洋西岸及岛国传播脉络清楚,影响深远,成为国际文化交融中的典型器物之一。"①因此我们可以说,河姆渡文化不仅改写了中华文明史,同时也改写了世界文明交流史。

作为船舶史学和造船考古学参与者,我非常看重在河姆渡文化遗址出土的 7000 年前的雕花木桨。河姆渡木桨是十分精致的,堪称当年的艺术品。原始木桨的出现当然会更早,如果推到 8000 年前或更早一些,应当说也在情理之中。桨是随着船的出现而出现的,有舟未必有桨,有桨却必定有舟。根据河姆渡木桨,笔者在 2000 年出版的《中国造船史》中曾大胆预言:"独木舟在长江中下游和滨海地区形成于 8000 年前或更早,也概可定论。"笔者是幸运的,在两年后的 2002 年,在杭州萧山的跨湖桥新石器时期文化遗址,竟然看到了 8000 年前的独木舟。跨湖桥独木舟其年代之早,在中国和亚洲是唯一的,在世界上也是罕见的。据此,说中国的宁绍地区是舟船的发祥地,一点也不为过。像宁波这样造船历史悠久的地区,不仅在中国即使在全世界来看也是很少见的。《宁波造船史》的撰写和出版是有其必然性的。

作为造船古国,中国风帆出现得并不算早。即使把距今 3500 年前的甲骨文中的"凡"字释为帆,也不早于古埃及。况且,在中国学术界并不认同甲骨文中的"凡"字就是帆。考古学家林华东经过考证认为,在宁波出土的鄞州战国时期的青铜钺上的船纹为早期风帆的形象。目前在学术界对在战国时期出现风帆说较为认同。如此说来,宁波又有中国风帆的最早记录。

由于宁波地区造船技术的先进,直接推动了海外交通业的发展和港埠的繁盛。在唐代的明州,北通朝鲜半岛,东通日本,南行则经广州而到达南

---

① 林士民:《论河姆渡文化中的石锛》,收入《再现昔日的文明——东方大港宁波考古研究》,上海三联书店 2005 年版,第 24—31 页。

洋群岛、印度洋和西亚。由于造船业的发展和优越的地理位置，明州港具有重要作用，由唐到宋元以迄明清，竟长盛不衰。即使在今天，宁波港也是在中国占据领先地位的超级大港之一。

如果说隋代大运河里的龙舟船队，是中国最早的内河客船队的话，那么，北宋时期由宁波出发出使高丽的客舟和神舟，则是中国最早的海上客船队。北宋徐兢所著《宣和奉使高丽图经》，相当详尽地记载了当年的舟人（船员）的航海经验、船舶操纵技术以及他们对提高船舶性能的要求。其中特别记录了指南浮针在航海中的重要作用："是夜，洋中不可住维，视星斗前迈，若晦冥，则用指南浮针，以揆南北。"徐兢的这一记载是我国将指南浮针用于航海的最早记录之一。

林士民先生早年曾参与河姆渡遗址的考古发掘工作，在1979年更负责主持宁波市交邮工地施工中发现的北宋古船考古发掘工作。宁波北宋古船装设有减摇龙骨，在中国乃至世界造船史上这都是一项重大发现。宁波古船的这一技术比国外要早出大约700年。林士民这部《宁波造船史》，是考古学和文献学相结合的学术成就，其中就有作者本人的多年考古实践成果，真实而权威。自1979年开始对宁波北宋古船进行发掘和考古研究时起，笔者与林士民先生就有过密切合作，近30年来学术交往也不曾中断。应该说笔者对林士民的《宁波造船史》既较为熟悉，更感到亲切。《宁波造船史》中有许多个中国第一或世界第一，它在很大程度上丰富了中国造船史。因此，我们既要向作者表示祝贺，同时更要对他表示感谢。

中国既是造船古国，也是当今的造船大国。正是像林士民先生这样的许多有作为的考古学家，以他们在造船考古学领域的考古发掘成果，丰富了中国造船史。他们的成就和贡献，理应受到人们的尊敬。

是为序。

2011年2月于武汉理工大学

席龙飞，教授，中国船史研究会名誉会长、中国海外交通史研究会顾问、武汉理工大学造船史研究中心顾问。

序　二

解析明州舟船文化内涵，展现宁波辉煌造船历史。

宁波自古至今就是世界级大港和中国重要的航海造船基地之一，宁绍地区舟船文化内涵丰富、底蕴深厚，它对中国造船史作出过重大贡献。《宁波造船史》作者林士民先生以他丰富的文博学识和深厚的考古功底，精辟地解析了明州舟船文化和成功地展现了宁波辉煌造船历史，著就了一部地方特色明显且具有很高学术水准的宁波地区造船史专著，读后甚感欣喜，特序之。

《宁波造船史》凸显浙东地区的舟船文化亮点。例如，表征长江流域是中华文明发源地之一的河姆渡文化，反映越族先民水上活动的跨湖桥文化，不断开拓的明州港以及南北航路的开通，秦汉时期开创的"海上丝绸之路"，名扬南北的明州"神舟"、"封舟"等名船，记有古代先进航海造船技术的古籍《宣和奉使高丽图经》，出土的北宋宁波海船和明代象山海船，别具特色的浙江船型……这些都牢固地确立了宁波舟船文化在中国舟船文化中的重要地位。

《宁波造船史》在论述中不仅广引丰富的古籍文献资料，而且充分发挥了宁波出土古船研究成果的优势，得出令人信服的结论。"河姆渡遗址"出土的7000年前的雕花木桨和"跨湖桥遗址"出土的8000年前的独木舟充分证明了浙江先民善于航海；若鄞州战国青铜钺上船纹的早期风帆形象达成共识，那么它就成了最早的风帆纪录；北宋宁波海船的舭龙骨是中国古代造船技术的重大发明之一，它领先于西方约700多年；首见于明代象山海船的舱底铺板纵梁和既能减小构件跨距又不减小船舱空间的舱间肋骨无不反映出先民们的聪明才智。

《宁波造船史》在论述宁波造船发展史的过程中把它与航海史和海外交通史以及当时的经济、政治、文化背景等有机地结合起来,宏观地探索造船史发展的内在联系。秦始皇南巡、徐福东渡、海上丝绸之路、罗盘用于航海、明代海禁对造船的影响、鸦片战争后西方造船技术的冲击等都是很好的例证。

《宁波造船史》是一部贯通上下数千年的地域性造船史专著,它开创了中国地域性造船史专著的先河。它为推动宁波地区造船史的研究和宣传作出了重要贡献,并极大地丰富了中国造船史的研究,它对中国造船史深入发展所起的作用是不可低估的。相信不久将会有广州(广东)造船史、泉州(福建)造船史、上海造船史等地域性造船史专著随之问世,这正是学术界所期待的。

《宁波造船史》不仅是一部造船史学者爱不释手的好书,还将受到航海史界、海交史界、考古学界、文史学界等广大学者的欢迎,也是一部船史学科课程教学的重要参考书。

尽管《宁波造船史》作者掌握丰富的珍贵史料和出土沉船文物,但相对于该书所要探索的全部问题来说毕竟是有限的,还有一些课题有待反复探索,有待发掘考证,有待深入研究,这些正是该书给我们指出的今后需要花大力气的方面。

当然,任何著作都不可能十全十美,《宁波造船史》也是如此。不过,《宁波造船史》虽然还存在一些不能尽善尽美的地方,但毕竟小疵无伤大体。《宁波造船史》是林士民先生多年悉心研究的硕果之一,该书内容丰富、考证详尽、论述精辟、观点正确,它的成书实在是可喜可贺。

2011 年 2 月 7 日

何国卫,中国船史学术委员会古代史组著名专家,武汉造船工程学会船史学术委员会副主任,中国船级社武汉规范研究所教授。

目　录

导　论

　　以宁波余姚"河姆渡文化"为代表的史前文明是长江流域文明的发源地之一。它与黄河流域同时孕育着中华古代的文明，浙东宁绍地区大量的考古实物资料表明，"河姆渡文化"与"跨湖桥文化"具有广阔的海洋文化的文明，内涵丰富，其特征是善于航海的越族先民，创造发明了舟楫，通过独木舟楫的自然洋流的漂流，把"河姆渡文化"中的稻作农业和制作石锛的技术，传播到大洋彼岸，使文明的种子散播开花。

　　河姆渡先民不仅在江河中使用独木舟，进行采集、渔猎和耕种，而且通过航海的原始工具，对原始的文明进行传播，目前宁绍地区（包括舟山群岛）发现的河姆渡文化时期的遗址和它的后续文化遗址就是历史的见证。

　　越族先民发明制作独木舟楫，显示了古代浙东地区"刳木为舟"、"剡木为楫"的科学技术工艺水平和创造智慧，也证实了恩格斯在《家庭私有制和国家起源》中指出的"火和石斧通常已使人能够制造独木舟"的论断是正确的。跨湖桥边架艇独木舟的出现和宁绍地区多处木桨的出土，显示了在七八千年前时期水上交通相当的便捷。

　　这里值得一提的是中国江南与韩国、日本古代海上交往、影响究竟始于何时？"中韩跨海竹筏漂流技术探险活动"在两国学术研究机构的共同努力下，并得到政府的大力支持，采用最原始的交通方式——漂流，仅凭季风和海流，终于实现了从浙江宁波舟山海域漂流到韩国仁川，完成了人类文献中前所未有的壮举，这为解决朝鲜半岛、日本列岛文明起源和文化交流发展之谜提供了新的钥匙。河姆渡稻作农业在韩国、日本生根开花结果,以及有段石锛的传播变迁到落地生根,就是通过舟筏漂流而实现的。从此揭开了海洋传播之谜。

在夏、商、周三个时代,浙东的航海技术也有很大的发展,浙东地区风帆的出现,一说在8000~7000年前的跨湖桥文化时期;一说在春秋战国时期。风帆的出现与使用,大大改善了舟船的航速,为开拓海上航路创造了条件。越国的勾践建设句章港(即早期宁波港),成为越国通海门户,推动了海上交通大动脉的建成,使句章港成为战国时代我国九大港口之一。

古代宁波造船业随着港口的发展,造船航海也显得特别的活跃,到了秦汉至吴晋时期,在这长达5个多世纪中,越地的海上交通随着地域的开发,有了很大的开拓。秦汉时期主要表现在秦始皇东巡浙东句章(宁波)、徐福东渡日本。到了吴晋时,句章港区由城山移迁到姚江、奉化江和甬江三江交汇的"三江口",通过几代人的努力,随着造船业的发展,千里水道畅通,水上交通十分便捷,"三江口"不仅成为沿海水运枢纽,而且成为重要关塞,兵家必争之地;特别是远洋航线的拓展与吴越移民东渡日本等,开创了"海上丝绸之路"的文明对话。

在宁波地域出土了不少西域胡人各种形象与活动场面的"早期越窑"青瓷制品,在东汉的许多古墓中出土了不少的东汉时期玻璃串珠、东汉玻璃、琉璃瑱等舶来品。这一切表明,不仅远洋航线的开通活跃,而且宁波地域已是中西文明交流、交融的热土。吴越居民通过舟船东渡日本,给日本列岛文明的交融,注入了新鲜的血液,为发展东亚文化(贸易)圈作出了历史性的贡献。

唐代,明州港(句章港)、三江口港区,经过县治、州治的建设,并且由鄞县港升格为明州府(港),已成为与大唐交州(现越南地)、广州、扬州并称的四大名港之一。阿拉伯著名的地理学家伊本·大贝完成于844—864年的《道程和郡国志》中所指出的唐代四大港埠,依次为比景(Al-wakin)、广府(Khanfou)、越府(Djanfou)、江都(Kantou)。这四个港口,经过一百多年的研究表明,比景即交州(现越南地)、广府即广州、越府即越州(唐开元二十六年,将越州的鄞县划出建明州)、江都即扬州。这四个港口由于造船业发展,航海活跃,促进了港口的开拓与发展。这个发展不仅包括经济物质上的发展,而且更为重要的是文化发展上的交流、交融。明州港成了汉文化输出的主要的一个口岸。

在物质上的输出主要是对日本、朝鲜半岛、东南亚以至遥远非洲的通商贸易。在东亚贸易（文化）圈中，明州商帮的海运商团是一支不可低估的力量，不仅是东亚贸易圈中的主导力量，而且也是打造远洋海船的造船师，这与他们经营的海运商团是分不开的。张友信就是一位杰出的造船师，也是著名的航海家，这在日本《头陀亲王入唐略记》中作了详尽的记录。孙光圻教授对此也有详细的评述。

宁波港自古以来水上交通相当活跃。唐代龙舟在全国出土实为不多，反映了明州人民水上活动的历史情景，其制作工艺有借鉴之处。

在唐代，以明州港为基点，在东亚文化（贸易）圈中开拓的"南路南线"、"南路北线"，与朝鲜半岛斜渡黄、东海直达明州港定海县（即现镇海）的航线，不仅改变了航海的格局，而且在造船技术发展的形势下，这条航线快速、便捷。明州港远洋航线南接贾耽的"广州通海夷道"，北接"登州海行入高丽渤海道"，所以说随着造船业的发展，航道四通八达，为宋代明州成为国际化港口城市奠定了基础。

两宋时期，明州港在造船业上飞速发展，尤其是"神舟"的打造，技术水平凌驾于全国之上，为世界所罕见。此外，造船业的进步，还表现在明州匠师独创的减摇龙骨上，此项发明领先于世界水平。造船业的先进与发达，推动着港口航路的开拓与国际化，在两宋时期以明州港为中心，南至广州、印度洋直达到非洲古埃及的古都（福斯塔达）；北至登州，航路直通渤海国与朝鲜半岛。不仅南洋、北洋各国使舶、货舶入明州港上岸入宋，而且"大食藩客"阿拉伯等"化外藩船"运来各种香料等贵重舶货来明州贸易。明州港"虽非都会，乃海道辐辏之地，……故东则倭人，北则高句丽，舶商往来，物货丰衍"。当时"万里之舶，五方之贾，南金大贝，委积市肆，不可数知"，明州港已成为我国东南沿海的一处国际性的重要港埠。

这个国际性的港埠，在造船业上的主要成就有：

第一，出现了以载客为主的客舟。众所周知，隋炀帝巡江南的船队，可称得上最早的内河大型船队，而航行于海上的客船则始于北宋，就是明州打造的神舟和客舟。

第二，"神舟"都是朝廷赐名号。这类使团海舶"巍如山岳，浮动波上，锦帆鹢首，屈服蛟螭，所以晖赫皇华，震慑夷狄，超冠古今"，是宣丽人迎诏之日，倾国耸观，而欢呼嘉叹也。说明规格极高，为世上所罕见。

第三，先进的技术与设施。在徐兢《宣和奉使高丽图经》中详尽地记载了为提高大型海舶航海性能，增加航海安全而采取了一系列的技术措施，这些都是我国造船、航海之首创。

第四,舭龙骨的创造。关于舭龙骨的使用,我国文献记载比较迟,但是现有考古资料表明,宁波东门口出土的北宋外海船具有这一装置。席龙飞教授对此进行了研究,并发现它的存在,比外国使用此种舭龙骨减摇装置要早7个世纪,这是祖先对人类文明的一大贡献。

第五,指南针导航的典范。根据陈佳荣教授研究,综观宋代诸书,只有徐兢《宣和奉使高丽图经》才是最早明确记载中国海船如何使用罗盘导航,行走于专门的航线上的,而且始发及回归港均是明州,目的地则为朝鲜半岛。这就大大提高了历史资料的价值,也是对明州港地位的充分肯定。

元代,明州(庆元)港在宋代造船业发达的基础上,对港口的国际航线的开拓,远比两宋时广。庆元港不仅包办了与日本、朝鲜半岛的通商贸易,而且凡日本商船赴元贸易,几乎无一例外地在庆元港寄泊。元代统治90年间多次发动战争,其中三次海上大战,两次都将庆元港作为据点。例如第二次远征日本(至元十九年)有3500余艘战船,从庆元港出发。第三次,同年九月征爪哇,发兵2万,战船千艘,又会军庆元登舟渡海。这反映了庆元港在造船、修船、提供保障供给等上具有相当的实力。

元代还值得一提的是庆元港有海运千户所,到了元皇庆二年改海运千户所为运粮千户所,庆元才有了专职的海漕输运管理机构。从此担当了朝廷粮食的海漕运输任务,并且专有漕运的船队。

明代长达200年的"海禁"使繁荣兴盛的明州(庆元)的造船业与航海业一落千丈;虽朝廷规定宁波与日本长崎作为"朝贡"贸易的对口港埠,也只有十几年来一次"贡船",宁波港一改宋元时代千樯万楫的盛况,而呈现出一派萧条景象。

明代浙东沿海是海防重地,各地卫所均配备战船,设有造船场(厂),促进了造船业的发展。明代战船的发掘,在很多方面与蓬莱发掘元末战船有相似之处,这对研究复原明代战船,提供了不可多得的第一手资料。在造船业上受到清廷重视的表现是对宁波征用"封舟";在与日本长崎港等通商贸易中的所有中国船舶中,独宁波船舶计有两种,并在日本遗留了不少宁波船史料。这不仅反映了宁波的造船业,而且也说明在日本港口中,日本人民十分重视宁波船。

宁波绿眉毛和疍船,前者是浙江古老的传统的一种船型,后者是为漕运而创制的一种船型,在当时都发挥了相当的作用。

　　明代停泊锚具的出土与研究,不仅为了解宁波港聚集的舟船所使用的停泊工具的形制、制作工艺,而且为了解物理性能化学变化给锚具保护、断代提出了科学的依据。

　　鸦片战争前,宁波的造船业是在曲折缓慢中持续发展。鸦片战争后,在中西文化碰撞交融中,宁波商帮中有识志士首先接受了西方先进文明,率先引进中国近代第一艘机械轮船。从此,宁波港结束了几千年来单一木帆船航海时代。港区的变迁,船型的变化,使宁波港在近代化的道路上,迈出了具有重要历史意义的一步,成为宁波港在使用西方先进技术和创办洋务的先声。

　　船型的研究。宁波船属于"浙船"的代表。杨熹教授、王冠倬研究员认为船型"从其航行水域不同来说,先有海船与江河船两种;以形制来分,也只有平底和尖底两类而已";"引生出唐宋定型的广船、福船、浙船"。席龙飞教授在论及明代船型时认为:"福船,是福建、浙江沿海一带尖底海船的统称,其所包含的船型和用途相当广泛。"

　　船型的形成与出现,往往与航运地域的地理环境有着密切的关系。通过对地域船型的对比研究表明:福船尖头尖底,呈 V 字形,而浙船尖头底部,呈 V—U 字形,这样就形成了浙船与福船在结构造型上的明显差异。

　　关于浙船船型,不论文献记载还是考古发掘资料都表明,除沙船以外,它比其他船型都要早。早在北宋元丰元年(1078)朝廷在明州定海(今宁波镇海区)首次打造两艘"神舟",徐兢在《宣和奉使高丽图经》中记载十分详尽,概括为"上平如衡,下侧如刃"。这类船型成为我国海洋客舟的首例,而且名号都是朝廷赐的,所以说这类浙船也成了我国文献最早的记载了。从我国已有出土海船资料看,最早的也只有宁波出土的北宋"尖头、尖底、方尾"的外海船实物资料,并且也是我国最早出现减摇舭龙骨的装置。这些都是具有开创性的。目前福建泉州南宋古船,为研究复原福船提供了全方位的详尽资料。在南宋时朝廷命令明州打造平底船,即遭到明州造船师的反驳,说"平底船不可入海"。这说明在宋廷的官方,认为海船是"平底船"。从这一角度说明浙船海船型源于浙东,具有划时代的意义。

　　为了解与保护木质船舶的建造工艺,对宁波沿海地区的舟山、镇海、象山、宁海、奉化等市县进行了实地考察调查,获得了一批极为宝贵的照片与口碑资料,专门列章节加以叙述,成为保护建造木帆船工艺非物质文化遗产的极为重要的一页。

新中国成立后的宁波造船业，波澜壮阔的新篇章，还有待于后学者谱写。

本书系属宁波市哲学社会科学发展规划领导小组 2011 年度宁波市文化研究工程项目之一。为了认真做好该书的撰写，作者力求文字精练，图文并茂，通俗易懂，使本书成为一部具有一定学术性的著作。

第一章　宁波造船的起源时期

　　中国既是一个大陆国家,也是一个海洋国家。长江、黄河同时孕育着中华古代文明。古老的中华民族,有广阔的海洋文化,内涵丰富。古宁波[①],地处我国东南沿海,大量的考古资料表明,以宁波余姚河姆渡文化为代表的先民,不仅哺育了东南沿海的百越人,而且也是我国先民中乘舟弄潮的先驱。通过海上的漂流,把"河姆渡文化"和它的后续文化辐射到东北亚的朝鲜半岛与东亚的日本列岛;远播至太平洋的波利尼西亚等诸岛。古宁波渡水工具中筏具有一定的代表性,它不仅是浅水的航运工具,更适合于海上漂流。宁波、绍兴地区古老的独木舟的制造运用,是渡水工具的一项重大突破。独木舟与筏相比,有显著的优点,即独木舟可提供相当的水密空间。独木舟还具有一定的干舷,即有一定的储备浮力。它不仅可适应载重的增减,而且能承受一定强度的波浪的袭击。因此,独木舟的出现,是真正意义上的舟船。中国是世界上最早制造独木舟的国家之一,尤其是地处东南沿海的古宁波,在七八千年前,已能制作独木舟。萧山跨湖桥、余姚河姆渡遗址出土的独木舟、多处木桨等遗物表明,古宁波地域造船年代远比文献记载早得多,保存下来的遗存丰富,说明江河海洋水上交通相当活

---

　　① 　古宁波,主要是指古宁波地域的范围。在三代时浙东一带都属于宁波;越国时的范围也是属于大宁波地域,东到舟山群岛,西至钱塘江,南到温州边界,北至杭州湾;直到新中国成立后,包括舟山、天台、绍兴等地区也属于宁波,因此这里称古宁波,实际上包括清代宁绍台地域。当时宁绍台道就是设在宁波府城。宁波市地方志编纂委员会:《宁波市志》,中华书局 1995年版。

跃。在海洋漂流与文明传播上,实践证明,人们只要顺其自然勇于探索,筏排、独木舟掌握得好,完全可以到达大洋的彼岸,将文明的种子进行传播。

第一节　原始的渡水工具

古宁波地区先民们聚族定居,目前发现的许多新石器时代的遗址表明,仅宁波(包括舟山地区)的版图内就有几十处(见图1-1),年代早的距今7000多年,晚的也有4000多年。大量出土的文物证明,这些聚族先民,定居种植庄稼,江河海上采集渔猎,其生产、生活都已经与渡水工具紧密相连在一起。

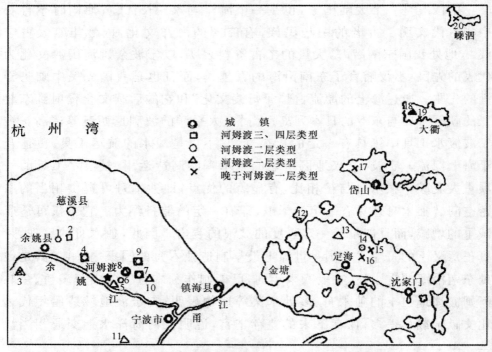

城　镇
河姆渡三、四层类型
河姆渡二层类型
河姆渡一层类型
晚于河姆渡一层类型

1.兵马司　2.童家桥梁　3.钱汗湖　4.朱山　5.汪界　6.下庄　7.妙山　8.五星
9.字桥　10.小东门　11.蚕蛟　12.马目　13.塘家墩　14.十字路　15.大支
16.湖面　17.馒头山　18.孙家山　19.蛤蟆山　20.菜园镇

图1-1　河姆渡文化遗址分布图

一、原始的泅渡工具

古代先民们为了采集猎取食物，选择浮性好的自然物体，作为泅渡工具。纵然是挎着一段枯木渡水，这类情况在现实生活中，也是常有的，对古人来说也是经过多次实践而取得的重大突破。古书《淮南子》记载："见窍木浮而知为舟。"《物原》中说："燧人氏以匏济水，伏羲氏始乘桴。"匏是自然界生长的葫芦，桴是渡水用的筏。古代水上交

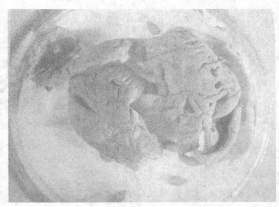

图1-2　河姆渡遗地出土的葫芦种子

通工具，先民们也是因地制宜，从实际出发逐步认识而形成的。有的被称为"腰舟"，实际上是利用葫芦扎于腰作为济水工具，7000年前的"河姆渡文化"时期，在河姆渡遗址中就出土了许多葫芦与种子（见图1-2）。《诗经·邶风·匏有苦叶》中云："匏有苦叶，济有深涉。深则厉，浅则揭。"在《国语·晋语》中也云："夫苦匏不材，于人共济而矣。"这些记载都说明古人确实利用葫芦作为渡水工具。

二、竹木筏渡水工具

在浙东沿海一带，一边靠山，一边则靠着海洋，由于靠山近水，因此经常利用浮力较大的木头、竹子作为渡水工具。宁波目前常常能够见到，在浅溪水河流中，人们撑着竹筏装载着货物，安详地坐在竹筏上……在盛产木材的山区，为了销售常常将木材编成木筏，在江河中自运，顺江而下。南宋陆游云："皆不复能入峡，但行大江而已。"[①]

古宁波地区筏是由单体浮具发展起来的。祖先们开始为求稳定采用了藤或绳索将竹或木连起来形成了筏。据考，筏因其大小和材料不同，名称也有不同。《尔雅》云："桴、栰，编木为之。大曰栰，小曰桴。"在此文注说

---

① （宋）陆游：《入蜀记》卷四，不足斋丛书。记载的系宋乾道六年（1170）入蜀任夔州通判时所见所闻。

中云："木曰簰，竹曰筏，小筏曰桴。"把竹筏、木筏大与小说得一清二楚。

浙东沿海盛产竹，竹筏的使用相当广泛，从古代（见图 1-3）直至目前，在宁波国家级风景旅游区的溪口风景区，竹筏成了游客游溪玩水的工具。

在宁波地区出现的渡水工具葫芦、筏，它们既没有容器形态，又没有干舷，因此不能算船。直至独木舟问世，人类文明史上才真正出现了船。

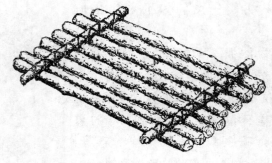

图 1-3　古代筏

第二节　独木舟与寄泊点

古宁波地区独木舟究竟在何时出现？自从宁波余姚河姆渡遗址发掘以来，在发掘清理过程中，出土了独木舟残件，被确认为是独木舟①，专家学者一致认为宁波地域独木舟最早也在 7000 年前已经存在。但是古文献记载中说法就不一样。在《易经·系辞》中说是皇帝、尧、舜挖空木头做成舟，切削木头做成桨，就是《易经》中"刳木为舟，剡木为楫，舟楫之利，以济不通，致远以利天下"。《吕氏春秋》认为是舜臣子虞句发明舟，《舟赋》也说皇帝臣子道叶"刳木为舟，剡木为楫"，在《拾遗记》中又说皇帝从木筏改进而做成了舟。种种说法都反映了独木舟的出现、制造发展的规律。著名的古船史研究专家席龙飞教授说从"以匏济水"到"始乘桴"，"再变桴以造舟楫"，且准确地说明了舟船发展的层次和规律。"刳木为舟，剡木为楫"即将木材"剖其中而空"为刳，"削令上锐"为剡。② 所以刳木与剡木，则是真实地反映出独木舟和桨的制作过程。

---

① 吴玉贤等：《史前中国东南沿海海上交通的考古学观察》，《中国与海上丝绸之路》，福建人民出版社 1991 年版。

② 席龙飞：《中国造船史》，湖北教育出版社 2000 年版，第 3 页。

一、独木舟残件遗存

河姆渡遗址,通过 1973 年、1977 年①两次大规模的发掘(见图 1-4),出土了数以千计的文物,其中包括独木舟残件(见图 1-5)和一批木桨(见图 1-6、图 1-7)。不仅在河姆渡遗址出土,在北侧相隔不到五里的田螺山遗址探方中也出土了三支木桨。独木舟使用废弃后的残件被当做桩使用,在发掘中可以十分明显地

图 1-4　河姆渡遗址发掘现场

见到独木舟头部保存尚好,其舟体被挖空,二舷明显存在。在河姆渡遗址中,著名的"干栏式"建筑工艺,具有相当先进的水平。7000 年前的河姆渡先民们,已经熟练地运用石斧、石凿,切割出各种榫卯等建筑构件(见图 1-8 至图 1-13),也能制作其厚度仅一公分的企口板。独木舟的制造成功,使先民们的水上活动能力又向前推进了一步。

图 1-5　河姆渡遗址出土的独木舟残件

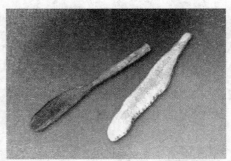

图 1-6　河姆渡遗址出土的木桨

---

①　浙江省文物考古研究所:《河姆渡——新石器时代遗址考古发掘报告》,文物出版社 2003 年版,第 7 页。

图 1-7　河姆渡遗址出土的木桨

图 1-8　榫

图 1-9　销钉孔榫

图 1-10　燕尾榫

图 1-11　燕尾榫出土情况

图 1-12　直棂栏杆

图 1-13　石斧
（独木舟制作工具）

对于"刳木为舟",从发现的残存独木舟容器形态和干舷看,制作已相当成熟,在独木挖空中石斧、石凿的削割开挖痕迹明显,底部都较两侧平坦光滑,显示了原始工艺的真实面貌。

2001 年,从绍兴西边的萧山市(现行政区划归杭州市为萧山区)跨湖桥遗址,出土了年代为距今 8000 年的独木舟(见图 1-14 至图 1-17),又为我们研究探索宁绍地区在史前制造独木舟提供了实物例证。从年代上看又比河姆渡遗址出土的独木舟提前了几百年。

图 1-14　跨湖桥遗址出土的独木舟

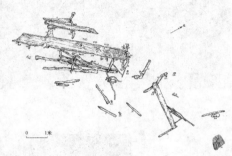

图 1-15　跨湖桥遗址独木舟遗迹平面分布图

图 1-16　独木舟

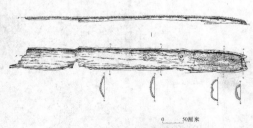

图 1-17　独木舟平面、剖面

跨湖桥遗址独木舟,系用松木剖开挖凿而成,残长 5.6 米,残宽 0.52 米,两侧还各发现一支木桨(见图 1-18、图 1-19)。独木舟两侧至少有 6 根倒卧的长木料与独木舟平行,长度达 2.5～2.8 米,另外一些短木料与舟体、长木料大致垂直(见图 1-20)。鉴于这些迹象,原发掘者推测为中国古代的"边架艇",但也有人认为船体上不见捆绑边艇与船体间连接横木的孔洞,也没有发现确定的边艇浮材。对比南岛语族"边架艇"的设置方式,倾向于跨湖桥的独木舟,可以通过船舱内的横杆捆扎绳索的方式,将边艇浮材和连接横木安装起来,未必都要在船舷穿孔捆扎横木。上述这些迹象都指向一个共同的设想,跨湖桥的独木舟很可能是一艘适于海上航行的"边架艇"独木舟。①

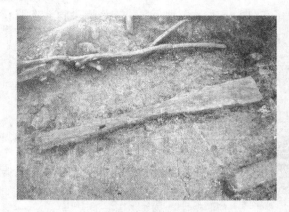

图 1-18　木桨

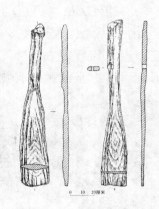

图 1-19　木桨线图

图 1-20　独木舟边的长木条

①　浙江省文物考古研究所等:《跨湖桥——浦阳江流域考古报告之一》,文物出版社 2004 年版,详见专栏。

在独木舟清理时,发现东北端保存基本完整,船头上翘(见图 1-21),离船头 25 厘米处,宽度突增至 52 厘米。弧收面及底部的上翘面十分光洁,离船头 1 米处有一片面积较大的黑炭面,东南侧舷内发现大片的黑焦面(见图 1-22),西北侧舷内也有面积较小的黑焦面,这些黑焦面当是借助火焦法挖凿船体的证据。离船头 42、67、110 厘米处有三组横向裂纹。船头留有宽度约 10 厘米的"挡墙",已破缺。船舷仅在船头部分,保存约 1.1 米的长度(见图 1-23),其余部位的侧舷均以整齐的形式残去,残面与木料纵向的纹理相合。仔细观察残面的延伸,刚好处在侧舷折收的位置。从这一现象推知,独木舟的深度比较平均。船的另一端被砖瓦厂取土挖失。在独木舟清理中,发现沿独木舟的周围,除木桩、桩洞外,舟体东北端底部还垫有一根横木,编号 14。舟体中部西侧,还有一根横木板,编号 3。3 号横木紧挨排桩 2(见图 1-24、图 1-25),垂直相交,但未直接伸入舟底。舟体中部偏南,还发现有一块上部平整的大石块,编号 25,紧枕船底。石块宽大于 40 厘米,长大于 45 厘米,厚约 15 厘米。

图 1-21 独木舟头部

图 1-22 舟内壁黑焦面

图 1-23 独木舟舷部

图 1-24 排桩与长条木

图 1-25　独木舟尾部破残

　　经鉴定,舟体松木(见图 1-26 至图 1-28),5 号为栎木,12 号为酸枣木,19 号为枫香木。

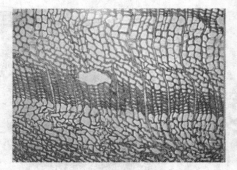

图 1-26　舟体松木横切面

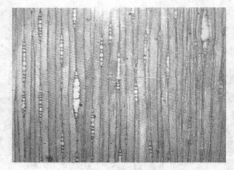

图 1-27　舟体松木弦切面

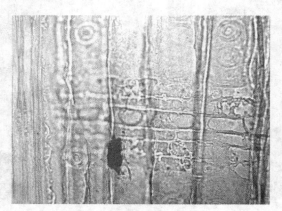

图 1-28　舟体松木径切面

从上述现象分析推知,枕石与横向垫木应该是出于平稳的需要,说明舟体的摆置有特别的要求。

独木舟的东南侧有一堆木头,分木料与自然树枝两类。其中 1 号木板长 248 厘米,宽 24 厘米,厚约 2 厘米。有一根整木(编号 19),整木长 250 厘米、直径约 22～26 厘米,两端截面隆凸不齐,从许多错杂相切的断面分析,当经过锋利石器所加工。

独木舟的两侧,还各发现一支木桨,编号 J1、J2。J1 号木桨保存较差,已开裂,长 140 厘米,桨板宽 22 厘米,厚 2 厘米,桨柄宽 6 厘米,厚 4 厘米;J2 号木桨保存完整,长 140 厘米,桨板宽 16 厘米,厚 2 厘米,桨柄宽约 6～8 厘米,厚约 4 厘米。柄部有一方孔,长 3.3 厘米,宽 1.8 厘米,凿穿,孔沿及孔壁光整,无磨损痕迹。经鉴定,5 号、10

图 1-29　砺石

号木材均为松木。在木堆及独木舟周围发现砺石(见图 1-29)、三个锛柄(见图 1-30)和多个石锛,尤其是锛柄较集中发现,应该与木作加工现场有关。另外,在船的侧舷,还发现数片石锛的锋部残片(见图 1-31)。

图 1-30　木锛柄

图 1-31　石器碎片

综上所述,上述遗迹应该是一个与独木舟有关的木作加工现场。但独木舟已经制作完成,旁边的堆料的形态与尺寸也不符合制造独木舟舟体的要求,那么这些木料干什么用?或许我们可以从“边架艇”的概念及形态特征中得到启示。

边架艇,中国古代谓之戈船。这戈船即今太平洋上的边架艇,就是在独木舟的一边或两边绑扎木架,成为单架艇或双架艇。任何小船加上单架或双架,在水上航行虽遇风浪,不易倾覆。架的形状似戈,就是戈船名称的由来。[①]

跨湖桥独木舟遗迹是一个木作现场,这个木作现场与边架艇有关,由独木舟改造成边架艇需要辅助木料。

(1)旁边的剖木料长者近3米,大小、体量与独木舟舟体的体积相匹配,南太平洋独木舟数据有这样的记载:"……两旁则有浮木以增加其平稳。这些平衡的浮木大概有半个独木舟长,并且穿过船壳的洞,用纤维质的东西使其稳固在每一边上。"[②]

(2)独木舟的侧舷以整齐的方式断去,可能与绑缚边架的方式及在航行中的特殊受力有关。

(3)独木舟为残破状态。当时制作一条独木舟不容易,特别是这条独木舟用工考究,正是因为船舷坏了,更需要一种相适应的绑架形式,以取得较好的航行与稳定效果。在独木舟发明之前,有一个使用木(竹)筏的时代,从逻辑上讲,边架船是筏子的延伸形态,只不过增加了一个主载体(独木舟),因此,在独木舟遭损的情况下,继续加以利用是十分自然的。

体态轻薄是跨湖桥独木舟的重要特征。可以推测,这是为了方便不同环境中的使用,在小河、沼泽,采用独木舟的形式,到大湖或大海地区,就采取边架艇的形式。

二、舟桨的制作工艺

关于独木舟的制造方法,文献记载极为简略,只有区区"刳木为舟"四字,至于如何具体施工,则全无交代。摩尔根在《古代社会》一书中指出:"燧石器和石器的出现早于陶器,发现这些石器的用途需要很长时间,它们给人类带来了独木舟、木制器皿,最后在建筑房屋方面带来了木材和木板。"恩格斯在《家庭私有制和国家起源》中说得尤为明确:"火与石斧通常

---

① 凌纯生:《中国远古与太平印度两洋的帆筏戈船方舟和楼船的研究》,《"中央研究院"民族学研究所专刊之十六》,1970年。

② 凌纯生:《中国远古与太平印度两洋的帆筏戈船方舟和楼船的研究》,《"中央研究院"民族学研究所专刊之十六》,1970年。

已经使人能够制造独木舟。"①这些论断是调查世界范围内独木舟诞生状况后总结出来的,具有普遍意义,也符合中国制造独木舟的情况。造舟时用火,是为了减轻辛劳与提高效率,必须以刀斧的砍削为前提,因而它只是一种辅助手段。据我国云南省纳西族相传,他们的祖辈们在制造独木舟时就曾经用火。先挑选一棵长短粗细均为合适的树段,将它的一面砍平,在平面上大致勾画出应该挖去的那一部位的轮廓;又将这一部位分为若干段,开挖时逐段依次加工,但不将前后两段打通,而是在相邻的两段之间保留一段薄薄的隔板,等到将各段陆续挖成,再将各段间的隔板打去,稍加修整,就成为一条可以使用的独木舟。开挖各段时,并不仅仅全凭人力运用刀斧,那样太费力气和时间,而是先用刀斧砍削,然后在木屑上点火任其燃烧;火焰烧光砍削下来的木片碎屑,也烧掉周围未砍的一部分木质;然后再砍再烧,重复进行;完成一段后再以同样方式开挖下一段,直到挖成全舟。除民族史数据外,出土的独木舟实物也提供了火与工具并用的例证。1970年在浙江省温岭出土的古代独木舟,残长 7.2 米,中部宽 1.1 米,深约 1.5米,舟体内有先用火烧然后再用工具挖凿的痕迹。广东化州县的独木舟,两舷内侧那七道左右相对微微突起的木棱,就是挖舟过程中打去隔板时残留下的痕迹。1964 年在广东省揭阳出土的楠木独木舟,全长约 12 米,在舟体内部尚可看出有四道隔板。出土文物与民族学史材料有力地证明,我国自古以来就是采用工具与火并举的方法来制造独木舟的。这种方法能减少体力消耗而收到较大效果,时代越早,工具越落后,越显示出这种方法的优越性。原始人群用火作辅助手段制造独木舟,正是他们智力发展的一种表现。

对于"剡木为楫"的木桨,更是引人注目。在河姆渡遗址发掘中所见到的雕花木桨,以出于第四文化层为多。② 第四文化层共存文物、木头经过 C_{14} 测定为 7000 年以前。这些木桨都是用单块木料加工而成,桨把与桨叶自然相连,不用榫卯相接。保存较好一支残长 92 厘米,另一支残长 63 厘米,宽 12.2 厘米,厚 2.1 厘米。柄部残,断面呈方形,粗细仅能用手握。这种木桨做工精细,桨叶与桨柄结合处阴刻了弦纹和斜线纹图案。这类木桨

① 恩格斯:《家庭私有制和国家的起源》,《马克思恩格斯选集》第四卷,人民出版社 1972年版,第 19 页。

② 吴玉贤等:《史前中国东南沿海海上交通的考古学观察》,《中国与海上丝绸之路》,福建人民出版社 1991 年版。

不仅在浙东原始社会聚落遗址中多次发现,在浙江杭州水田畈[①]和吴兴钱三漾也出土了6支,经测试为4700年前遗物。木桨、舟体的出土,再一次证明有桨必有舟。所以在宁绍地区从8000～7000年前时期,独木舟的制造与运用,已相当频繁。

三、最早原始寄泊点

舟楫的出现和应用,对于促进生产发展和文化交流都具有重大的历史意义。在跨湖桥遗址、河姆渡遗址、田螺山遗址等处,不仅出土了木桨和独木舟残件,而且还出土了不少舟形陶器。这些舟形陶器当是先民们广泛使用独木舟的实物例证。

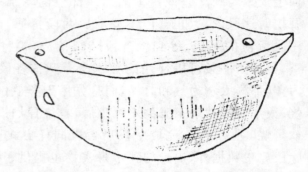

图1-32　陶舟线图

在河姆渡遗址中,除了出土独木舟残件、多支木桨外,同时在第三、第四文化层中出土(采集)了多件陶舟,其中典型的有两件。一件(见图1-32、图1-33)是舟形夹炭黑陶器,其长为7.7厘米,高3厘米,宽2.8厘米。两头尖、底略圆,尾部微翘,首端有一穿绳孔。俯视为棱形。另一件是长方

图1-33　夹炭黑陶舟

形的二头平,中间挖空,二舷平直,底部平圆,俯视为一长方形独木舟。参观现场考古发掘的考古专家认为这是模仿独木舟的制品,因为河姆渡遗址中出土的许多这类陶塑作品,基本上是写实作品,是生活中实际存在的实物模仿。“不论说舟形陶器是艺术品也好,是冥器也好,是玩具也好,这些

---

① 浙江省文物管理委员会:《杭州水田畈遗址发掘报告》,《考古学报》1960年第2期。

舟形陶器它确是仿实际生活中存在着舟船。"①

　　河姆渡遗址为中心的四周已发现了一大批同时代的社会聚族居住地，在这些遗址里又出土了不少木桨和独木舟残件。在7000～6500年前之际，在这里已形成了这些独木舟白天在江河海上捕捞渔猎，晚上就停泊于海边聚族周围，成为我国原始社会时期最早的寄泊点。②

第三节　漂流与文明传播

　　"河姆渡文化"典型的遗址是余姚河姆渡遗址，在遗址发掘中出土了不少先民定居的"干栏式"建筑，这些建筑可谓是7000年前世界建筑中的瑰宝。在这里定居的河姆渡先民，其突出的贡献是多方面的，尤其引起世界各国考古、历史、农学家关注的是稻作农业与生产工具有段石锛。研究表明，河姆

图1-34　河姆渡遗址出土的稻谷

渡遗址种植的稻谷，在遗址中堆积（包括叶子），厚度有的在50厘米以上（见图1-34），面积也相当大，证明在7000年前，这里是人工栽培稻谷的发源地。③ 这里也是生产工具石制的有段石锛的发源地，④可称为世界上最早种植稻谷和发明有段石锛的地区。

---

　　① 吴玉贤：《从考古发掘看宁波地区原始居民的海上交通》，《史前研究》1983年创刊号，第56页。

　　② 陈绍昌主编：《宁波港史》，人民交通出版社1989年版，第8页。

　　③ 游修龄：《从河姆渡遗址出土稻谷试论我国栽培稻谷起源、分化与传播》，《稻作史论集》，中国农业科技出版社1993年版，第60页。

　　④ 林士民等：《石锛的发源地》，《万里丝路——宁波与海上丝绸之路》，宁波出版社2002年版，第9页。

一、竹木筏传递文明

随着海洋文明的启蒙,先民们利用原始的独木舟、竹木筏的漂流远涉重洋,把东南沿海著名的"河姆渡文化"的稻作农业与有段石锛制作技艺传播到东亚的日本列岛、东北亚的朝鲜半岛,代代相传,一直传播到太平洋沿海岛屿(见图 1-35),目前在菲律宾、北婆罗洲、苏拉威西岛以及太平洋的波利尼西亚群岛和复活岛,都出土了有段石锛(见图 1-36),中外考古学专家研究表明,它们源于中国"河姆渡文化"①,通过海道逐次传播到南洋和太平洋。有段石锛通过大海,向远离大陆的岛屿传播,利用原始的独木舟、竹木筏的海上漂流当是唯一的途径。海洋文明的传播、交流,古代唯一的途径是通过舟船来实现的。为了证实漂流的客观存在,浙江大学韩国研究所与韩国东国大学联合组织了两次海洋漂流探险,由宁波(舟山朱家尖)用竹筏起航,利用自然洋流季风进行,目的地是韩国(见图 1-37)。②

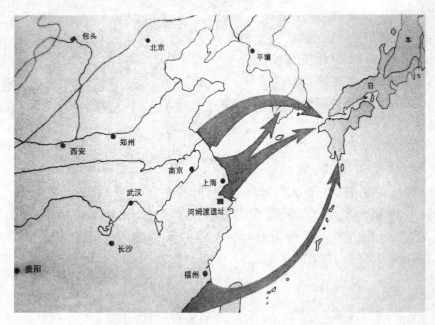

图 1-35　稻谷传播图

---

① 林士民等:《万里丝路——宁波与海上丝绸之路》,宁波出版社 2002 年版,第 15 页。
② 金健人:《中韩海上交往史探源——中韩跨海竹筏漂流探险研究报告》,学苑出版社 2001 年版,第 14 页。

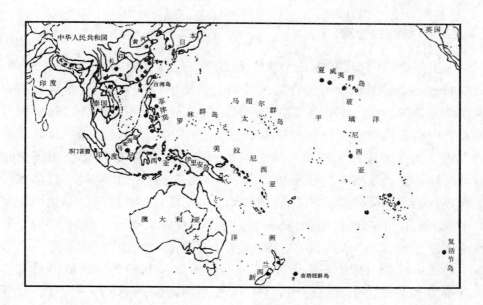

图 1-36 石锛传播图

图 1-37 1996 年、1997 年两届中韩竹筏漂流航线图

二、为揭秘探险漂流

中国江南与韩国、日本的海上交往到底始于何时？浙江地域与韩国、日本的海上交往到底始于何时？这些历史之谜的解决，不仅关系着远古中国江南与韩国、日本的人种交融、文明发展、文化交流诸问题的解决，而且关系着中国江南特别是浙江与韩国、日本的现实交流与合作，同时，还关系到古代日本列岛从野蛮时代向蒙昧时代转变的过程中如何受到中国文化影响的问题。为了解开这些历史之谜，经外交部、公安部、解放军总参谋部批准，浙江大学韩国研究所[①]和韩国探险协会、东国大学共同策划组织实施了 1996 年、1997 年两届中韩跨海竹筏漂流学术探险活动。1996 年的中韩漂流由于受台风影响，竹筏在距韩国黑山岛不远处折转方向漂向山东半岛。1997 年 6 月 15 日至 7 月 8 日，一名中国队员和四名韩国队员驾驭着最原始的水上交通工具——竹筏，采用最原始的交通方式——漂流，仅凭季风和海流，不用任何机械动力，经过 24 天波谷浪尖的颠簸，终于从浙江舟山漂流到韩国仁川，完成了人类文献记录中前所未有的壮举，为中韩友好交往史写下了浓墨重彩的一笔。

中韩竹筏跨海漂流的成功，验证了中国江南与韩国的海上交往应不会晚于新石器时代，所凭借的交通工具不是船而是筏。这就把学术界一般所认为的中国江南与韩国的海上交往始于战国时代向前推进了几千年。这一学术探险成果的取得，改写了东亚研究史，令一系列中韩之间和中日之间的千古之谜显出了轮廓。譬如：朝鲜半岛和日本列岛是何时开始由野蛮步入文明的？如果说是中国大陆文化传入的影响，那最初的途径是什么？作为朝鲜半岛和日本列岛的最基本的生活方式是稻作文化，一般都承认这是中国稻作文化的东传，但它的东传之途在哪里？起源于长江中下游地区以河姆渡为中心的稻作文化，对于朝鲜半岛和日本列岛的民族生存和文明发展起到了不可估量的作用，然而，稻作文化的东传途径一直是学界的论争焦点，而解决该论争焦点的关键则是：三四千年前的条件是否可能让人从中国江南直接渡海到达朝鲜半岛和日本列岛？中韩竹筏漂流的成功，无疑为稻作文化直接海上东传说提供了最有说服力的论据。

---

① 浙江大学韩国研究所即为原杭州大学韩国研究所。因 1998 年 9 月，原浙江大学、杭州大学、浙江农业大学、浙江医科大学四校合并，组建成新的浙江大学，故而同时更名。

　　浙江境内被发现的近五十座支石墓与韩国支石墓具有怎样的联系？它们是通过陆路由朝鲜半岛北端传到北中国再传到南中国，或者是越过黄海通过山东半岛再传到浙江沿海，还是直接由东海和黄海的水路把浙江与韩国联系了起来？另外，海上丝绸之路、海上陶瓷之路的探寻，等等，这些发生于史前的中韩或中日海上交往，都关系到东亚诸民族的人种交融、文明发展以及文化走向等重大问题的研究。

　　通过两次竹筏漂流，在中韩海洋文化考察和水文资料收集方面也收效甚大，用实例证明了从浙江沿海出发，遇东风可到达山东半岛，遇南风、西风、西南风均可到达黑山岛；从黑山岛出发，遇东风可到达山东半岛，而到达韩国西海岸则需要西风或西南风。同时发现在这一海域，沿海逆流对航行影响不大，而海风对航行的影响则是绝对的，证实了东海北部和黄海具有地中海性质。而且两次漂流路线，除遇台风外，都与宋代徐兢奉使高丽的路线基本重合，从而以实践证明了该路线就是古代利用季风和海流从中国江南到达韩国的自然漂流路线。还有，探险队还发现不同海域的海流流量、流速差异很大，甚至可以方向相反。在舟山外海附近分界，往东航行再由南向北，凭借外洋潮流可漂向日本列岛；反之如不向东航，顺从渤海湾沿海岸南下的潮流，在长江口附近调头可漂向韩国。这就说明根据朝鲜半岛、日本列岛相对中国长江下游地区呈扇性展开的特点，由中国长江口周围漂流到朝鲜半岛南部和日本九州岛等地的机会是基本均等的，这就为解开日本列岛的文明起源和文化发展之谜提供了新的钥匙。

　　1996年中韩竹筏漂流由于中途遇台风，在快到韩国黑山岛时被刮偏航向，探险队便改变目标，根据张保皋经营中、韩、日三国海上贸易的古代路线，探险队恰好把张保皋当时在南中国的重要据点普陀山和北中国的重要据点石岛连接了起来。中国的制瓷工艺特别是浙江的青瓷工艺，就是通过海上航线传到韩国去的。

　　1997年中韩竹筏漂流探险队（见图1-38）由一名中国队员和四名韩国队员组成，中国队员吴连宝（见图1-40），曾在部队获得过全军武装泅渡冠军。队长尹明喆（见图1-39）是韩国东国大学讲师（现为东国大学教授），另三名韩国队员是崔容根、朴晶彬（见图1-41）和金成植。竹筏用近80根大毛竹纯以麻绳绑扎而成，长10米，宽4.5米，两个风帆，一个舵，一把橹，一把桨。竹筏上盖一小木棚，既可睡人又可存放物品。在二十多天的漂流中,虽途中遇到台风,但由于竹筏重心低表面张力大,实践证明具有非常好的抗风浪能力,完全可以胜任家庭搬迁和民族迁徙的需要……

图 1-38　漂流探险队待发

图 1-39　尹明喆队长

图 1-40　中国队员吴连宝

图 1-41　韩国队员朴晶彬

　　竹筏漂流不仅是一次现代人用原始工具和原始手段与远古进行历史性对话的创举,验证了浙江地域与韩国自古以来海上交往的历史,而且对浙江省与韩国的现实交流合作也意义深远。据不完全统计,《人民日报》、《解放日报》等 40 多家报纸,中央电视台、上海电视台等 20 余家电视台,中央人民广播电台、浙江人民广播电台等 20 来家电台,《中外交流》、《当代韩国》等 10 家杂志,以及 KBS 电视台、《朝日新闻》、《朝鲜日报》、《中外旅游》、《欧洲时报》等 10 多家境外新闻媒体对学术探险活动的进展过程和相关成果争相报道、专文评价,或者发表研究文章,影响很大。这一百多家中外新闻传播媒体的参与,很好地对外宣传了浙江和舟山、宁波,突出了浙江省特别是宁波市在古代中韩和中日海上交流史上的重要。这次学术探险所取得的成果,相对于三四千年前的史实虽然只能是相对性的证据,但无疑大大开阔了东亚远古文明研究的视野,为中韩和中日之间的远古历史之谜的解答提供了新思路。①

　　事实证明,古代漂流与现今漂流是完全可信的,因为海流导向与季风,在每个季节中都有一定规律的流向与风向,人们只要顺其自然,筏排掌握得好,完全可以到达大洋的彼岸,把文明的种子进行传播。河姆渡稻作农业在韩国、日本生根开花结果,和有段石锛的传播变迁直到生根,就是通过舟、筏漂流而实现的。

---

　　①　金健人:《中韩海上交往史探源——中韩跨海竹筏漂流探险研究报告》,学苑出版社 2001 年版,第 9 页。

第二章　宁波造船的形成时期

　　"三代"指的是夏、商、周三个时代。大量文献数据记载着浙东越地的越人，不但能制造用于海上航行的大船，而且航海技术也是相当高的。越王迁都城用戈船300艘。在越地既能打造军用的战船，又能生产民间用船。风帆的出现，大大改善了舟船的航速，为开拓海上航路创造了条件。越地风帆出现二说，都有一定的道理。由于造船的发展为形成著名的句章港创造了条件，越灭吴后，勾践为建设句章港，成为越国通海门户，推动了沿海海上交通的大动脉的建成，句章港成为战国时代我国九大港口之一。

第一节　越人舟船活动记录

　　夏朝的始祖大禹，以治理洪水而闻名于世。相传他"陆行载车，水行载舟"。夏少康之子抒曾"征于东海"，这都表明夏代的军事政治势力由中原地区扩展到东南沿海一带。[①]《竹书纪年》卷上第十七说到夏代第九代帝王芒曾"东狩于海，获大鱼"。在当时应当有大批的船队活动。

一、越人的水上活动

　　《禹贡》与《史记·夏本纪》中详细地记载了所贡"包桔、柚锡贡，均江

---

　　① 　姚楠、陈佳荣、丘进：《七海扬帆》，香港中华书局有限公司1990年版，第10页。

海、通淮、泗",已到达中原地区,可见夏代航海运输已具有相当规模。在
《越绝书》中云:地处东南滨海的越人有"文身断发"习俗,他们"水行而山
处,以船为车,以楫为马,往若飘风,去则难从"。据《周书》,在"周成王时,
于越献舟"。周成王(前 1024—前 1005)时,我国江、河、淮、济四大河流,平
行东流入海,南北水道尚未开通,因此,越人贡献之船,自今浙江东岸出发,
势必沿海北上,才能驶入较近的淮水或济水,向西才能到达周王统治的中
心地区。当时的淮水约在今江苏省阜宁附近入海,济水约在今山东小清河
附近入海,由此可知,西周时由今浙江东部直达江苏北部或山东半岛北部
的东海与黄海沿岸航路,已经见诸文字记载了,[①]而且越地已经能够打造献
给朝廷的大船。据《太平御览·叙舟上》卷七百六十八记载,"舟楫为舆马,
以巨海为夷庚","行海者,坐而至越,有舟也"。张道渊《宁波市在国际通商
史上之地位》(《国风》1933 年期)认为这类海舟当造于古代宁波附近江岸一
带。《吕氏春秋·贵因篇》云:"入秦者,立而至有车也,适越者,坐而至有舟
也。"又《淮南子·齐俗训》中说:"胡人便于马,越人便于舟。"由此不难窥见
越人相对发达的造船业与相当高超的航海术。

二、越国造船业兴盛

善于航海著称的越人,是百越族中的一支。于越族是春秋战国时期活
动在今浙江宁绍地区为中心的民族,他们于春秋末期建立了越国。

越国都城位于会稽(今浙江绍兴市),主要辖地是今浙江省境一带。当
时舟山群岛中的定海称甬句东,就是越国的直属领土。百越人各族联系,
大多依靠海上交通。

公元前 474 年越国将都城由会稽迁于琅琊(今山东诸城市东南),据《越
绝书》记载:"勾践伐吴,霸关东,从琅琊(今山东诸城市东南)起观台,台因
七星,以望东海,死士八千人,戈船三百艘。"同书又说:"以船为车,以楫为
马,往若飘风,……越之常胜也。"[②]

上述文献不仅记叙了越人水上活动相当活跃,而且更为具体形象地反
映了越地造船业也是相当的兴盛。在史书中均记载越舟有专名和许多不
同形式的船,如余皇、须虑、楼船、戈船等。越人所造的船既有用于海战的

---

① 章巽:《我国古代的海上交通》,新知识出版社 1956 年版,第 10 页。
② 引自《越绝书》,《四部丛刊本》卷 8 条。

戈船（越有"楼船之卒三千人"，勾践有"习流二千"，均说明这类战船规模相当大，能容纳两千或三千人）之类，也有用于民间的扁舟、轻舟、舲之类。越称造船工为"木客"，称水军士兵为"船卒"，称船为"须虑"，称海洋为"夷"，[①]可见越人善于造船、用船，习于水战，纵横交错的江河大海已成为越人生活交往的主要动脉。

第二节　古越地风帆的出现

古宁波地域是舟船出现较早的地区之一，作为推动船舶前进的工具——风帆，它与桨、篙和橹一样都可以称为船舶的推进器。所不同的则是风帆利用大自然风作为动力，不再受人力资源的局限，使船舶的航速、航区不断拓展，这为船舶的大型化和远洋航行开拓了广阔的前景，所以说，风帆的出现是船舶发展史上一个重要的里程碑。[②]

一、殷商时出现风帆

在《物流·读书纪效略》卷四十九中曾载有"夏禹作舵，如以篷、碇、帆、樯"以及"禹效鲎制帆"的传说。到了殷商时代，有人研究认为在甲骨文中，已有可以释义为"帆"的"凡"字。《中国造船发展简史》作者，就是持这个观点。《中国航海史》也认为甲骨文中的"凡"字释为"帆"。[③] 还有一些学者也都认为中国风帆出现在殷商时代。

在学术界也有不少人对我国风帆出现的年代问题持有异议。关于帆的研究，正像席龙飞教授所说，文尚兴的《中国风帆出现的时代》一文值得关注。首先作者研究了《甲骨文编》、《古文字类编》中28种体形的"凡"字和周代金文、秦代篆文中的"凡"字，认为都不具有"帆"的形象。其次甲骨文对"凡"字释义有多种；在《诗》、《书》、《易》、《礼》、《春秋》等儒家经典中，有凡字句子达800余句，也没有一句将其释为"帆"。"不但在先秦诸子百家的著作中没有关于风帆或桅樯的记载，甚至在西汉的典籍中也如此。"在《史

① （汉）司马迁：《史记·货殖列传》，中华书局1951年版。
② 席龙飞：《中国造船史》，湖北教育出版社2000年版，第48页。
③ 中国航海学会：《中国航海史》，人民交通出版社1988年版，第13页。

记》中也未见有孤桅片帆。①　风帆出现在《释名》中作了记叙。《释名》作者刘熙,据清代学者毕沅考证,刘熙大约是东汉末年或三国魏时人。可详见(清)王先谦撰集《释名疏证补》,上海古籍出版社 1984 年 3 月版。《释名疏证毕序》在《释名》中云:"随风张幔曰帆,帆,泛也,使舟疾泛泛然也。"作者对帆作了解释,这说明东汉时已经使用了布帆,它是利用风力解决船舶动力问题的重大发明。当然东汉时也是出现帆年代的下限。

　　越地的风帆究竟何时出现?据考古资料表明目前有二说。

二、春秋时出现风帆说

　　1976 年 12 月浙江省鄞县甲村郏家埭社员在石秃山旁挖河道时,发现了一件珍贵的铜钺(见图 2-1),以及铜剑、铜矛等各一件。铜钺呈斧形,长方形銎,銎部宽 3.4 厘米,厚 2 厘米。弧形刃,刃宽 12 厘米。钺正面高 9.8 厘米,背为素面,高 10.1 厘米。②　值得重视的是,铜钺正面镌印有一幅弥足珍贵的图案:在

图 2-1　鄞州区出土铜钺

边框线内,上方有两条头相向,尾向内卷的蟠龙;下方以边框线表示舟船,上坐四鸟首人身的划舟者,其头上有四组略呈弧形,如同长方形羽扇状图形。乍一看来,好像是广东、广西、云南、贵州等地所出铜鼓上的羽人图案,细审之,铜鼓上的羽人所戴羽冠小而分散,参差不齐,与此显然有别。

　　根据铜钺器形和湖南所出略同,而且,共存物中的铜剑,剑锷作两度弧曲,圆首而茎上二箍,铜矛呈柳叶形,有鼻钮,骹部"王"字纹分析,显属春秋战国时期的越国文物无疑,同湖南出土錞于,顶盘上所刻船纹中的扇状图形,结合古文献研究,可以认为中国船上的风帆,应始于春秋战国时期。这件铜钺的发现,对我国航运史的研究具有重要价值,是一件不可多得的珍贵文物。③

　　①　文尚光:《中国风帆出现时代》,《武汉水运工程学院学报》1983 年第 3 期,第 63—70 页。
　　②　曹锦炎、周生望:《浙江鄞县出土春秋时代铜器》,《考古》1984 年第 8 期,第 762 页。
　　③　林华东:《春秋战国时期珍贵铜钺》,《中国水运史研究》1987 年第 1 期,第 101 页。

林华东在《中国风帆探源》中，也不赞成风帆始于殷商的说法，他在文中明确指出："倘若殷商已有风帆，那么，历经西周至春秋当有发展，为何典籍和文物中均未见踪影，盖不足信矣。"基于对战国时代海上航行文献分析，和对宁波鄞州区出土的珍贵的铜钺和春秋战国时代越族铜器镎于，在顶盘上刻有船纹和风帆等出土文物的考证，林华东认为："中国船上的风帆，在战国时代已经在吴、越，或楚和齐等地开始出现。当然，这是原始的风帆，并不普遍，它可能是顺风便张帆，而逆风即划桨的小型而又简陋的帆船。"①对海上航行的形容尤为生动："往若飘风，去则难从。""往若飘风"可以理解为有相当的航速，至少是并不需付出很大的艰辛；"去则难从"说的当是船在风的吹袭下，航向难以操纵。帆船在没有尾舵的配合时，其操纵性很差，已为当今的许多实践所证明。《越绝书》的这段记述、恰恰是说到了开始使用风帆而尚未使用舵的一种技术状态。

在战国时代，不仅沿海的交通便捷畅通，而且人们更积极向外海发展。海上航行，尤其是远航十分艰难。"船风引而去"更透露出"当时远航已用风帆，然而不能掉戗驶风，而被风引来引去，终莫能至"。②　上述是证实战国时代已使用风帆的一些形象描述。

林华东提出"中国船上风帆始于战国时代"的观点，主要依据：

第一，宁波市鄞州区出土的铜钺，其正面镌印有一幅珍贵的图案：下方以边框线示为舟船，船上四个泛舟者头上有风帆图案。许多研究者认为此"羽冠"与许多铜鼓上的那种紧戴在划舟人头上的羽冠不同，若为旗帜之类，又与水陆攻战纹铜鉴战船上的旗帜有异。林华东认为"这正是一种原始的风帆"（见图2-2）。

图 2-2　铜钺拓片

第二，越族铜器镎于，在顶盘上刻有船纹。其中一种船纹在中部立有

①　施圆宣、林耀琛、许立言：《风帆始于何时？》，《千古之谜——中国文化史500疑案》，中国古籍出版社1989年版，第857页。

②　孙光圻：《中国古代航海史》，北京海洋出版社1989年版，第100页。

一扇状图形很像风帆,也有船纹在首尾有桨,中部的图形也似为风帆之属。(见图2-3)

图 2-3　镈于上的风帆图形

三、8000 年前出现风帆说

2009 年《海交史研究》第 2 期上的吴春明《史前航海舟船的民族考古学探索》一文提出了 8000 年前跨湖桥文化时期,"独木舟东北侧发现多块竹篾编制席状物,从共存(独木舟)关系与遗存形态分析,它完全可能是一面原始船帆的遗存"。在照片上,也注跨湖桥船帆遗存。

跨湖桥遗址出土的独木舟,与竹篾块状编织物共存,吴春明认为完全有可能是风帆,理由是:

第一,席状编织物的存在。在独木舟及相关遗迹的清理过程中,发现多处小块的席状编织物。其中一块保存较好(编号 30)。篾片的单根宽度约 3.8 厘米,从残处观察,有双层,下层单根宽度约 0.8 厘米。编织物形状呈梯形,三面残,但残面比较整齐,完整一面斜向收边,残幅最宽约 60 厘米,最窄约 50 厘米。较宽一侧有 T 字相交的木质条骨编织其中。编织方法与现在江南一带的席类编织法相似(见图2-4 至图2-6)。

图 2-4　跨湖桥遗址出土的席状编织物

图 2-5　跨湖桥遗址出土的编织物

图 2-6　跨湖桥遗址出土的编织物

根据这一遗存,可以推断很可能是目前我国发现的最古老的风帆。根据考古地层学看年代在 8000 年前后。

第二,河姆渡遗址发掘中,在第四层年代 7000 年前,亦出土了用芦苇编织的席状物(见图 2-7、图 2-8),是否也是独木舟上的风帆,也是值得探索的。

第三,在原始社会时先民们利用独木舟、竹筏等工具进行航海自然"漂流",

图 2-7　河姆渡遗址出土的芦苇编织物

图 2-8 河姆渡遗址出土的圆绳子

这是航海的主要工具,但是仅仅依靠海流是不够的,还要依靠季风风向漂流,因此就联想到帆的出现与运用。这里值得一提的就是 1996 年、1997 年两届中韩竹筏漂流中都有风帆,在竹筏上竖立 8 米的桅杆,桅杆上挂 6 米的帆,经过 16 天、20 多天的两次漂流,到达目的地……这里说明风帆在竹筏航行中起到了加快航速的作用。

从现有考古资料看,国外古埃及某王的墓中曾出土过一个陶制花瓶,上面绘有世界上古老的帆船,是该帆船的黑影图。该船的首尾两端高高地翘起,在首处竖一桅并挂一方帆(见图 2-9),其年代可推溯到公元前 3100 年。[1] 浙东跨湖桥、河姆渡文化时期的风帆年代,比古埃及出现风帆还早。因此说浙东越地是风帆最早使用的地区了。

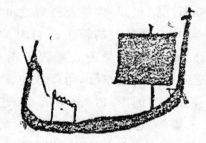

图 2-9 公元前 3100 年风帆图案

第三节 句章港与海上交通

浙东先民早在 8000 多年开始制造舟船,从事征服海洋的活动。随着独木舟楫制造的发展,风帆的出现与使用,使浙东特别是越地的造船业进入

---

① Peter Kemp. *The History of Ships*. Orbis Publishing Limited,London,1978.

了一个有史以来快速发展的阶段;造船业的发展,航海技术的提高,推动了海上交通的活跃,到了战国时代,我国著名的浙东句章港脱颖而出,成为战国时代我国著名的九大港口之一。① 其中会稽、句章港都在浙江,而主要的海港是句章港,即宁波港前身。

一、句章港的崛起

句章港的崛起与越国勾践灭吴有关。吴越争霸时期,正是甬江流域社会经济发展时期,尤其是造船业获得了进一步的拓展,越国在句章设置造船工厂,制造战船,兴办水师,促进了越地港口的形成与崛起,句章港就是在这样的形势下,脱颖而出。

勾践灭吴以后,为使水师得到发展,开辟通海门户,于是在它的东部勾余的地方开拓建城,名曰句章,是为句章古港之始。"勾践以南疆勾余之地,旷而称为句章。"②董沛曾说:"周元王三年(前 474),越王勾践城句余。"③当时句章城于城山(今宁波市江北区乍浦乡)。《宝庆四明志》云:"古句章在今县南十五里,面江为邑,城基尚存,故老相传曰城山,旁有城山渡。"越王勾践建句章城的目的是出于军事上的需要,同时为了加强都城会稽(今浙江绍兴)与内越及外越之间的联系。"外越"的方位在"东海",可能是今天舟山群岛上的越人。当时的舟山群岛是在越的管辖之下。越王灭吴国以后,打算把吴王夫差囚于甬东,"予百家居之"。④裴骃的《集解》说:"贾逵曰:甬东,越东鄙,甬江东也。"韦昭曰:"句章东,海口外州也。"司马贞《索引》说:"《国语》曰:甬句东,越地,会稽句章县东,海中州也。"《史记·越世家·集解》也说:"杜预曰甬东,会稽句章县东,海中州也。"这说明"甬江东"、"海口外州"、"海中州"即指舟山群岛。⑤ 勾践建句章城的目的是为了发展句章港口,通过海上交通既能沟通与外越"海人"交通贸易的联系,增强国力;又能开拓越国腹地发展社会经济,句章港口又成为越国重要的军港和商贸口岸。

---

①　章巽:《我国古代的海上交通》,新知识出版社 1956 年版,第 10 页。
②　光绪《鄞县志》援引《十三洲志》云:"勾践以南疆勾余之地,旷而称为句章。"
③　(清)董沛:《明州系年录》,当代中国出版社 2001 年版,第 7 页。
④　(汉)司马迁:《史记》卷三十一《吴太伯世家》,崇文书局 2010 年版,第 185 页。
⑤　董楚平:《吴越文化新探》,浙江人民出版社 1988 年版,第 273 页。

二、发达的海上交通

句章港从形成、发展到成熟，成为越国的东海通海门户，不仅有优越的港口腹地，而且有着丰富的物质资源。它在战国时代已是我国东南沿海交通的一个重要港口，与我国北方渤海西北的碣石（即今河北乐亭县南），是当时燕国通海门户；与山东半岛北面的转附（即今芝罘半岛，自春秋时代即为海上港口）、南面的琅邪港都是有着频繁交通往来的主要港口。在长江口附近有吴港近海（即今苏州市，古代长江口在今崇明岛以西入海）；更南边有会稽港和句章（今宁波市西）港是越国的海港门户；更往南则东瓯、冶、番禺都是比较重要港口。这就是战国时构成国沿海海上交通线的大动脉（见图 2-10）。作为南北洋分界的句章港（句章港泛指今宁波、舟山群岛）是东南沿海重要的军港和物资集散地。

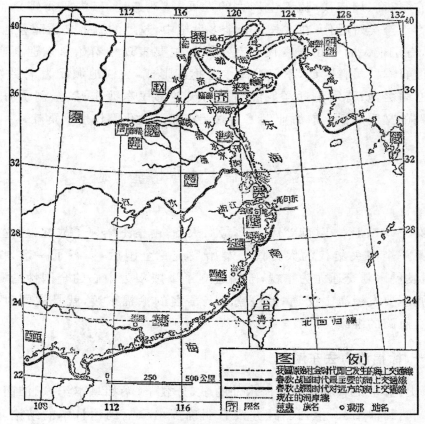

图 2-10　春秋战国时代的海上交通图

第三章　宁波航海的拓展时期

　　在夏、商、周三代，随着生产力的发展，越地造船、航海显得特别活跃，到了秦汉至吴晋时代，在这长达 5 个多世纪中，越地的海上交通随着地域的开发，有了很大的开拓与发展。秦汉时期主要表现在秦始皇东巡浙东、徐福东渡日本。吴晋时期，不仅沿海水运枢纽形成，三江地域成为重要关塞、兵家必争之地；特别是远洋航线拓展与吴越移民东渡东瀛，开创了海上丝绸之路的文明对话。航海业发展为繁荣东亚汉文化圈作出了贡献。

第一节　徐福东渡与始皇南巡

　　秦王政二十六年(前 221)秦军最后灭齐，由秦王结束了战乱，建立起历史上第一个中央集权的大帝国。秦始皇统一全国后，实行了一系列的改革，对发展水陆交通尤为重视，陆路建立了以咸阳为中心的全国性的驰道，水路则主要发展海上交通，始皇南巡与著名的徐福东渡，就是战国时代探索海上航路的继续。

一、徐福渡海去东瀛

　　《史记》里记载着徐福入海求仙的事，分载于《秦始皇本纪》、《淮南衡山列传》和《封禅书》。但司马迁并没有明确提出徐福到达日本的结论。《后汉书》的《东夷列传》中的"倭传"，才隐约地提到徐福同日本列岛之间有某种联系。北宋以后，徐福到日本的说法越来越多，不仅有诗文记载，而且日本有徐福祠、徐福墓。尽管中日的正史没有明确记载徐福东渡日本的史实，但它毕竟反映了在徐福所处的秦代，已有大批中国人东渡日本，开辟了中日关系史的新纪元。

徐福起航地在哪里？《史记》等正史没有明确记载，但从近几年徐福研究情况看，一般认为徐福东渡日本是一种有组织、有计划，分期分批的全国性出海行动，起航地点并不止一处。仅在句章的范围，就有多处，如《象山县志》就有载象山达蓬山徐福东渡的事；舟山岱山（古称蓬莱），也是一个起航地；[①]论及句章达蓬山者最多。

浙东的句章达蓬山是一处起航点。句章出海具有优越的条件。句章在战国、秦代是我国古代重要对外交往港口，既有优越港口地理环境，又有发达的造船业和航海技术，句章人民还有丰富的航海经验。这些都成为徐福东渡日本的前提。从历史地理考察，句章向东，经杭州湾入外海，汇入黑潮主流和对马暖流北上，抵达日本九州，这条航线主要借助海流动力漂送。千年以后的唐代高僧鉴真，在多次东渡失败以后，最后还是循着"漂流航线"到达日本的。

《后汉书·东夷传》说："会稽海外有东鳀人，分为二十余国。又有夷洲及澶洲。传言秦始皇遣方士徐福将童男女数千人入海，求蓬莱神仙，不得。徐福畏诛不敢还，遂止此洲；世世相承，有数万家。人民时至会稽市。会稽东冶县人，有入海行遭风，流移至澶洲者。所在绝远，不可往来。"在日本的徐福墓碑上也有这样的说法："以地形考之，熊野者，皇国极南之地，横出于大瀛海中，放船于吴越之地者，遭风箭激，则必来于此。"吴越为秦的会稽之地，而句章又为会稽郡的重要港口。这就表明，至迟在公元4世纪，正史已明确指出句章与日本的关系。

浙东的地方志，更是以丰富的内容，记述了句章的达蓬山，就是徐福当年起航处。《宝庆四明志》指出：达蓬山（今慈溪市田央乡境内），在慈溪县东北30里，秦始皇登此山，谓可以达蓬莱而眺沧海。高士徐福，求仙药不返。《天启慈溪县志》说："秦始皇登此山（指达蓬山），谓可以达蓬莱而东眺沧海，高士徐福之徒，所谓跨溟蒙，泛烟涛，求仙采药而不返者。"《康熙定海志》也载："秦始皇登会稽山，刻石记功，听徐市言，发童男女数千人入海求

---

① 　柳和勇等主编：《东亚岛屿文化》，作家出版社2006年版，第67页。

仙。始皇留句章三十日,今鄞县大雷、慈溪达蓬,俱传始皇遗迹,则定海为始皇所经巡,徐市所栖止,非传会之说矣。"

1989 年 2 月,罗其湘在日本佐贺县诸富町徐福登陆地发表了演说,提出一个重要的观点是:慈溪(古属句章)达蓬山是徐福东渡的起航地之一。并即席作诗说:"达蓬山下千帆发,诸富町前使渡来,左跨虹桥联厚谊,流芳余韵耀徐淮。"

地方志的记述没有提到去日本的内容。然而徐福达蓬山入海东渡的说法能够流传于今,总是有一定史实依据的。重要的问题不在于徐福其人是否从达蓬出发到达日本,而在于表明宁波的先民在秦代已经能够提供到达日本的条件。徐福船队从达蓬山起航入海东渡,揭开了宁波对外关系史的序幕,也反映了造船的发展为航海的进一步开拓提供了物质基础。

二、始皇南巡句章港

秦始皇在统一中国后的短短十多年中,曾有五次巡游。从秦始皇南巡看,秦代江、海船舶的发展已有相当的规模,在南巡中曾到了出海门户句章港。据《史记》载:秦始皇为加强和巩固中央集权的封建国家的统一,曾亲自出巡全国各地,也曾到过会稽。始皇三十七年(前 210)十一月,秦始皇出游,"过丹阳,至钱塘,祭大禹,望于南海,而立石刻颂秦德"。在《封禅书》中记载:"始皇南至湘山,遂登会稽,并海上,冀遇海中三神山之奇药,不得,还至沙丘,崩。"晋陆云在《答车茂安书》中说秦始皇"向东观沧海,遂御六军,南巡狩登稽岳,刻文石"。这里清楚地表明,秦始皇不仅来到了会稽,而且来到了句章。

(1)浙东地方志记载秦始皇到达句章的史料。秦始皇为到神仙居住的地方蓬莱求取长生不老之药,来到句章达蓬山,后人又称其为大蓬山,意为自此入蓬莱。大蓬山,位于今天慈溪市田央乡南 2.5 公里,海拔 422 米,山上古木参天,溪水潺潺,登高远眺,无涯的东海尽收眼底。且离海较近,是秦始皇寻觅海上缥缈蓬莱神山的理想地方。对此,一些方志多有记载,《宝庆四明志》说:"大蓬山又名达蓬山,在县东北三十五里,山峰有岩,高五六丈,……秦始皇至此,欲自此入达蓬山,故号达蓬。"《延祐四明志》这样记载:"大蓬山,县东北三十五里,秦始皇至此,欲自此入蓬莱,故号达蓬山,下有智渡寺。"《明州香山寺志》序也说:"此山东临沧海,多海市,秦始皇尝驻跸于此,以其可达蓬莱,故又名达蓬山。"

夏侯曾《先地志》和《延祐四明志》都有记载说"秦始皇游海至此,马毙埋之"。

(2)名家诗文记叙。历代的文人名家,写下了不少有关秦始皇到达句章大蓬山的记述。谢翱的诗作《望蓬莱》、黄宗羲的《达蓬纪游》等都反映这方面内容。黄宗羲诗中就有"东尽观沧海,往事一慨然。浪中鼓万迭,鲸背血千年。何物秦始皇,于此求神仙"之句。

(3)历史地理考察。由于历史上境域变化较大,句章的境域在不同时期也有所不同,隋以前的古句章,境域面积较大,东境以甬碶为界,南至甬江之西的地方,西至句余山,北到大沽塘一线的海岸线。旧镇海县和舟山群岛时属句章。今慈溪市田央乡南部的大蓬山,尽管在清代曾属镇海县,但历史上基本归属慈溪县,在古句章县境内。这就表明,秦始皇东巡句章的史实应该说是成立的。正因为这样,一些史书就有秦始皇到句章三十日的说法。比如,康熙《定海县志》就这样记载:"秦始皇登会稽山,刻石记功,听徐市言发童男女数千人入海求仙,始皇留句章三十日。"

从上述文献证实,始皇南巡到达浙东会稽句章巡视,在这里我们可以看出始皇出巡大队人马,尤其是水上航运有一支相当大的船队,这些船舶,其装备之精无疑要能保证始皇及大臣皇亲国戚的安全。所以此说不但显示了这时的中国的造船力量,而且也反映了在各地,特别是秦国的重要海港会稽句章,造船具有一定的规模与技术水准。

第二节　水运枢纽与重要关塞

"三江"地域,即由浙东著名的姚江(又称余姚江,分支亦称慈溪江,即慈江)、奉化江(包括支流鄞江)和甬江(又称大浃江)三条主要河流组成。"三江"水利资源丰富,哺育着浙东人民在这里生息、劳动和繁衍。这里是千里水道大动脉的枢纽,兵家必争之地,航海交通的主要港埠。

一、千里水道的枢纽

秦时,也有说西汉初,鄞、鄮、句章和余姚县均在三江地域之属。三江四周的聚落,居民点相当集中。如句章的城山、鄮县的白杜(今奉化县白杜)、鄮县的同谷和余姚的姚江与舜江交汇处,经济、文化超越其他地方聚落,因此先后被作为县治驻地。

公元400—401年,农民起义军数十万人,多次攻句章城,城破。句章县治即迁于小溪(即今鄞县鄞江桥镇)。句章港实际上在汉代后期,由于港区自然外迁到三江地带。三江地带能够形成港区的关键,不仅在于三条大江沟通,腹地的进一步扩展,而且在于海运与漕运的沟通。① 海运与漕运的沟通,使浙东地区乃至长江沿岸广大地区获得了物资的流通,遂使三江地域水上交通枢纽逐步形成,成为江海内外物资的集散地。

三江地区水运枢纽的逐步形成,还得从三国吴时说起。早在吴嘉禾年间,吴国丹阳太守诸葛恪率兵平越后,为了进一步安定后方和开发三吴地区,孙权集中大批人力开凿了一条由方山埭通往东南地区的运河。当时国都建业城南的方山埭,遂成为通往三吴地区的重要水上码头。

据《建康志·山川》条云:“吴赤乌八年(245),使校尉陈勋作屯田,发兵三万凿句容(今亦称句容)中道至云阳(今江苏丹阳县)西城,以通吴(即吴郡,今江苏苏州市),会船舰,号破岗渎。”“通会市,作邸阁(即粮仓)。”②据《嘉泰会稽志》、《汉书·地理志》记述,从会稽(绍兴)循浙东的“渠水入东海”。东汉后会稽郡移至山阴(今绍兴市)。当时顺着运河,“县(指鄞县)去郡治,不出三日,直东而出,水陆并通”。以上述文献记载看,开通这条水道,由建业城南的方山埭为起点,过破岗渎向东,经云阳到苏州,穿过太湖至钱塘,然后过钱塘直达会稽(山阴)。再从会稽循浙东运河至今三江口,经由甬江入东海。③ 这条贯通东西的千里水道,其重要的作用是:不仅会稽邸阁中的大批粮秣要通过这条水路运往国都建业(今南京地区),而且大批外洋货物和浙东生产的青瓷等各类商品也要通过千里水路运往各地。南京地区吴、晋时期大批古墓葬中出土了数以千件的浙东宁绍地区烧制的早期越窑青瓷制品。④ 例如赤乌十四年(251)铭虎子(见图3-1)、甘露元年(265)五月造铭熊灯(见图3-2),以及青瓷人物堆塑罐上多次出现“出始宁”、“会稽始宁”、“上虞匠师……”等铭文。这些制品产自当时会稽始宁县(该县在嵊州与上虞交界地)。这些商品就是通过千里水路运销的实物例证。所以说,江海的沟通,逐步形成了以三江交汇地段为中心的浙东水运

① 林士民:《海上丝绸之路著名海港——明州》,海洋出版社1990年版,第10页。
② (晋)陈寿:《三国志》卷四十七《吴书》二《吴主传》第二,中华书局1982年版。
③ 谭其骧主编:《中国历史地图集》,地图出版社1982年版,详见三国时期图版。
④ 林士民:《青瓷与越窑》,上海古籍出版社1999年版,第24页。

枢纽，从此新兴的鄮县港取代了古老的句章老港区城山。这条千里水道的形成，不仅具有经济意义，而且具有军事价值。"浙东有难，必先中于鄮"，说明鄮县港已成为要隘。

图 3-1　铭虎子

图 3-2　铭熊灯

二、兵家必争之关塞

我国水师起自春秋战国，至西汉时已颇具规模，并有定制。汉武帝时，"内增七校，外有楼船"。这里的"楼船"即为水师之代称。在汉代典籍中有楼船将军、楼船校尉等记载。此外，水师将士尚有横海将军、戈船将军等称谓。

"汉武帝曾任命朱买臣为会稽太守，治楼船，备粮食、水战具"，"西汉时水军规模相当可观，每次出征，动辄数万人，甚至多达 20 万人，战船 2000 余艘，依靠这支庞大的水军，汉武帝开拓并打通了我国东南沿海从南至北的全部航线"。[1]（见图 3-3）

句章港在西汉时，是一处重要的港口，也是用兵海上活动的重点地区。公元前 135 年，闽越由东越王余善与越繇王繇君丑分治，但实权仅操余善之手。余善"图谋不轨"，随即反叛，发兵进攻白沙、武林和梅岭。汉武帝即"遣横海将军韩说出句章，浮海从东方往；楼船将军杨朴出武林，中尉王温舒出梅岭，以越候为戈船；下濑将军，出若邪（今浙江绍兴市）白沙，[2]以击东越"。横海将军韩说率水师，同时于当年冬攻入东越平叛余善，闽越统一于中国。这次句章港出征镇压余善，动用了句章的水军，发兵使用的航海舟

① 孙光圻：《中国古代航海史》，海洋出版社 1989 年版，第 131 页。

② （汉）司马迁：《史记·东越传》卷一一四，崇文书局 2010 年版，第 662 页。

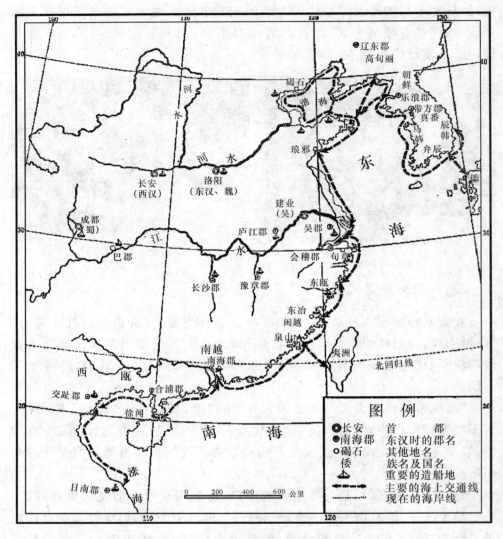

图 3-3　汉吴时代的海上交通图

船,亦可见汉时浙东的造船能力。①

汉灵帝熹平元年(172)十一月,农民起义军攻占句章,许昌自称阳明皇帝,发动诸县民众数万,攻破城邑,后来被丹阳太守陈汇和吴郡司马孙坚的联军镇压下去了。东吴时,吴据长江以南,句章港显然是重要港口之一,故派有水军驻守。

_____

① 林士民:《三江变迁——宁波城市发展史》,宁波出版社 2002 年版,第 10 页。

晋安帝隆安三年(399)九月,琅琊人孙恩率部乘船自海道南下浙东沿海,入大浃口(即镇海口),溯甬江而上,攻下句章。又经余姚、上虞,占领会稽城,自号征东将军。晋帝命刘牢之讨伐孙恩,参军都护刘钟自余姚进兵句章,孙恩受挫,率众 20 万撤往舟山群岛。孙恩撤军后,刘牢之命刘裕守句章。[①] 据《光绪鄞县志》云:隆安四年(400)二月,孙恩再次率舟师自海道复入浃口,屡攻句章,均遭到刘裕军阻击。关内侯虞邱进随刘裕屯兵句章,城被围数十日。以后刘牢之率大军来援,孙恩始退还海上。

晋镇北将军刘牢之在三江口这个水运枢纽地段,凭三江之天险,筑起城堡。据张津《乾道四明图经》卷一《城池》云:"西城外有城基,上生竹筱,俗称筱墙,即古基也。"晋军控制姚江、奉化江入口处,就阻挡了农民起义军的前进。此后,这千里水道入口处,为各朝代所关注,配备了大量水师,镇守三江地域。从上述大规模的军事活动可以看出,三江地域不仅是海运与漕运的咽喉,而且也是兵家必争之地,从一个侧面反映了三江地区是浙东重要关塞,也是造船、修船的重要基地。

第三节　远洋航路与丝绸之路

汉武帝在统一东南沿海,扫清沿海航路之后,即利用雄厚的造船、航海实力,大力开拓对外交通与贸易活动,以扩大汉王朝与海外各国的经济与文化交流。在这样的形势下,中国历史记载的第一条印度洋远洋航路产生了。由于当时中国对海外的航运货种以"杂缯"——各种丝绸织物为主,因此,这条远洋航路相对于陆上丝绸之路,又称"海上丝绸之路"。

一、海上丝绸之路的开通

海上丝路的开通,就中国而言,最早见于史书的是《后汉书·地理志》的记叙:"自日南障塞,徐闻、合浦船行可五月,有都元国……汉之译使还矣。"这说明汉武帝平南越后曾在日南、徐闻、合浦等地派出译使远航至印度,带去的是黄金、杂缯,换回来的是明珠、琉璃璧(蓝宝石)、奇石等异物。从这个记载说明,丝路开通是由朝廷安排的,完全是有目的的。(见图 3-4)

---

① 　陈绍昌主编:《宁波港史》,人民交通出版社 1989 年版,第 4 页。

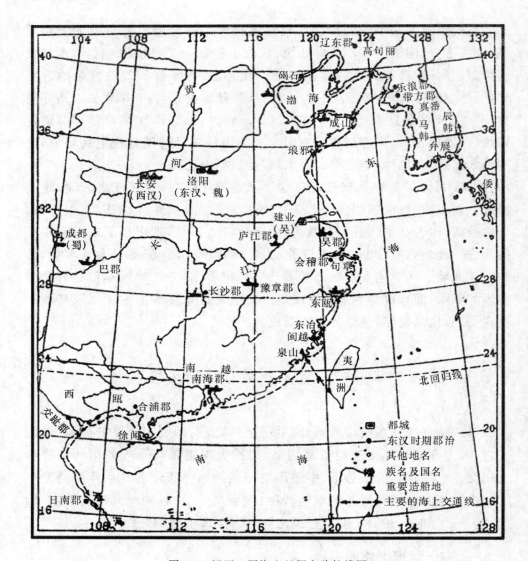

图 3-4　汉至三国海上丝绸之路航线图

　　东汉晚期，印度的佛教通过海道传入我国的东南沿海。从广州到明州，再到山东沿海，有不少反映佛教的佛像等遗物与遗存，建造的佛寺也不少。就浙江而言，宁波慈溪市五磊寺（见图 3-5）为吴时印度高僧所创。

　　普遍认为佛教于东汉明帝永平十年（67）传入中原，但自西晋以来关于明帝遣人去西域求佛法之事说法不一，所以这个问题至今尚有争论。有些佛教史家甚至怀疑是否有其事。若是东汉时传入中原，那时只允许西域佛教信徒在都城洛阳建立佛寺，举行各种宗教活动，"汉人皆不出家。魏承汉

制，亦循前轨"①。汉魏时期，道
教在中原备受人们尊崇，当时
"佛"只是被统治者作为一种大神
依附于道学之下，而在东南沿海
地区，尤其浙江、广东则情况完全
相反，汉吴时代佛教在这里早已
十分流行。

　　随着东南沿海地区佛教文化
遗物的出土日益增多，佛教经陆
路初传我国的说法便开始动摇。

图3-5　五磊寺

在佛教产生后的一个相当长的时间内，既没有佛经，也没有佛寺、佛像，佛
教只是口头流传，当时除了人以外，就没有其他传播佛教的物质媒介了，所
以，只有佛教最先流行的西域、滨海地区的胡人与汉地人民融合并由此引
起与佛教有关的民俗变化，才是佛教最早传入我国可靠的标志。② 汉代西
域胡俑自20世纪50年代以来在广东、浙江、江苏以及山东等沿海地区出土
了不少陶质、瓷质、石质的文物，这为我们研究佛教从海道传入打开了
门路。

　　西域胡俑文物在浙江宁绍地区的出土，典型的有上虞隐岭东汉墓出土
的一件胡俑，施黑褐色釉，高19.5厘米，戴尖顶帽，帽侧面有一个孔，上各刻
划缝合缀线纹，帽后有两条系带。在江苏连云港东汉摩崖造像中，就有头
戴尖顶帽的胡人形象。研究表明，这类胡人主要来自古罗马及地中海东部
一些国家，在我国汉晋史籍中称作"黎轩"、"犁靬（轩）"、"大秦"等，此国人
擅长魔术和杂技。③ 东汉和吴晋时期，早期越窑瓷器上出现的头戴尖顶帽
耍杂技的胡人，就是上述文献中记载的实物例证（见图3-6）。

　　另一类西域胡人，如在鄞县东汉墓中出土的裸体胡人，有男性也有女
性，束发或头上缠巾，通常作屈膝跪坐或蹲坐的姿势。这与广州所出的胡

----

① （唐）房玄龄等：《晋书》卷九十五《佛图澄传》，中华书局1974年版；李刚：《佛教海路传
入中国论》，《浙江文博七十年文萃》，浙江大学出版社1999年版，第225页。
② 李刚：《佛教海路传入中国论》，《浙江文博七十年文萃》，浙江大学出版社1999年版，第
217页。
③ 李刚：《佛教海路传入中国论》，《浙江文博七十年文萃》，浙江大学出版社1999年版，第
217页。

图3-6　西方胡人堆塑罐

人基本相同。①

在鄞东山西出土的人物堆塑蒜头壶②上有两个胡人，一人在前，手牵一头兽，双角、长尾，作回首状；另一人在后，手牵一头猛虎。两个胡人一个作抱柱攀缘状，另一个则倒立于此人肩上。这种画面在古印度地区，柱上攀高、倒立的胡人正是泰米尔人表演杂技的生动写照。出现驯象人，当主要来自南亚次大陆。

西域胡人多见于东汉末、吴、西晋的堆塑罐上。有的吴墓出土的胡人，头上披巾，戴尖顶帽或船形帽，其中有一胡人手持乌特，这种拨弦乐器为阿拉伯半岛所特有，亦流行于土耳其、伊朗等地。上虞崧厦吴墓出土的堆塑罐上有六个胡人，分别戴了不同式样的帽子，这类胡人形象无疑来自阿拉伯半岛及波斯湾地区。

上述实物，反映了汉晋时期浙东一带已经成为中西文化交流的热土，而中国内陆汉晋墓中发现少量匈奴和西北胡俑。例如在广西贵县汉墓出土的铜胡俑；湖南衡阳东汉墓出土的两件铜胡俑；河南西华东汉画像砖上的胡人，有的作驾驭马车状，有的作牵马状，有的作舞蹈状，这类胡人眼大突出，鼻高且大，络腮胡须，脸庞方正，以欧罗人种特征为主，并混有一些蒙古人种的成分，结合古文献记载，这类胡人主要是北方的匈奴人，③未见西域、滨海胡人经陆路东迁的踪迹。

汉人班固《西都赋》记述"有九真之麟，大宛之马，黄支之犀，条支之鸟。逾昆仑，越巨海，殊方异类，至于三万里"。浙东三江地区出土的大量带有西域动物造像的文物，也说明是通过"越巨海"输入的。在汉晋时代入贡的许多舶来品中，就有狮、象、犀牛等珍贵动物。在早期越窑青瓷堆塑物上出现者，就是现实生活中的真实写照。佛像在早期越窑青瓷器上出现，是在吴、西晋的器物上，多为印制贴上去的。在堆塑罐中常见熊的出现，熊是吉

① 中国陶瓷编辑委员会：《中国陶瓷·越窑》分册，上海人民美术出版社1983年版，第6图。
② 林士民：《青瓷与越窑》，上海古籍出版社1999年版，第2页。
③ 李刚：《佛教海路传入中国论》，《浙江文博七十年文萃》，浙江大学出版社1999年版，第217页。

祥的标志。一件熊形灯,上书"大吉祥"三字,说明熊具有吉祥之意,文献中亦有记述。罐上堆贴狮子,在文献中狮子多作"师子",为兽中之王。佛教中将狮子引喻为佛,在《大智度论》中云:"佛为人中师子,佛所座处,若床若地,皆名师子座。"后来被喻为无畏的狮子,无畏才去邪。堆塑罐上出现的龟为灵物,代表长寿。出现羊就是吉祥的代表。

图 3-7　那罗延尊者塔

谷仓罐上的佛像,有莲座、背光。佛像的出现,说明在一定的阶层中佛教已十分流行。

佛教通过海道传入浙东地区,在吴赤乌年间(238—251),印度高僧那罗延通过海道来句章五磊山"结庐修静",即在现慈溪市宓家埭乡。唐时于其地建灵山禅院,宋赐"五磊"额,为浙东名刹之一。"五磊者,吾四明属邑西北之名山,有佛故宫矣,开山则吴赤乌之那罗延尊者。为纪念这位从海道入五磊的开山祖,在山上建有那罗延尊者塔(见图 3-7)。"[1]

二、远洋航路与贸易

这条远洋航路的拓展,对地处中国海岸线中段的句章港来说,为后来发展的海上丝绸之路,奠定了良好的基础。句章港与南北洋航路的开通,完全取决于造船业的发展和航海技术的提高。句章地区出土了许多汉代的舶来品(见图 3-8、图 3-9),显示西方众多异族人民来浙东,把他们带来的西方文化与浙东文化交融。到东汉时,句章港的海上丝绸之路中西文明对话已开通。

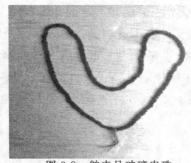

图 3-8　舶来品玻璃串珠

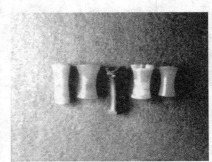

图 3-9　舶来品玻璃、玛瑙瑱

① (清)《五磊寺志》,《建置》卷二;清光绪《慈溪县志》宗教条。

古代的交通运输,绝大多数是靠水系来完成的。地处三江地域的鄞地,早在汉代就江海相通,海外人民与内陆人民进行商品交换。据《乾道四明图经》云:"贸山……以海持货贸易于此故名。而后汉以县居贸山之阴加邑为鄞。"《鄞县舆地志》云:"邑中以海中物产,方山下贸易,故名鄞县。"贸易对象包括亶洲(东汉三国时亶洲指日本岛,有人认为指韩国济州岛。日本松下见村在《异称日本传》中认为亶洲、夷洲均指日本海岛)、夷洲(东汉三国时夷洲指今台湾,也有认为指日本。详见《中日关系史资料汇编》,中华书局1984年版。有的学者认为夷洲包括台湾、海南、菲律宾等群岛)这些海外人民,也包括我国的山东半岛、辽宁半岛的北方居民,通过海道至浙东鄞县港地进行通商贸易。考古发掘的大量出土文物证实,在三江地区贸易十分活跃。在南门祖关山、大禹王庙、高钱等汉墓葬[①]中,出土一批水晶、玛瑙、玻璃制品,其中"五粒玲珑剔透的耳坠,由玻璃、玛瑙制成。表面非常光洁,一枚两头磨成圆角形,色彩鲜艳,小巧精致。更使人感新奇的是一串玻璃珠,其中一枚玻璃形似耳坠,蓝色透明,造型美观"[②]。浙东宁绍地区自古以来不生产水晶、玛瑙、琥珀、玻璃之类的制品,也无原料产地,那么古墓中出土的珍贵文物从何而来?当然是从外地输入的。有的装饰品与广东汉墓出土物一致,经过南京大学历史系蒋赞初教授鉴定,认为这类玻璃制品是从海外输入的。这说明地处鄞地的三江地区,早在汉代时与海外人民的商品交换已相当频繁。

东晋时,三江一带的港口海上航路已北至渤海湾,南及台湾、海南岛、交州(越南地)等港口都市。所以陆云《陆士龙文集》称当时"泛船长驱,一举千里,北接青徐,东洞交广"(见图3-10),说明海上航线之广,海运、漕运十分畅通。

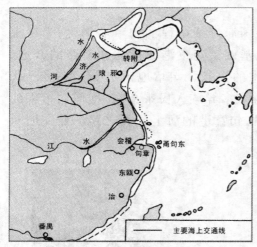

图3-10　东晋时代海上航线图

---

①　林士民:《浙江宁波考古述略》,《浙东文化》1994年1、2合期。南门火车站第一次发掘127座,大禹王庙、江北65座,东钱湖、丁湾146座,钱大山20座,牟山湖50余座。

②　林士民:《宁波考古新发现》,《宁波文史资料》1984年第2期,第69页。

"西晋末年,中原大乱,北方士民为避战乱纷纷南迁,有的来到甬江流域。"①这些移民大多通过水道落户于三江地域。"到东晋时,会稽所属 10 个县,人口已增加到 35 万,每县平均为 3.5 万人,而且还不包括豪强藏户。"②在东晋末南朝初(大明年间,即公元 457—467 年)迁移山阴(萧山)居民到鄞、鄮、余姚三县落户,三江流域出现了居民"衣食常充"的新景象。这为"市"的兴旺带来了生机。城市的繁荣,在三江地区很重要的一条是海运、漕运的发展,造船与航海的兴盛是关键,为后来明州港的发展奠定了基础。

第四节　航海东迁的吴越先民

航海的发展,是海上文明传播的先决条件。公元前 473 年,越王勾践灭吴,公元前 333 年,楚威王熊商灭越,致使大量吴越人驾船东渡倭国,成为日本弥生时代最早的大陆航海移民。其后,避乱的秦汉移民接踵而至,使日本列岛的文明进程出现一个大飞跃。这个大飞跃,具体地反映在突如其来的日本弥生文化,它绝非日本绳纹文化自然演进的产物,而是高度发达的外来文化介入的结果。考古发掘资料也证明了这一点,这种文明主要源自中国的长江(钱塘江)口以南一带的浙东沿海先民到了三国东吴时,吴地工匠漂洋过海东渡日本定居,带去了科学技术,促进了文明与进步,为传播汉文化,推动与繁荣各国的文明作出了贡献。

一、吴越先民的东渡

吴越先民一批批东渡,并与日本列岛上的土著人交融,形成了一个个的部落国家。《汉书》中云:倭人"分为百余国,以岁时来献见";《后汉书》亦云:"使驿通于汉者三十许国。"这说明这些部落国家正处在兼并的历史阶段。③ 在这些部落兼并过程中,到汉魏之际,在日本九州岛形成了一个较大的部落,即邪马台国。据《三国志·魏志》记载,女王卑弥呼与曹魏结盟,受封为"亲魏倭王"。不属女王统率的小国,则自称"泰伯(太伯)后裔",与吴

---

① 陈绍昌主编:《宁波港史》,人民交通出版社 1989 年版,第 15 页。
② 陈绍昌主编:《宁波港史》,人民交通出版社 1989 年版,第 16 页。
③ 王勇:《古代日本的吴越移民王国》,《中国江南:寻绎日本文化的源流》,当代中国出版社 1996 年版,第 49 页。

国交往。一般认为,弥生时代的外来移民,来自朝鲜半岛和长江流域。我国著名的考古学家安志敏先生在《江南文化与古代的日本》①一文中,从稻作农耕、干栏式建筑、珏状耳饰以及海流、交通诸方面,详细地论证了弥生文化与江南的渊源关系。安先生指出,弥生时代早期移民中,从江南一带越海东渡的吴越移民占据主体地位。公元前473年,越王勾践击败吴王夫差。《资治通鉴》中云:"今日本又云吴太伯之后,盖吴亡,其支庶入海为倭。"说明吴人亡国后四散,一部分跨海东徙。

公元前333年,越为楚威王熊商所灭,"诸公族争立,或为王,或为君,滨与海上,朝服于楚"②,从此散为百越。迨及秦并六国,一统中华,江南之民纷纷流徙避乱,驾舟东迁者当不在少数。③《越绝书》中有"内越"、"外越"之分,"外越"亦作"东海外越"。浙江大学历史地理学家陈桥驿教授认为,"内越"指移入会稽、四明山地的一支;"东海外越"指离开今宁绍平原而漂洋过海的一支,他们中的一部分很可能到达"台湾、琉球、南部日本以及印度支那等地"。④

在交通手段尚不发达的古代,海途远比陆路要来得快捷。这一点日本著名的历史学家木宫泰彦在《日中文化交流史》一书中说:正如已故的内田银藏所指出,海洋固然一方面可以把国家和国家隔离开,但同时还可以把国家和国家结合起来。因为远程交通多经由海道反而更加容易。即使在古代,海上交通也一定格外方便,而且很频繁。⑤ 事实证明,先民们利用海流和风力航行,从江南横渡东海仅需几周甚至更短的时间,而经过朝鲜半岛再到达日本,则往往需要人们的不懈努力才能实现。王勇教授认为,南方的农耕民移居日本列岛后,在传播大陆文化和农业技术的同时,不可避免地与土著的绳纹人进行文化接触和人种交融,从而形成混血的弥生人。日本金关丈夫教授,通过对九州岛出土的人骨化石进行测定结果表明,弥生人的平均身高约比绳纹人高,对于这种人体特征上的明显差异,金关丈

①　安志敏:《江南文化与古代的日本》,《考古》1989年第4期。

②　(北宋)司马光等:《资治通鉴》卷二,中华书局2009年版。

③　王勇:《古代日本的吴越移民王国》,《中国江南:寻绎日本文化的源流》,当代中国出版社1996年版,第52页。

④　陈桥驿:《吴越文化和中日两国的史前交流》,《浙江学刊》1990年第4期;王勇:《古代日本的吴越移民王国》,《中国江南:寻绎日本文化的源流》,当代中国出版社1996年版,第52页。

⑤　[日]木宫泰彦:《日中文化交流史》,商务印书馆1980年版,第1页。

夫教授认为是源于外来文化的流入引起的生活方式的变化和外来移民与土著居民之间的血缘交流①，认为这是第一代的混血儿。② 王勇教授认为，公元前3世纪前后，长江流域的吴越移民因相继亡国而大举东渡避乱，他们负载的高度文明和先进技术席卷了进化缓慢的日本绳纹社会，大陆文化犹如稻种一般播撒在这块未经开垦的肥沃土地上，迅速结出丰硕的果实——这是两种文化亲和的硕果，也是两个民族混血的结晶。

秦汉之际，中国历史上出现一次规模空前、历史长久的民族迁徙浪潮，大批移民入海东求乐土，民间所传的徐福集团便是其中声势浩大的一批。徐福东渡的传说，不仅散布在中国的东南沿海各处，而且密布于日本列岛西南海岸，说明移民东渡的出海与登岸地并非限于一处，东徙的路线与移民的成分亦不是千篇一律的，只不过在后世的辗转传说中，不知名的东渡者被逐渐遗忘，而史迹留名的徐福便成为这些移民的泛称。

在秦汉时期的东渡移民中，善操舟楫的吴人肯定是人数众多的一支。《太平御览》引《外国纪》云："周祥泛海，落综屿，上多苎，有三千余家，云是徐福童男之后，风俗似吴人。"《三国志·魏志》所记倭人三十国，表明户数的仅七国，即对马国千余户，伊都国千余户，一大（支）国三千许家，末庐国四千余户，奴国二万余户，投马国五万余户，邪马台国七万余户。综屿住有三千余户徐福后裔，规模属于居中偏小，又明言"风俗似吴人"，说明是以吴人为主体的移民王国。

吴越人入海东迁之地，不仅限于一处，史籍中出现的岛屿、东鲲、夷洲、澶洲等，似乎都有吴越移民居住，他们利用海上通道，与故地江南保持人来物往。"会稽海外有东鳀人，世世相承，有数万家，人民时至会稽市。"如王勇教授所云，能到会稽互市，至少语言相通，说明他们不是中原的汉族；有"会稽，东沿县人"，是有漂着彼地者，证实两地之间必有一条自然天成的海上通道。这条海道无疑是由海流与季风组成的天然航道。

《后汉书》将这条记事遗置"倭传"之后，说明东鳀人是倭人中的一支。据考鳀为海鱼，分布于我国东海、黄海沿海及朝鲜、日本沿海一带。所谓东

---

① 王勇:《古代日本的吴越移民王国》,《中国江南:寻绎日本文化的源流》,当代中国出版社1996年版,第53页。

② 王勇:《古代日本的吴越移民王国》,《中国江南:寻绎日本文化的源流》,当代中国出版社1996年版,第53页。

鳀人，或指在会稽海外捕鱼之民，可能是汉以前东渡日本的吴越苗裔。①

　　从大量史料证明，江南吴越先民东渡日本列岛，给列岛上的土著民族注入了中华文明，文化的交融，推进了大陆与列岛的文明与进步。

二、吴地工匠去东瀛

　　吴地造船的发展，促使吴地工匠与大和国交往十分频繁。当时倭王遣使入吴，记载的史料极为丰富，这些使节不仅肩负政治和外交使命，还广招人才，引进技术。在引进技术中，吴地工匠制镜先进技术就是一例。

图 3-11　三角缘神兽镜

　　自 20 世纪的六七十年代以来，在日本各地的古坟中相继发现了大量的铜镜，考古学术界把它称为"三角缘神兽镜"。至目前，在日本大和朝，以畿内为中心的坟中已出土这类铜镜 300 余枚，伴随出土的还有一些"三角缘佛像镜"。（见图 3-11 至图 3-13）这些铜镜存续年代都在公元 3 至 4 世纪左右，即认为属于东吴镜，系吴地工匠所铸，但对于铸造地方的看法则存在着较大分歧，一种认为是吴地工匠东渡日本所铸；另一种认为是吴地铸造而后通过贸易方式运至日本。但无论是哪一种情况，均涉及交通，即出海口与运输路线问题。

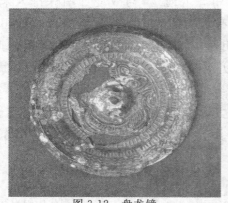

图 3-12　盘龙镜

图 3-13　三角缘佛像镜

---

　　①　（汉）司马迁：《史记·越世家》云："黑齿雕题，鳀冠秫缝，大吴之国也。"说明以鱼皮做帽的东鳀人，是吴人的苗裔。

　　浙东与日本列岛交通上的自然航线在原始社会时就存在。地质学研究表明，早在旧石器时代，日本列岛与亚洲大陆是相连的，第四期冰期结束后，日本列岛与中国大陆为海洋所隔开。宁波地处东海之滨，中国大陆海岸线中段，与日本列岛隔海相望。在新石器时代，浙东一带已成为原始居民航海渡日的出海口；春秋战国时，成为全国九大海港之一；秦时，以徐福为代表的子子孙孙东渡日本；到了吴时，宁波一带已成为先民东迁日本的要地。

　　为什么浙东宁波一带成为通向日本列岛的海上通道呢？这还得从海洋气象条件来剖析。众所周知，古代航海，风力和自然海流是主要动力条件，特别是季风（亦称为信风）气候的掌握和自然海流的流向运用，对古代航海家的作用影响十分明显。浙东宁波附近海域潮流属东海沿岸流，每年6—8月（夏季）在西南季风盛行时期，浙江沿岸水北移，在长江口外与长江水和钱塘江冲淡水汇合，形成一股强大的冲淡水流，向东北直至济州岛方向与对马暖流相接，其中一部分汇入对马暖流进入日本海。冬季，长江径流量大减，东海沿岸流也随着减弱，在偏北季风吹送下，长江冲淡水与钱塘江冲淡水汇合，沿浙闽海岸南下，穿过台湾海峡直接入南海。根据季风和变化规律及海流性质，因此，在夏季（6—8月）江南沿海的原始居民能够借助海流移动的力量，到达日本、九州岛等地。[①] 源于四五千年前的良渚文化也是把宁波作为其对外传播的出海口。今天的余杭良渚文化博物馆同志根据学者们的研究成果，制作了一幅《良渚文化传播图》，也表明良渚文化是经由浙东出海（其中一线）传播到日本的。

　　古代宁波与日本的交往主要有北路航线和南路航线两条，其中南路航线从日本难波的三津浦（今大阪三津寺汀）出发，至博多；然后再南下，经过南岛或值嘉岛，渡东海至浙江的明州。这条航线路程很短，利用自然风力，遇上顺风，只需三五天，最多十天就可到达。可见选择宁波作为出海口，可以走一条便捷的中日海上交通路线。

　　宁波作为东渡日本的主要出海口，是具有得天独厚条件的。据《道光宁波府志》记载，东吴黄龙二年（230）正月时，吴大帝迁将军卫温，率兵万人，亦是从会稽（宁波）出发去夷洲、亶洲的。

　　关于日本出土的三角缘神兽镜。日本许多考古学家把日本的古坟（主

---

①　王心喜：《江南地区远古居民航海日本试论》，《海交史研究》1987 年第 2 期。

要是公元 4 世纪前的古坟）中出土的三角缘神兽镜，认作是中国传入的"舶载镜"。王仲殊在《考古》1981 年第 4 期发表了《关于日本三角缘神兽镜的问题》一文作了详尽的论述。其中有一段结论性的见解："三角缘神兽镜的确具有中国镜的基本特征，与日本的仿制镜大不相同。因此，在目前，我只能提出这样的一种推测：三角缘神兽镜是东渡的中国工匠在日本制造的。"在谈到日本三角缘神兽镜与中国镜相同处的时候，王仲殊说："如果有人说，日本的三角缘神兽镜是中国画像镜的外区（包括镜缘）与神兽镜的内区相结合，那是很容易使人发生同感的。"①

日本出土的三角缘神兽镜，以神仙和神兽为主要题材，这与浙江出土的神兽镜是相同的。从秦汉以来，中国的道家、阴阳五行以及谶纬思想对日本有一定影响，所以神兽镜的题材也是适应当时日本民众心理的。单就做镜的时间来说，日本的三缘神兽镜主要出土于公元 4 世纪前期的古坟中，似乎比中国盛行于东汉晚期和三国的神兽镜稍晚一点。②

日本出土的三缘神兽镜与浙江出土的神兽镜，最明显的差别是前者往往有"笠松形"图样，后者没有。据日本学者研究，这种"笠松形"图样，是由旄（旌，幢也）演变而来的。③

日本出土的三角缘神兽镜，有如下的铭文："吾作明竟真大好浮由（游）天下（敖）四海，用青铜至海东"（大阪府国分茶臼山古坟出土），又："镜陈氏作甚大工，型模周口用青铜，君宜高官至海东，保子宜孙"（滋贺县大限山古坟出土），这些制镜工匠东渡日本时不但带去了先进的制镜科学技术，而且把相关的文化也广泛地传播。当时日本畿内尚处在前大和国时期，他们在东吴移民王国中，为统治者制作祭祀重器，可以说在大和朝统一日本过程中，扮演了举足轻重的角色。④

---

① 王仲殊：《关于日本三角缘神兽镜的问题》，《考古》1981 年第 4 期。
② 王士伦：《浙江出土铜镜》，文物出版社 1987 年版，第 15 页。
③ 王士伦：《浙江出土铜镜》，文物出版社 1987 年版，第 15 页。
④ 王勇：《古代日本的吴越移民王国》，《中国江南：寻绎日本文化的源流》，当代中国出版社 1996 年版，第 49 页。

第四章　宁波造船的发展时期

　　唐代明州的海上交通与船舶制造业进入了一个发展的时代。唐王朝立国初,政治比较开明,经济欣欣向荣,国势强盛,百姓安居乐业,一片繁荣景象,被称为我国封建社会的"盛世时期"。手工业、农业生产水平迅速提高,必然要求扩大商业贸易。在这一历史背景下,唐王朝对建设港口、发展海外贸易和同各国的友好往来十分重视,实行了全方位的开放政策。朝廷鉴于发展对各国的经济交往与文化交流的需要,将经济、文化相当发达,而且制瓷业名列全国第一的浙东鄞县港口由县级建制提升为州级政权机构,从越州划出,单独成立明州府。① 明州城(港)经过半个多世纪的建设,到唐长庆元年(821),在"三江口"建州城,标志着海上丝绸之路的港口城市正式建成。随着与各国地区经济、文化的交流,明州港的发展非常快,成为浙东及东南沿海经济、文化繁荣的港口都市,跻身于唐代交州(现越南地)、广州、明州、扬州四大名港行列。朝廷指定明州与东方的日本列岛、东北亚的朝鲜半岛,进行直接的通商贸易与文化交流。明州港不但成为日本遣唐使入口登陆和放洋归国的主要口岸,而且成为东南亚等地区进入大唐的主要门户之一。在东亚贸易(文化)圈中,明州港是一个主要的输出口,输出的包括物质和精神文化两个方面。物质方面是海上丝绸之路的始发港,文化方面主要是宗教(天台宗、曹洞宗等)都是通过明州港海道输出的,由于这

---

　　① "唐开元二十六年(738)八月三日,江南东道采访使齐澣奏准,分越州立明州。"《宁波市志》,大事记,中华书局1995年版。

里文化底蕴丰厚,因此,日本、新罗和后来的高丽学者、僧人都是来明州留学,归国创业的人物相当之多,文化输出辐射面相当广,可以说是明州海上丝绸之路中的一个特点。这个特点的形成到发展,其关键是海运业的发展,而海运业的发展则依赖于造船业的发展,这已被历史所证明,是港口发展的规律。

第一节　明州港地位的确立

唐代(618—907)经济之繁荣,文化之发达,疆域之广袤,国力之强盛,彪炳史册。8 世纪末任宰相的贾耽(730—805),曾出任鸿胪卿,主持与各国交往及朝贡事宜,他熟悉边疆山川风土,曾绘撰成《海内华夷图》一轴及《古今郡国县道四夷述》四十卷等地理学著作。贾耽所作的"广州通海夷道",由广州出发,经南海,到达今马来半岛的南端新加坡及苏门答腊岛一带,出今马六甲海峡,再经尼科巴群岛即到达今斯里兰卡和印度。从印度半岛南端,沿今阿拉伯海东岸一直驶入阿曼湾和波斯湾,到达当时的乌剌国,即今阿拉伯河下游及阿巴丹港一带。溯河乘小船而上可到达今伊拉克的巴士拉,再西北行即可到达今日的巴格达。这条由广州出发一直到波斯湾东岸的乌剌国的线路,是为"东岸路"。还有一段是从东非的三兰国(被普遍认为是今坦桑尼亚的达累斯萨拉姆)出发,沿印度洋西岸北行,再绕过阿拉伯半岛到达今阿曼的苏哈尔一带,经波斯湾中的巴林岛,而到达乌剌国,与东岸路会合。

阿拉伯在许多地理著作中经常提到,由西而东至中国须经"七海"。马苏第的《黄金草原》指出:这七海即今波斯湾、阿拉伯海、孟加拉湾、安达曼海、泰国湾、占婆海(即南海西部)、涨海(即南海东部)。阿拉伯人所谓的七海航程,与贾耽所载由南海到印度洋的"通海夷道"是不谋而合的,而且贾耽所记更具体、更翔实。这充分说明,中国海舶早在 1000 多年前,已经在七海扬帆了!

这条航线与南北洋分界的明州港直接地联系起来了,因此从明州出发可以直达广州,继续远航就可以到达南印度,波斯湾一带港口……直到非洲埃及古都福斯塔达。在那里出土了唐代著名越窑青瓷制品,而在明州城内唐

代遗址中多处出土了唐代波斯陶,就是航路沟通的历史见证。[①]（见图4-1）

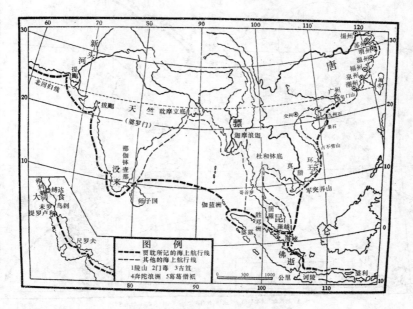

图 4-1　唐代印度洋以西航线图

　　"登州海行入高丽、渤海道",这是贾耽记述的北方航路。即自登州（今山东蓬莱市）发船,东北海行到今辽宁半岛之老铁山,继而沿海岸航行到鸭绿江口。从此地分出两路:一路由鸭绿江溯江东北行,再转陆路通往渤海王城（今黑龙江省宁安县境的镜泊湖之东北）;另一路则仍沿海岸向南航行,过今身弥岛、大同江口、椒岛,而到新罗国西北部的长渊,再向南过大青岛即转向东,经今江华岛而到达大阜岛、唐恩浦口,则为航程终点,登陆向东南行赴新罗王城（今韩国庆尚北道的庆州）。（见图4-2）

　　这条航线与唐代明州港关系密切,唐代新罗的大商人张宝皋船队就是以朝鲜半岛清海镇港、明州港与日本博多津港为纽带,在东亚贸易圈中进行活动,把明州港作为大唐物资输出的主要口岸。目前在朝鲜半岛出土的唐代大批越窑青瓷制品遗存,就是海道畅通的活标本,与一衣带水的日本出土的唐代越瓷,同样说明航路的畅通。

　　由于唐代明州港航路南与广州通海夷道,北与登州海入高丽、渤海道贯通,浙东运河又与隋唐（京杭）大运河沟通,使水上交通便捷,千里水道畅

①　林士民等:《万里丝路——宁波与海上丝绸之路》,宁波出版社2002年版,第173页。

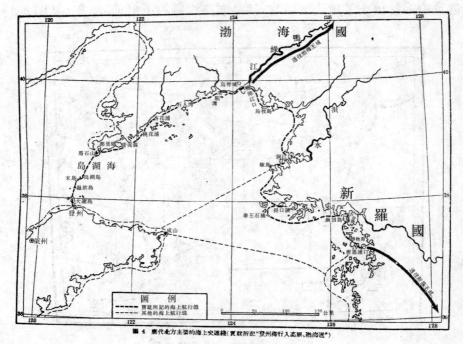

图 4-2　唐代北方航线图

运。因此,世界各国不但使节都到明州港入唐,而且大批的商人,尤其是日本、新罗和东南亚各国商人聚集明州港,通过浙东运河与隋唐(京杭)大运河活动于大唐的各个城市。[①]

　　唐王朝将鄞县(港)提升为明州府(港),说明了朝廷对这个港口的重视,筑城池,疏运河,一跃跻身于大唐交州(现越南地)、广州、明州、扬州四大名港行列。港口地位的确立,为进一步发展我国海上丝绸之路国际港口城市创造了条件,奠定了基础。

　　这里值得指出的是,关于中国唐代四大名港,有的书中说是交州、广州、泉州和扬州。经过近一个世纪的研究探索,对交州、广州、扬州都已定论,唯独泉州常多有争议。尤其是近 30 多年来,学术界开展了对唐代明州港全方位的研究探索,特别是通过大量的考古发掘资料,揭示了古代明州港丰厚的文化底蕴。因此,许多学者认为唐代四大名港之一"Djanfou"应是越府的明州。

---

　　①　林士民等:《万里丝路——宁波与海上丝绸之路》,宁波出版社 2002 年版,第 74 页。

一、四大海港的来历

主要有如下几种史料:

第一,是阿拉伯地理学家伊本·郭大贝(Abu',l-KasimUbaid-Allah. lbn Khurdadhbah,约 830—912)写的《省道志》(或译《道程和郡国志》,'*Kitabali-masalik wa'l-mamalik*)。该书叙述了自波斯湾开始向东到中国的航程。伊本·郭大贝的著作完成于 844—864 年间,① 大约在 9 世纪 60 年代,1865 年第一次由梅纳译成法文,在《亚洲学报》刊出。

伊本·郭大贝对中国沿海贸易港曾按顺序一一列举:

> 从占婆(Senf)首先抵达的中国港口是比景(Al-wakin)。从比景到广府(Khanfou),航海四日可达,陆路则需二十日。由广府八日到越府(Djanfou),由越府到江都(Kantou)需六日。中国各港都处于大河之口,受潮汐起伏而可通航。

伊本·郭大贝根据阿拉伯人和犹太商人来华的途径,从西南向东北,陈述中国沿海四大贸易港是:Al-wakin,Khanfou,Djanfou,Kantou。自从 1865 年梅纳发表了伊本·郭大贝的法译本,各学者都努力考订四处港口的确实位置。经过一个世纪的研究,许多问题已经取得比较一致的看法。Al-wakin 都以为是交州的海港,Khonfou 是广州,Djanfou 则通常认作泉州,Kantou 相当于江都(扬州)。② 其中除 Djanfou 一名以外,其他可说已成定说。

伊本·郭大贝叙述的第三个大港 Djanfou 是越府,但有的译者把越府译成泉州,有的学者是以宋元时代的泉州去推测,尤其是泉州的对音,因此造成许多错误与混乱。因为无论粤音或闽音,都不拼作 Djanfou。闽音话泉州读 Tzunju。伊德里西《旅游证闻》中的泉州,从粤音拼作 Susah。马可·波罗提到的泉州拼作 Tyunju、雷慕沙本泉州拼作 Tiungui,都是从闽南话转译的。

第二,论证泉州在唐代已成全国重要海港的另一个主要依据,是唐文宗太和八年(834)发布的《病愈德音》。《病愈德音》指出:"岭南蕃舶,本以

---

① 费瑯:《阿拉伯、波斯、土耳其文选东地志》(*Ferrand, Textes Geographiques Arabs, Persans, et Turks relatife a l'Extreme-Orient*),Paris,1913,第 21 页,将此书写作年代定在 844—848 年。

② [日]桑原骘著:《唐宋贸易港研究》,杨炼译,日本桑原骘藏 1935 年版,影印本。

慕化而来,固在接以仁惠,使其感悦。如闻比年长吏,多务征求,嗟怨之声,达于殊俗。况朕方宝勤俭,岂爱遐琛? 深虑远人未安,税率犹重,思有矜恤,以示绥怀。其岭南、福建及扬州蕃客,宜委节度、观察使常加存问。除舶脚、收市、进奉外,任其来往通流,自为交易,不得重加率税。"①这道指令将岭南、福建、扬州并列为三处外商汇集的地方,通常以为分指广州、泉州和扬州三大海港城市,用来证实广、泉、扬三州是唐代著名的国际贸易港。

但对唐文宗的《病愈德音》作仔细的推敲,就会发现事实并非如此。唐文宗《病愈德音》中提到的三处地方,正像沈福伟先生指出的,岭南,因岭南五府经略使治所在广州得名;福建,由福建观察使治理,治所在福州;②扬州是淮南节度使治所,又是扬州大都督府所在。唐朝中央政府对在政治上、经济上都有所依重的地方,置有节度使或观察使直接管理,可以"宜委节度、观察使常加存问"。至于其他口岸,即使有外商出入,也难得地方帅臣随时亲自过问之便。福州既是福建观察使治所,又是福州中都督府所在地。③ 而泉州和福州相比,泉州不仅无节度、观察使就近"存问"的方便,而且也不是中都督府所在,因此并无"泉府"之称。唐代在泉州设"参军事四人,掌出使导赞",即使可靠,也只能说明泉州曾有外商和贡使出入,但绝非必经之道。因此说,唐太和八年上谕中的福建就没必要是晋江口的泉州,而是闽江口的福州。

再从伊本·郭大贝列举中国沿海各港的距离计算,第三港也不可能是泉州。比景—广州,实际距离不足500海里,伊本·郭大贝称述二地航程相距四日可达,平均日航数在120海里以上,和贾耽记录的广州通海夷道在横越大海时的航速相仿。广州和泉州间的航程是420海里,根本无须费时八日之久。从广州到福州也仅580海里,同样无须八天之久。因此只有到比福建更远的浙江沿海去寻伊本·郭大贝列举的第三港,才符合事实,而这无疑是大唐的东大门——明州港。

二、Djanfou 是越府

伊本·郭大贝的 Djanfou 是越府。众所周知,在广州和扬州之间的浙江沿海,最合适的对外贸易港是杭州湾旁的明州。明州,唐初属于越州。

---

① (清)董诰等:《全唐文》卷七五,上海古籍出版社 2007 年版。
② (后晋)刘昫撰:《旧唐书·地理志》卷三十八,中华书局 1975 年版。
③ (后晋)刘昫撰:《旧唐书·地理志》卷四十,中华书局 1975 年版。

唐"开元二十六年,于越州鄮县置明州"[①]。越州和明州分置以后,越州中都督府的港口还是明州。杭州湾由于海潮时起,"今观浙江之口,起自纂风亭(地名,属会稽),北望嘉兴大山(属秀州),水阔二百余里,故海商泊船畏避沙渊,不由大江,惟泛余姚小江,易舟而浮运河;达于杭、越矣"。明州可说是唯一的海港。历史事实也一再证明,从唐代开始,包括日本国遣唐使团开始都是不走杭州湾的海道的,而经明州港入口,通过浙东运河,可直达京都。记载各国使节、商旅经运河北上的例子在史书上屡见不鲜。[②] 明州地处海口,而越州(今绍兴)则在浙东运河上的一个漕运大埠,所以作为港口的实是明州。由于明州原属越州,所以伊本·郭大贝记载的越府(Djanfou)从地理位置、航程上看也是相符的。唐代明州优势大于泉州,详见林浩《唐代四大海港之一"Djanfou"——是泉州还是越府(明州)之探索》,《浙东文化》2001 年第 2 期。

第二节　明州港唐代造船业

唐代我国远洋航行的海舶,以船身大、容积广、构造坚固、抵抗风涛力强,著称于太平洋和印度洋上。唐代,大的船舶长达 20 丈,可载六七百人,载货万斛。由于大唐海船巨大,所以在波斯湾内航行时,只能止于阿拉伯河下游及今阿巴港一带,如再向西至幼发拉底河口,需要换小船转运商货。[③] 鉴于大唐海舶坚固完善,所以晚唐时起,阿拉伯商人来大唐都希望搭乘大唐之海舶。迄今为止,我国尚未发现唐代的海船出土,因此缺少形象资料。目前所知仅在甘肃敦煌莫高窟,现存的 45 窟,就有唐代海船的壁画(见图 4-3)。[④] 壁画中的海船,虽然并不能反映当时航行的技术水准,

图 4-3　唐敦煌壁画中的唐船

---

① (后晋)刘昫撰:《旧唐书·地理志》卷四十,中华书局 1975 年版。

② 林士民:《海上丝绸之路的著名海港——明州》,海洋出版社 1990 年版,第 14 页;《遣唐使入明州地点考》,《浙东文化》2000 年第 1 期,第 36 页。

③ 章巽:《我国古代的海上交通》,商务印书馆 1986 年版,第 48 页。

④ 林士民:《三江变迁——宁波城市发展史话》,宁波出版社 2002 年版,第 62 页。

但说明唐代的航海和船舶,已成为当时社会生活中值得重视的事物。9世纪中,往来于大唐与日本列岛之间的,大体上是唐船。[①] 日本遣唐使或学问僧所乘唐船,虽由日本朝廷下令在日本各地监造,但"建造者,大多是唐人"[②]。这反映了大唐造船的技法之高超,并已广泛地传播。

唐代沿海地区,明州港也是重要的一处造船地点。全国唐代造船地北方主要有登州、莱州,南方则以扬州、明州(今宁波市)、温州等地为著名。唐初时还大规模制造海上战船。唐太宗贞观二十一年(647),令江南地区杭、越(明)、台、婺、括、江、洪等十二州打造"大船数百艘,欲以征高丽"[③],次年,又"敕越州(明州)都督府及婺、洪等州造海船及双舫千一百艘"[④]。这里反映了在唐时,地处明州的港口具有相当的造船能力。

日本的奈良时代和平安时代早期,中国制造的船舶去日本还不多。但从9世纪中叶以后,去日本的大唐船舶增加。这时期从日本内海各港驶往大唐的船只中,有许多船失事。除了驾驶技术的原因外,主要还由于日本制造的平底船,不适宜远洋航行。在9世纪中叶,去日本的大唐造船师、航海家留居日本港口,传授了造船经验和航海技术。唐代明州港造船业有了很大的发展。现有资料表明主要有远洋船打造基地和明州港造船基地。

一、远洋船打造基地

远洋海船基地,是以唐明州海运商帮(团)为主体的,在经营远洋海运业中,在商帮(团)中建有造船基地打造远洋大海船。以李邻德、张友信、李延孝等明州商帮(团)为代表,他们以明州港作为货物出运港口,经常来往于日本的博多津港、值嘉岛港,这些明州商帮除了搞海运外,自己还打造、修理大海船,不仅在明州有航运基地,而且在日本值嘉岛、肥前松浦郡柏岛等地建造船舶,作为外洋来回海舶停修、供应的驻扎港,将中国的先进技术传给日本。如《续日本纪》记载,在养老七年(722)"唐人王六仲始造飞舟进之,天皇嘉叹,授从五位下"[⑤]。唐会昌二年(842)在日本佐贺岛(长崎府内)由大唐人承造樟木船一艘。当时最具有代表性的,是我国著名的造船师、

① 席龙飞:《中国造船史》,湖北教育出版社 2000 年版,第 124 页。

② 〔日〕木宫泰彦:《日中文化交流史》,胡锡年译,商务印书馆 1980 年版,第 108 页。

③ (北宋)司马光:《资治通鉴》卷一九八《唐记十四》,中华书局 1956 年版。

④ (北宋)司马光:《资治通鉴》卷一九九《唐记十五》,中华书局 1956 年版。

⑤ 戴乐等:《中国古代生产技术在日本的传播和影响》,《历史研究》1984 年第 5 期。

航海家。明州商帮的张友信，就是一位杰出的人物，他在肥前松浦郡柏岛打造大型海船，并亲自驾船，将日本使者接至明州。[①] 这在《头陀亲王入唐略记》（见图 4-4）中作了翔实的记叙。

像头陀亲王这类人物入唐，也要得到天皇的批准，"敕许乃乘一舶渡唐"。头陀亲王于唐咸通二年（861）七月十一日，从难波津出发，经过 20 余天抵大宰府鸿胪馆，又经过 20 余天至壹歧岛，后来又到肥前国松浦郡之柏岛。柏岛上居住

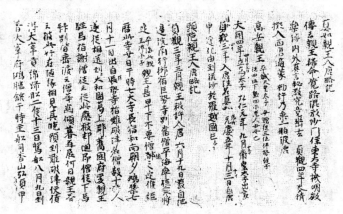

图 4-4　头陀亲王入唐略记 1

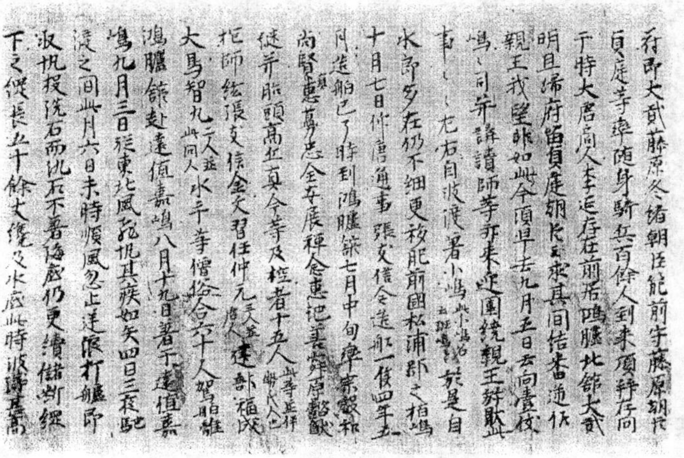

了不少大唐造船师、航海家。他们在这里从事打造巨舶的工作，并传授制造技术与航海技能。头陀亲王专程请著名的张友信打造一艘入唐大舶，张花了 8 个月的时间，终于打制完成。唐会昌二年（842）学问僧惠运赴唐所乘的海船，也是大唐李处人在肥前国松浦郡值嘉岛用大楠木打制而成的，费时仅 3 个月，足见亲王请张友信打造的大舶，工艺更精巧，容量更大。大舶打好后，又从柏岛开到大宰府鸿胪馆，至此入唐交通工具准备就绪。（见图 4-5）

图 4-5　头陀亲王入唐略记 2

渡洋过海交通工具的好坏是十分重要的，但是驾驶技术则是航海安全

---

① ［日］木宫泰彦：《日中文化交流史》，胡锡年译，商务印书馆 1980 年版，第 108—111 页。

的关键。当时航海技术，从整个世界上来看还处于幼稚阶段，而大唐的航海家们，不但能够利用自然季节风，而且能掌握自然海流航行，因此只有高超的操作技术，才能保证航海安全。头陀亲王所乘的船是张友信亲自制造，张还担任这次入唐的舵师，亲自执航。

唐咸通三年(862)七月中旬，从大宰府鸿胪馆把大舶开到值嘉岛。抵岛时已是八月十九日。《三代实录》中说，值嘉岛“地居海中，境邻异俗，大唐、新罗人来者，本朝入唐使等，莫不经此岛”。九月三日从值嘉岛港正式起航，利用东北风，飞帆疾矢，九月六日风止，但浪高如山，终夜不息，张友信立即命令投下石碇达五十丈，此时船上人员，均惊惶失度。张友信不但如神般地利用自然风与海流进行航行，而且在浪高如山昼夜不息的情况下，能妥善地处理，掌握大海中航行技术。从日本值嘉岛到大唐明州港，仅仅花了五天四夜时间，可以说是创世界快速航行的纪录(见图 4-6)。①

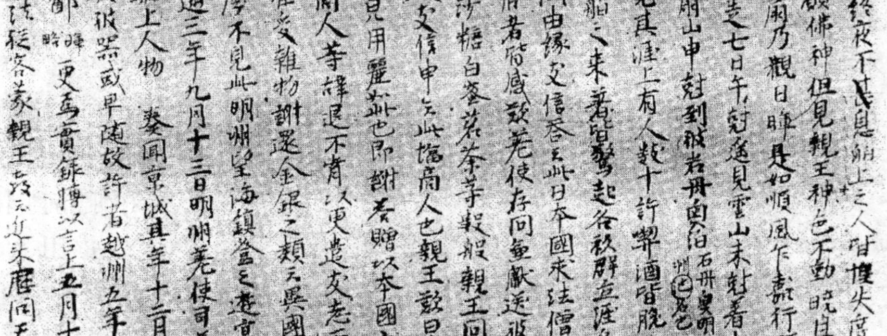
如山終夜不息船上之人皆惶失度異口同音
祈願佛神但見親王神色不動曉旦之間風氣
微扇乃觀日暉是如順風作帆行矣
風而走七日午刻遥見雲山未刻着大唐明州之
揚扇山申刻到彼岩丹奥泊（石丹奥明州之名也）即落帆下
碇見其涯上有人數十許帶酒皆脱鞋坐侍乃
看船之來者皆驚起各敕群立涯邊見張支
信問由緣支信答云此日本國求法僧徒來投彼
群居者皆感歎差使存問兼獻送彼土梨柿甘
蔗沙糖白蜜茗茶等數般親王問支信云此何
人支信申云此塘商人也親王歎曰雖是商人
辨息用意也即謝其贈以本國土物數種多
般商人等辭退不肯以更遣支老于時彼商人
少唯受雜物謝還金銀之類云異國珍物適命
固辭不見此明州望海鎮之遣宴此感大唐
咸通三年九月十三日明州差使司馬李閑點
檢船上人物 奏聞京城其年十二月敕符到云
須收破器或早隨故許若越州五年彼州觀察
使鄭（時）更爲貴録轉以言上五月十一日巡禮所
求法從客發親王歎云今來唐問天師之寶我

图 4-6 头陀亲王入唐略记 3

二、明州港造船基地

明州港造船基地，主要在姚江南岸和甬江口沿岸。

① 孙光圻:《中国古代航海史》，海洋出版社 1989 年版，第 297 页。

（一）姚江之南的造船场

1973 年冬至 1974 年底历时一年多，在姚江之南岸和义路段，通过大面积的考古发掘，虽然在这里没有清理出唐代大海船，但在唐代造船场遗址发掘中，在姚江南岸清理出了大面积的残破船板，船板长的有 1～2 米，厚度厚的有 10 多厘米，还发现断残艄柱、舵板、肋骨板，等等，在造船场内有成堆砍下的制造船舶的原木树和大量的碎木头、残件。在江岸边遗留了废弃的破船板、成堆的老化的桐油石灰和粘缝的废料、铁钉、棕榈、竹篾的残件（似风帆上用的），伴随这些遗存一起的还有棚舍的遗迹。[①] 特别引人注目的是在造船场内发掘清理了一艘唐代龙舟。

1. 龙舟出土地点

龙舟出土地点正位于余姚江之阴，距现江岸仅 100 米左右，现邮电局西侧，建（战）船街南，环城马路北侧。这里是唐代古城墙之外的临江地带，历来为船只集聚的码头。这一带至唐代已成为造船场了。现在的建（战）船街因以为名。该地东侧为古渔浦城门。城内是唐代明州（宁波）政治中心的子城所在。因此，这一带唐代文化层堆积丰富。龙舟四周，存有大量残破船板构件木屑，等等。此外，还留存着造船使用的临时性棚舍建筑残迹，主要是柱子，大的直径为 30 余厘米，排列整

图 4-7　龙舟出土情况

齐规则，并有加盖的芦苇秆等遗物。尤其是油灰、棕榈丝、铁钉等修造船遗物的出土，更证实了它是造（修）船场的所在，而龙舟就埋藏在唐代文化层堆积中。（见图 4-7）

---

① 林士民：《浙江宁波和义路遗址发掘报告》，《东方博物》，杭州大学出版社 1997 年 1 月创刊期；《再现昔日的文明——东方大港宁波考古研究》，上海三联书店 2005 年版，第 111—147 页。

龙舟出土时方向为北偏西 10 度,离地表 3 米左右,正置于考古地层之第三文化层位。舟体窄长,尾部微损,舟首部和舷侧及内部都较完整。首部和整个舟体保持水平,在舟体内部淤积了大量的泥土和一批损坏的残破青瓷器等文物。由于年久,又泡在水中,因此整个舟体木质不但松软,而且水分饱和,经过大面积的长期的阴干处理和加固后,已全部脱水。

2. 龙舟出土实测数据

该舟舟体完整(见图 4-8)。尾部稍有破损,出土时尾部上面尚保留了附加的构件,构件上都使用了铜钉或铁钉,清晰可见。舟体水平总长度为1150 厘米,宽度为 95 厘米,中间部位的深度为 35 厘米。外板厚度两舷侧板为 8 厘米,底部厚度为 10～11.5 厘米。在首部位置开有卯眼两排,前排三个卯眼,两边两个卯眼已受损。中间卯眼在中心线,卯眼大小为 10×8 厘米。后排四个卯眼与前排相距 26～28 厘米,以中心线分为左右两组,二卯眼一组之间相隔 8 厘米,二组之间相隔 16 厘米,近舟体中心线的二卯眼为7×10 厘米,近舷侧的二卯眼为 4×10 厘米。尾部位置也有三个长方形卯眼,排成一水平,卯眼大小因腐朽不详。舷下 9～10 厘米处,开凿有 4×5 厘米的长方形卯眼,从头至尾计 17 档,它的间隔距离为 60 厘米。这些长方形卯孔位置都是对称的。在清理中,还发现卯眼内有断的木条,有的还露出舷外,断面尺度与卯眼一致。在断的木条上偶尔发现钉有残板。在离首端2.85 米处和尾部相距 1.4 米处,各有一个长方形卯眼,卯眼大小为 5.5×3.5 厘米。其中尾部一个卯眼中尚留一个木楔,它的断面也与卯眼一致,略高出于船底。船尾横木残存长 74 厘米,宽 12～20 厘米,中间开两个长方形卯眼,规格为 8～10 厘米,两端均用特大的铜钉钉住,一端已腐朽无法辨认,另一端铜钉帽径为 3 厘米。在首部和尾部均保存有铜钉,顶帽直径亦为 3厘米。该独木舟材料经过鉴定为红松木。

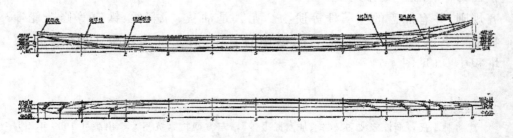

图 4-8　唐龙舟出土状态的线图

3. 龙舟年代的考证

龙舟出土时,同时出土的有青瓷器、木船板残件、铜钉、铁钉、陶器和铜质的钱币等物。在这些文物中,尤以青瓷器为最多。主要的器物有葵边划花碗、直口印花碗、敞口翻沿碗和玉璧底碗(其中有一只碗印有寿字和云鹤纹);圈足盘和方形委角盘(盘内刻有朵花);壶类为残片,口呈喇叭状,六角形壶嘴,扁带形把,腹成瓜状,矮圈足;杯类主要是海棠式,内底刻划荷莲。此外,还有酱黑釉的碗、壶等残片。从共存的这些器物考证,系晚唐时期慈溪上林湖窑场所烧制。经过窑口核对证实,它们的生产窑口分别为白洋湖的石马弄窑址,上林湖的马溪滩、黄鳝山等窑址。其时代从方形委角盘和壶的形制看,均与浙江省绍兴市文物管理委员会在绍兴发掘的唐大中元年(847)墓中出土的委角盘、壶一致。出土的葵花碗、盘与宁波市海曙区甬江印刷厂工地出土的唐大中二年铭文碗共存的葵花碗、盘完全一致。而且船内也出土了一只模印的"大中二年"铭文碗。从上述记年器物,证明了它们的生产年代在晚唐大中年间。因此,龙舟的制作年代亦可定在大中年间或其前后。

4. 对龙舟的研究

木舟的主要尺度为总长 11.50 米,型宽 0.95 米,型深 0.35 米,L/B—12.10,B/T＝3.17,首部离基线高(前昂势)0.69 米,尾部离基线高(后翘势)0.46 米,详见舟体线型图。(见图 4-9、图 4-10、表 4-1)

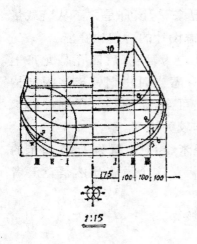

主　要　尺　度

总　　长 ——11.50米	排　水　量 ——1.862吨
设计水线长 ——9.97米	方型系数 ——0.655
型　　宽 ——0.95米	中剖面系数 ——0.870
型　　深 ——0.35米	棱形系数 ——0.752
吃　　水 ——0.30米	水线面系数 ——0.937

图 4-9　龙舟线型图　　　　　　　图 4-10　龙舟主要尺度

表 4-1　型值表

肋号	高度						半宽					
	I	II	III	舷口	船底	边平	100W	200W	300W	400W	舷口	底平
0	460	460	460	560	460	499					425	327
1	193	218	275	470	190	435		222	399	444	455	109
2	66	90	150	402	65	372	299	418	464	475	475	140
3	21	40	105	365	20	335	369	444	472	475	475	157
4	1	20	85	350	0	320	390	450	474		475	165
5	1	20	85	350	0	320	390	450	474		475	165
6	1	20	85	350	0	320	390	450	474		475	165
7	36	55	120	370	35	339	352	432	464		468	165
8	119	138	203	430	118	395		373	431	445	445	168
9	309	335	440	560	309	510				353	390	176
10	690	723		790	690	723					275	242
前底平							168	170	175	185		
尾底平							128	109	126	193		

表 4-1 所列数据均经放样光顺。经多方推断,此木舟应为龙舟,其依据是:

①根据上列的 L/B 值达到的 12.10 的情况来看,该舟是并不从装载量的功能上来考虑,而是从追求速度的角度来考虑设计的一艘比赛艇。

②在首部位置所开前三孔中,其中间一孔应为篙孔,后四孔是龙舟上部按紮龙首等装饰件部位的卵孔。边上还保存着当时用铜钉连接附加构件的痕迹。在尾端也有三个孔,虽已腐朽但仍可辨,是安装龙尾饰件的部位,卵孔也遗存了硕大的铜钉,说明该龙舟制作较为讲究。

③在舟体的两舷侧,有十七档间距为 60 厘米、相对位置为 4×5 厘米的长方孔,用长方形断面木条贯穿其中,上置木板。这个设施显然是竞渡者的位置,两舷伸出端当为划桨支托架安装处。

④对龙舟的排水量、舟体重量及载重量的核算。

排水量的计算:

排水量用辛氏法进行计算,满载排水量为 1.862 吨。计算结果表明的排水量曲线如图 4-11 所示。

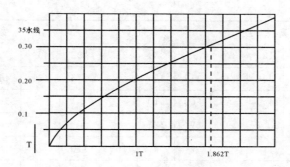

图 4-11　龙舟排水量曲线图

舟体重量估算：

从线型图中选择第三站段剖面，作为龙舟的平均剖面，在 35 厘米水线下的 3 号剖面积为 0.264 米，而舟体内部型值面积（不带外板）为 0.145 米。

舟板剖面积 $A = 0.264 - 0.145 = 0.119$ 米。

材积 $V = A \cdot Lz = 0.119 \times 11.50 = 1.368$ 米。

选红松木比重 r 为 0.52 吨/米，则

舟体重量 $W = v \cdot r = 1.368 \times 0.52 = 0.711$ 吨

载重量核算：

载重量 $= \triangle - W = 1.862 - 0.711 = 1.151$ 吨

每个竞渡者体重以 60 公斤计算，17 名划桨手总重为 1.02 吨，龙舟安排 17 个位置是完全可以胜任的，而且还留有一定的储备浮力。

储备浮力：$1.51 - 1.02 = 0.131$ 吨。

表 4-2　型值表

肋号	高度						半宽					
	Ⅰ	Ⅱ	Ⅲ	舷口	船底	边平	100W	200W	300W	400W	舷口	底平
0	460	460	460	560	460	499					425	327
1	193	218	275	470	190	435		222	399	444	455	109
2	66	90	150	402	65	372	299	418	464	475	475	140
3	21	40	105	365	20	335	369	444	472		475	157
4	1	20	85	350	0	320	390	450	474		475	165
5	1	20	85	350	0	320	390	450	474		475	165
6	1	20	85	350	0	320	390	450	474		475	165

续 表

	高 度						半 宽					
7	36	55	120	370	35	339	352	432	464		468	165
8	119	138	203	430	118	395		373	431	445	445	168
9	309	335	440	560	309	510			353	390		176
10	690	723		790	690	723				275		242
宽底平							168	170	175	185		
尾底平							128	109	126	193		

关于龙舟出现的历史,可以追溯到隋朝,当时龙舟高达四五十尺,长二百尺,起楼四层,上层有正殿、内殿……龙舟的行动迟钝,要几百人挽着走……①而民间的龙舟都较为朴素,由于龙舟竞渡一般都是用于一年一度或数度的节日活动,利用率很低,如果也像官府一样做成木板组合结构的形式,则平时少不了经常性的保养、打挣、捻缝等工作,不符合经济节约的原则。而独木龙舟的保养则简单多了,只需选择河荡一角,搭个草棚遮蔽起来或干脆沉浸水中,即可免除曝晒、豁裂、变形等情况。所以,尽管在造船业已高度发达的唐代,龙舟以独木舟的形式出现,是有它独到之处的。在出土龙舟中心线,即离首端2.85米和离尾端1.50米的底部,各有一个纵向长0.5厘米、横向宽3.5厘米的孔,这就是放水孔。当龙舟使用完毕,将木楔拔出,即可使舟沉浸于水中。可见明州至少在唐大中年间已普遍使用这种方法来保养龙舟了,目前,我国江南农村小型龙舟的保养仍用此法。

龙舟的活动在浙江有悠久的历史。南宋时代都城临安(今杭州),每年二月初八日,西湖画舫尽开,苏堤游人,来往如蚁。龙舟六艘,戏于湖中。……杂以鲜色旗伞、花篮、闹竿、鼓吹之类。令立标竿于湖中,挂其锦衫、银碗、官楮、犒龙舟快捷者赏之。朝诸龙以小彩旗招之,诸舟俱鸣锣击鼓,分两势划棹旋转,而远远排列成行,再以小彩旗引之,龙舟并进者二,又以旗招之,其龙舟远列成行,而先进者得捷取标赏……清明节,次日又有龙舟可观,都人不论贫富,倾城而出,笙歌鼎沸,鼓吹喧天,虽东京金明池未必如此佳。②

古代宁波在端午节、中秋节开展水上划龙舟活动亦颇为活跃。据《四

---

① 范文澜:《中国通史》第三编,第一册,人民出版社1995年版,有关隋龙舟条。
② (南宋)吴自牧著:《梦粱录》,浙江人民出版社1980年版。

明谈助》卷三十西南郭条云:"端午之龙舟,八月十五之中秋天下皆然,唯四明则以十六为中秋,以中秋竞龙舟……";"端午祀神、享先毕,各至河于湖上以观竞渡龙舟,多至数十艘,岸上人如蚁。近日半山龙舟争盛俱于朔日奔赴,游人杂沓不减湖中……";"端阳日龙舟竞渡,男女阗视,亲族相凝,民费不赞……";"端午各乡俱操龙舟祈年……"①上述文献记载说明各地在清明、端午、中秋节盛行划龙舟活动。宁波出土的龙舟更证明了这种活动历史已相当悠久。

5. 对龙舟工艺的探讨

1954 年四川省发现春秋战国时期的独木舟兼葬具,长×宽为 5.3 米×1.05 米,L/B=5.04,方头方艄。1960 年扬州施桥镇出土的宋代楠木独木舟,长×宽×深为 13.65 米×0.75 米×0.56 米,②L/B=18.2,两端微翘略收。据以上两艘独木舟的数据分析来看,有一个不可忽略的特点,即船首已由方头向尖头并上翘发展,L/B 的数值在不断增大,由 5.04 发展到18.20,有力地说明了当时我们的祖先对航行阻力、航速和船体线型等的相互关系已有深刻认识,并付诸实践。1976 年山东平度县大苗家村出土了一艘隋代双体独木舟,残长为 20.24 米,双体并列宽度为 2.82 米,单体残长×宽为 20.24 米×1.05 米,首尾略小并起翘,近似棱形。船身外侧采用榫接、方钉钉合、打净等工艺。③独木舟发展成双体结构的形式是当时社会的需要,其目的在于取得更大的装载量和甲板操作面积以及更好的稳性,从这里可以看到当时除了在施工工艺上有很大的提高之外,造船工匠对船舶的性能,如稳性、装载量、排水量、线型等都已有了足够的认识和研究。

从上述的龙舟施工工艺和设计方案来看,可说已是集前人经验之大全了。在选材方面,并不取樟木和其他硬木,而取红松,显然是为了取得较大的浮力和较好的防腐性。采伐一株直径近一米多的大树,当然要考虑物尽其用,更不能以惯用的造船比例尺度来照套,既要量材定型又要为这种数量不多的龙舟单独设计航行阻力较小的线型,更要满足 17 个竞渡者的使用要求而留有一些储备浮力。通过线型的测绘和排水量的计算、核对,我们不但看到龙舟的线型十分光顺,基本上满足了赛艇的要求,而且载重量的

---

① 黎松盛、林士民:《浙江宁波出土龙舟考略》,《船史研究》1985 年第 1 期,第 24 页。

② 江苏省文物工作队:《扬州施桥发现古代木船》,《文物》1961 年第 6 期。

③ 水运技术词典编辑委员会:《水运技术词典》古代水运与木帆船分册,人民交通出版社1981 年版,工艺条。

设计也是那么的准确,这是十分令人赞叹的。从施工角度看,龙舟的内外线型都很光顺,当时所用的工具主要是锛斧。在龙舟内底还可以看到至今仍清晰可辨的斧痕,在内底较平坦处,斧痕宽度为 7 厘米,排列十分均匀,进斧量为 7.5~8 厘米;在舭部弧度较小处,斧痕也很平均,宽度为 4.5 厘米,进斧刃为 5.5~6.5 厘米。斧痕由舟体两端向中间呈鱼鳞状排列,明确地告诉人们,当时加工是由首尾向中间以步退法加工的,只有采取两端向中间开斧的方法,才能使木材留有更多的加工裕度。由实物遗留痕迹说明,在毛坯初步加工时使用的锛斧宽度要比精加工时的两种更大。所以,加工这条龙舟的锛斧至少有三种规格。施工时进斧量如此平均,更说明了当时操作的工匠用斧的力量是那么均匀,其技术的熟练程度是十分高超的。众所周知,锛斧的使用技术是比较难掌握的,正因为如此,锛斧手也就无形中成为木帆船建造工人中的主手。龙舟的外板厚度分配也比较平均,底部为 10~11.5 厘米,到 8 厘米,由此推测,当时加工成形的过程必须具备内外两副不同部位的模板,方能达到如此对称,更少不了经过放样或做小模的手段。1000 多年前一艘民间独木龙舟呈现如此准确的设计和工艺过程,足见唐代明州的造船事业是何等发达。

这颗埋藏在地下的千年明珠,显示了古代劳动人民的智慧和创造力,为我国造船史增添了一份宝贵的遗产。[①]

(二)甬江口沿岸造船场

造船场除了明州州城姚江一带外,在甬江口招宝山下一带也发现了唐代造船场遗存。以下史料也证实了唐明州造船实力是相当丰厚的。

唐句章(今宁波市)、鄮(今宁波市)时属越州都督府管辖。韩滉为浙东观察使时候,造楼舰三千艘。[②] 据《太平广记》卷四四记载,贞元间(785—805),萧洞玄自浙东抵扬州,至废亭埭时,看到的是"舳舻万艘,溢于河次,堰开争路,上下众船相轧者移时"。

初唐时,明州阿育王寺有一个叫山栖旷的和尚,他有高超的造船技术,

---

①　黎松盛、林士民:《浙江宁波出土龙舟考略》,《船史研究》1985 年第 1 期,第 18 页。
②　(宋)欧阳修等:《新唐书》卷一二六《韩滉传》。《旧唐书》卷一二九《韩滉传》作"三十余艘"。本文采用《新唐书》说法。

"中宗孝和皇帝亲降玺书,愿同金辇,击鼓而陈,其入国造船,而捧其登座"①。中唐以后,当时的船场已经能建造载重为 25～50 吨上下的海船,商船能乘 40～60 人。②《太平寰宇记》卷九八《江南东道十》记载:明州贡品有"船舶"一项。根据乐承耀研究表明:整个江南地区贡船的仅有此地,别无他处,由此可知明州的船舶制造技术有相当的水平。

　　这里也反映了在唐时,明州港不论造海舶还是漕运船,都具有相当的造船实力。

第三节　明州港航线的开拓

　　唐代盛世时期,由于国力充裕,经济富庶,科技文化发达,故而中国与外部世界,特别与亚洲各国的贸易及交往也日益活跃。唐代明州港,开通了向南远洋航线,而向北的东亚、东北亚航线在唐以前虽然已开通,但到了唐代航路更加活跃。海上航线发展阶段的突破,主要是唐代东亚文化圈中的"南路南线"、"南路北线"和朝鲜半岛从灵岩→黑山岛→(明州)定海县直达航线的开拓开通,改变了海上航路的格局(见图 4-12)。这种文明当建立在先进的制造船舶的科学

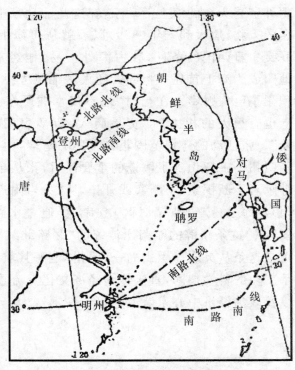

图 4-12　明州港唐代东亚航线图

---

　　①　(唐)万齐融:《大唐越州都督府鄮县阿育王寺常住田碑》,此碑是唐代书法家范的书,唐太和七年立。

　　②　乐承耀:《宁波经济史》,宁波出版社 2010 年版,第 58 页。

技术上。当时中国制造唐舶之盛况,各国学者和旅行家们都作了记录。[①]

一、唐与朝鲜半岛航线

唐与朝鲜半岛之间的海上航路,其一,贾耽在"登州海行入高丽、渤海道";其二,从山东半岛登、莱沿海起航,直接东航,横越黄海,直达半岛西海岸江华湾或平壤西南的大同江口。唐代几次对半岛海上用兵,其舟师就是走这条快速航线;其三,从江浙沿海(明州、越州)或长江口出发,沿大陆海岸北上,至成山角附近,东渡到朝鲜半岛西岸。上述航线实质上是六朝航线的继续。只不过具体地点略有不同。尤其是以长江三角洲的明州(今宁波)而言。唐初期仍是"六朝"时航路的继续延伸。

在 8 世纪期间,朝鲜半岛,特别是南部,随着经济的发展,出现了以经营内外贸易为主的海上活动家,在这些活动家中,清海镇大使张保皋,就是著名的人物,唐大和三年(829)以后就从事海上贸易活动,"利用莞岛清海镇联接中日两国的条件,独占海外贸易,他经常活动于日本、中国(明州)等地",成为海上首屈一指的大商人,"他以大批商船与唐和日本国进行贸易,积累了巨大财富",在当时"他不仅掌握了东方三国的商业权,而且在政治上也有很大的权力","贸易商人,留学唐朝的僧侣大多搭乘张保皋的商船"。张活动的势力范围正在半岛的南端,由于"张(保皋)的贸易船直接到了明州……意识到了陶瓷的重要性后,张从越州(明州)带回陶工",张及其继承者不断探索,不断实践开拓,从"灵岩附近出发,经黑山岛直接到达(明州)定海县(今宁波镇海区)登岸,再通过水路或陆路北上,直抵唐首都长安"。[②] 这条新辟的航路比传统的"北路北线"与"北路南线"快捷得多。也正是这条从灵岩→黑山岛→(明州)定海县航线的开拓,使浙东发达的制瓷手工业的科学技术,直接传到经济文化交流重要的窗口全罗南道(康津郡)以及政治经济中心京畿道。

---

① 意大利学者菲勒斯在《中世纪的中国和非洲》一书中记述,中国从公元 600 年时就会制造具有五层甲板的大吨位帆船。阿拉伯大旅行家苏莱曼撰成于公元 851 年的名著《苏莱曼游记》(又名《中国印度见闻录》)中说:"波斯湾中风浪险恶,中国唐代的海船特别巨大。抗风浪能力强,能在波斯湾中畅行无阻……","唐五代间,阿拉伯商人东航者皆乘中国船"。

② 朝鲜科学院历史所主编:《朝鲜通史》,吉林人民出版社 1962 年版,有关张保皋条;[韩]朴水锡等:《张保皋的新研究》,书事文化社 1992 年版,第 129 页。

朝鲜半岛出土的茶具就是"海上茶路"开通的历史最好物证。[①] 根据文献记载,朝鲜半岛在"唐太和二年(828),遣唐大使大廉回国时携带了茶种,并在国王的同意下种植在智异山,他就是从中国传入韩国确切有记载的第一个传播者"[②],"金大廉从哪里带回了茶种? 最近研究发现大廉带回茶种之处为中国浙江天台山归云洞……"天台山的茶种是哪个港口传播出去的? 学者认为应当是从明州港至韩国南端莞岛青海镇港,[③]通过这条"海上茶路"把浙江天台山的茶种传过去的。

唐代许多高僧去天台山,有两条路:第一条,例如日本名僧、天台宗的创始人最澄大师,于唐贞元二十年(804)从"南路北线"至明州港入唐,贞元二十一年(805)归国时就是走陆路由天台山到上虞丰山道场,然后乘船由上虞到明州府三江口,与唐人告别起程归国的。[④] 第二条,由天台山直接到明州(港),再由明州港通过海道到韩国莞岛清海镇港。这条"海上茶路"在唐代已经开通,韩国《茶的世界》杂志社崔锡焕先生指出:"在新罗时代通过张保皋的船队传入的茶种……"[⑤]因为张保皋海运商团,经常活动在东亚贸易圈中的清海镇港,日本博多津港,明州港与山东、浙江沿海一带,目前浙江黄岩的新罗坊(通远坊),浙江临海的新罗礁、新罗屿(航标)、新罗山(葬地)以及浙江象山的新罗岙(村),浙江舟山普渡山的新罗礁(航标)等文物史迹就是张保皋船队活动最好的历史见证。[⑥] 当时天台山到明州港,进出名人很多,这说明这条海道是十分畅通的。在唐太和二年(828)新罗遣使大廉,回国所走的路线也应与上述名僧所走的路线一样,是"南路北线"。

二、唐与日本列岛航线

地处南北洋分界地的通商大埠明州港,随着唐代对外文化交流和贸易的发展,新的航路也应运而开拓。主要是日本的"南路南线"和"南路北线"

---

① 林士民:《试论明州港历代青瓷的外销》,《海交史研究》1983 年总第 5 期。

② 〔韩〕崔锡焕:《中国茶文化东传韩国的主要代表人物及其贡献》,宁波茶文化促进会编:《海上茶路与东亚茶文化研究文集》,中国文化出版社 2008 年版,第 81 页。

③ 林士民:《明州港与朝鲜半岛"海上茶路"之研究》,《韩国研究》第九辑,国际文化出版公司 2010 年版,第 88 页。

④ 林士民等:《万里丝路——宁波与海上丝绸之路》,宁波出版社 2002 年版,第 66 页。

⑤ 〔韩〕崔锡焕:《中国茶文化东传韩国的主要代表人物及其贡献》,宁波茶文化促进会编:《海上茶路与东亚茶文化研究文集》,中国文化出版社 2008 年版,第 81 页。

⑥ 林士民:《宁波"海上茶路"起航地》,《茶博览》2008 年第 3 期,第 20 页。

的开拓。

"南路南线"也称"东海南线"。据《新唐书·东夷传》说:"新罗梗海道,更徭明、越州朝贡。"这就是说,在唐代中期,朝鲜半岛形势发生了重大变化,新罗摆脱了唐军占领后,相继征服了高丽与百济,在公元676年统一了朝鲜半岛。此后,新罗与日本关系紧张,在这种政治态势下,中日之间传统的北路航线难以为继,即提出明州或越州朝贡。经过两国人民的共同努力,"南路南线"这条新的航线终于拓成。

唐代高僧鉴真东渡日本,走的就是新拓的南路南线。南路南线由明州港出发,举帆东驶,横渡东海,到达日本南方奄美大岛附近;然后由此逐岛北航,经过吐火罗(今宝七岛)、夜久等,越大隅海峡至九州岛西南萨摩(今鹿儿岛县西部海岸)再沿肥后(今熊本、长崎两县西海岸)、肥前(今佐贺县)抵筑紫大津浦;最后入关门海峡,由濑户内海抵达难波的三津浦。

唐代,随着造船航海技艺精湛的中国航海家李邻德、张支信、李延孝等活跃于东海水域,在实践中深感"南路南线"航路要在日本南方绕一个大圈,航程较长,在熟练的航海技术条件下,创拓了航程短的快速新航线"南路北线"。日本第四期遣唐使时期,基本上不走南路南线了。

"南路北线"的拓成。唐代日本遣唐使船登陆鄮县(明州)港,最早一次是唐显庆四年(659)。日本第四次遣唐使舶从鄮县三江地区登陆,文献记载"越州登陆",据施存龙考证,当时绍兴不是海港,周围也没有港口,唯一的港口就是鄮县港(即三江口)。①唐贞元二十年(804),日本桓武朝第十二次遣唐使船舶,又在明州三江口登陆(见图4-13)。著

图4-13　日本遣唐使船在
三江口登陆

①　施存龙:《宁波对外开放于一千三百五十年前——宁波历史上对外开放诸说考辨》,《浙东文化》2001年第2期,第13页。

名的佛教天台宗创始者最澄大师，就是这次入唐的，大师在天台山留学后，回国时在明州开元寺法华院从灵光受"军荼利菩萨"坛法，又从鄞县檀那行者江秘受"普集坛"、"如意论坛"之法，①是三江地区最早受法的外国僧人。时隔不到一年，日本遣唐使另一舶从福建开到明州，两船又从明州起航返日。日本阿倍仲麻吕，从京都通过隋唐（京杭）大运河浙东运河至明州三江口治地，经甬江出望海镇，归国时与唐人别，麻吕望月怅然，咏和歌曰："阿麻能波罗，布利佐计美礼婆，加须我奈流，美加佐能夜麻珥，以传志都歧加毛。"②日本名僧空海也是从绍兴通过水道来到明州起程归国的。③ 以考古发掘资料与遣唐使所带的大量物资交换出售等情况证实，当时遣唐使舶、唐商船等停泊地就在治地。这在唐代上述名人和日本的头陀亲王入唐记略中都有明确的记载。④ 他们所走的就是"南路北线"。

李邻德于唐会昌二年（842）春，驾船由中国明州驶日，搭乘者有日本遣唐僧惠萼（《圆仁入唐求法巡礼行记》）。李处人于会昌二年（842）八月二十四日由日本肥前国值嘉岛那留浦起航，于同年八月二十九日到达浙江温州（《安祥寺惠运传》）。张友信等于大中元年（847）六月二十二日从明州望海镇出发，经顺风三天航行，至六月二十四日到达日本肥前值嘉岛那留浦，随圆仁弟子性海入唐的日本人春太郎、神一郎乘此船返国（《安祥寺惠运传》），李延孝于大中十二年（858）六月八日从明州港起程，于六月十九日抵达日本肥前值嘉岛旻美乐，日僧圆珍搭此船返国（《智证大师传》）。咸通六年（865）李延孝又从明州望海镇起程，七月二十五日抵达肥前值嘉岛，日僧宗睿搭此船返日（《禅林寺僧正传》、《三代实录》）。张友信等于咸通三年（862）九月三日驶离值嘉岛，经四天航行，在九月七日抵达明州港（即镇海东），咸通四年（863）四月，从明州起程赴日，日僧贤贞、惠萼、忠全等随船返国（《头陀亲王入唐略记》）。周汾等于景福二年（893）七月八日自中国开航，七月二十一日达日本筑前博多津，捎回在唐日僧好真的牒文（《入唐王家传》）。上述航海家开拓"南路北线"即以明州港为中心，起航向东偏北横

---

① 　林士民等：《万里丝路——宁波与海上丝绸之路》，宁波出版社2002年版，第66页。

② 　汪向荣、夏应元：《中日关系史资料汇编》，中华书局1984年版，第153页。

③ 　赵大川等：《唐宋中日茶禅交流中的宁波》中云：弘法空海大师从明州登船返日，中国文化出版社2006年版，第96页。

④ 　［日］《头陀亲王入唐记略》日本东寺观智院收藏版本。详见《万里丝路——宁波与海上丝绸之路》，宁波出版社2002年版，第78页，《头陀亲王与明州》节。

渡东海,直抵日本肥前松浦郡的值嘉岛(今平户岛与五岛列岛);然后驶向筑紫的大津浦(今博多)和难波。

五代时的吴越国,更重视发展海外航海贸易作为安身立国之根本。钱氏在杭州、明州等濒海港口设置"博易务",成为富民强国之贸易基地。在与高丽、日本传统海上交往方面较之唐代有增无减,其主要港口是明州。与韩国交通贸易主要航线,仍是灵岩沿岸—黑山岛—明州定海,或从韩国南端通过济州岛、值嘉岛至明州港这条南路北线。据日本方面史料统计,在公元909—959年的半个世纪中,虽日本政府执行消极保守的闭关锁国政策,但往返于吴越与日本之间的均为吴越国海舶,其主要的航海人物有蒋承勋、鲍置求、季盈张、蒋兖、俞仁秀、张文过、盛德言等。这些航海家继承了唐代传统,利用海流和季节风,夏天从明州等港口出发,横渡东海,经由肥前松浦郡的值嘉岛,进入博多津港。

三、交通门户值嘉岛

明州(宁波)与日本从唐代开始已有频繁的交往。这个交往是通过蓝色海洋所连接的"海上丝绸之路"来实现的。日本国的值嘉岛,即五岛列岛,从唐代开始,就是中日交通的门户。

(一)交通要冲值嘉岛

在《伊吉博多书》中云,齐明朝的遣唐使一行登船的港口是难波的三津浦(《日本书记》齐明天皇五年七月条所引)。吟咏遣唐使的诗歌中也有"大伴三津的滨松"、"从难波三津的海角"或"在住吉的三津登船"之语。从这些史料证实,通常遣唐使或商旅从三津浦沿濑户内海西下,到达筑紫后在大津浦靠岸。[①] 这说明当时遣唐使船起航地是难波的三津浦(即现在大阪市南区三津寺町)。

大津浦一名娜大津,又称博多大津,就是现在的博多。博多港是大宰府的门户,凡是开往外国的船舶,包括遣唐使和商旅的船舶在内,都要在这里停泊。

从大宰府出发去大唐(明州)走南路则从筑紫的西南下,经过南岛,横

---

① ［日］《续日本纪》宝龟七年闰八月庚寅条,汪向荣、夏应元:《中日关系史资料汇编》,中华书局1984年版,第106页。

渡东中国海,到达长江口(即扬子江口);或者从筑紫的值嘉岛(即五岛列岛及平户岛的旧名)的附近直接横渡东中国海,可达钱塘江口的明州等地。

第三期遣唐使船因政治形势关系,不再走通过新罗的领海北路,而取道南路了。《唐书·东夷传》云,孝谦朝的遣唐使事说:"新罗梗海道,更繇明越州(浙江省宁波府及绍兴府)朝贡。"

第四期遣唐使时代的唐使船与商旅船,多从筑紫的大津浦到达肥前国松浦郡值嘉岛,等候信风。在那里一旦遇到顺风,就直接横渡东中国海,可直抵大唐国。例如日本光仁朝的遣唐使舶曾在松浦郡合蚕田浦(在五岛列岛的福江岛和久贺岛之间)等待信风;①桓武朝遣唐使第一、第二舶从松浦郡田浦出发,第三舶自庇良岛(平户岛)出发;②仁明朝的遣唐使舶从松浦郡旻乐垮(即福江岛北端三井乐)③出发等,都足以证明上述说法与文献之记载是相符的。

中国到日本的航线也指向值嘉岛。例如光仁朝第三舶回到松浦郡桔浦,④又如桓武朝第二舶回到松浦郡鹿岛(值嘉岛),此外《三代实录》中记载了贞观十八年(876)三月九日,参议太宰权帅在原行平的两条请求中,谈到值嘉岛的情况时云:地居海中,境邻异俗,大唐、新罗人来者,本朝入唐使等,莫不经(历)此岛。⑤ 这条航路比起北路⑥及经由南岛的南路⑦,航程最

---

①　[日]《续日本纪》宝龟七年闰八月庚寅条。汪向荣、夏应元:《中日关系史资料汇编》,中华书局1984年版,第106页。

②　[日]《日本后纪》延历二十四年元月乙巳条、七月癸未条。汪向荣、夏应元:《中日关系史资料汇编》,中华书局1984年版,第115页。

③　[日]《续日本后纪》承和四年七月癸未条。汪向荣、夏应元:《中日关系史资料汇编》,中华书局1984年版,第129页。

④　[日]《续日本纪》宝龟九年十月乙未条及《日本后纪》延历二十四年六月甲寅条。

⑤　原行平两条请求内容是:(一)在壹岐岛置水田百町,充对马岛年贡;(二)在值嘉岛"更设二郡",理由是"大唐、新罗人来者,本朝入唐使者等,莫不经历此岛"。设郡是为了加强管理。原作在"经"字下漏一"历"字,今据昭和三十六年吉川弘文馆印《国史大系》本《三代实录》补正。

⑥　北路是《续日本纪》所载的渤海道或渤海路,经过壹岐、对马,通过朝鲜南畔与聃罗国(济州岛)之际到达现在的仁川附近,然后或横渡黄海,或经朝鲜半岛的西岸及辽东半岛的东岸,横渡渤海湾口,在山东半岛的一角登陆。此航线实与遣隋使时代航路相同。

⑦　所称南岛南路,即从肥前、肥后、萨摩的海岸南下,经过夜久、吐火罗(吐火罗因和宝(takara)字同音,遂作宝,就是现在的宝七岛)到达奄美附近,从此更西航,渡过东中国海,到达扬子江口附近。这条航路和北路航线一样需要颇多航海时日。

短,而且中间没有可以停泊的港口,所以如果遇到顺风,只要航行十日左右①即可达大唐。往来于日唐之间的商船,它们的航路也和遣唐使一样有南路和北路之别。

南路照例从明州(浙江省宁波)出发(即便是从福州或台州开出的船,一般也先到明州停泊),横渡东中国海,到达值嘉岛,从此再进入博多津。据考,值嘉岛就是现在的五岛列岛和平户岛的旧名,《入唐求法巡礼行记》中所说的鹿岛,就是值嘉岛的音讹。奈良朝以后,此岛便处于日唐交通的要冲,取道南路的自不待言,就是取道北路的,也大都在此岛停泊。《安祥寺惠运传》中所说的值嘉岛那留浦,圆珍《行历抄》中的值嘉岛鸣浦,可能都是五岛中的奈留岛;《智者大师传》中的值嘉岛旻美乐,就是五岛列岛中的福江岛的三井乐。《安祥寺惠运传》中,记载了明州商帮张友信的船于承和十四年即唐大中元年(847)六月二十二日,从大唐明州望海镇(即今镇海区)扬帆驶往日本,"得西南风三个日夜",便横渡东海,靠泊日本"值嘉岛那留浦",其行速之快捷,与日本遣唐使船旷日持久地飘荡的情景完全不一样。同一书中还记载李处人的船于承和九年(会昌二年,842)八月二十四日从值嘉岛开往大唐,说"得正东风六个日夜,着大唐温州乐城县玉留镇府前"。从上述史料已说明,九州岛的值嘉岛,即五岛列岛,唐代已是中日"海上丝绸之路"的要冲。

这条海上蓝色通道:难波—博多(大宰府鸿胪馆)—值嘉岛(五岛列岛)—明州—扬州—楚州—汴—洛阳—长安;另一条:难波—博多—夜欠—奄美—明州—扬州—楚州—汴—洛阳—长安。唐船(平安时代)交通线:博多—值嘉岛—明州。(见图4-14)

(二)五岛列岛中航海史迹

为证实明州港在唐代与日本的"南路北线"航海史迹,笔者在日本东京大学的邀请下,1998年、2001年两次考察中日交通的门户——九州筑紫值嘉岛。在这些岛的港湾中出土了大量文物和唐人、日本遣唐使活动史迹。

五岛列岛的第一个大岛是福江岛。福江岛地处五岛之最南端,岛上留下的文物史迹特多。著名的有中国海商住宅区,还保留了一六角形的唐

① 光仁朝遣唐持节副使小野石根出使时,于宝龟八年六月二十四日出海,七月三日到达扬州海陵县。回国时,第三舶曾一度被逆风吹回,第二次出发时,风向适宜,宝龟九年十月十六日出发,同月二十三日到达肥前国松浦郡桔浦。可见在海上航行八日。

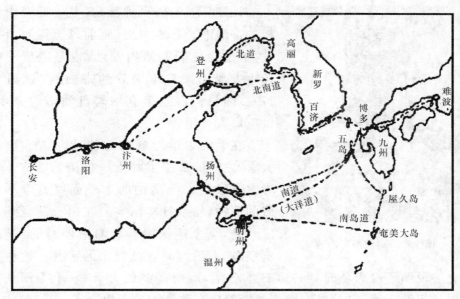

图 4-14　明州至日本航线图

井。在古港口的小山上保存着用石砌的古灯塔（见图 4-15）。当然最为著名的是三井乐（即曼乐崎），港口岸线曲折，是一处天然的良港。这里是日本遣唐使起航与返航地之一。五岛文化协会副会长的野圭志在《遣唐使与三井乐》中说："遣唐使后期，五岛列岛是日本进港的最后候风港。"福江岛的柏崎，又是一处唐商、遣唐使船泊地。日本著名的"入唐八大家"之一的空海大师，就是从这里候风渡唐的。这里建有空海大师的"辞本涯"石刻（见图 4-16），说明他告辞本涯入唐。

图 4-15　福江岛上古灯塔

图 4-16　空海大师的"辞本崖"石刻

图 4-17　唐使船寄泊地

福江岛上的岩岳神社，又是一处遣唐使船的寄泊港。日本书史《肥前风土记》中说："这里是唐使船停泊出发地，也是遣唐使时代唐人渡船来日本最后的寄泊地（见图 4-17）。船员们在这里利用岩盘涌出的泉水，供应唐人饮用。"

在大宝寺附近的白岛神社，是"入唐八大家"之一的最澄大师入唐祈祷的地方。在寺内有最澄大师奉纳的十一面观音像和收藏的铜钟，均系日本国宝。在白石观音港的成陆处，至今还保留着唐船泊停时的"带船石"和唐人泊港时在此汲水的水井。这些文物史迹说明了遣唐使时期许多日本名僧，政府指派的官员、水手等都从五岛列岛起航入唐，以及唐人经商的船舶也在此停泊的历史事实。

奈留岛又是一个大岛，这里有着优越的自然风光，港湾曲折，是一处避风的良港。在这里明州著名的唐代造船家、航海家张友信（包括他的商帮）曾落户于五岛列岛的奈留岛（浦），建造大型海船，经营海运贸易。他们来回于明州港与值嘉岛之间，成为唐代东亚贸易区中主要明州商帮之一。目前居住遗址与造船遗迹尚存。岛上的大宝寺是著名的空海大师住泊地。岛上的遣唐使（唐人）居住区内，保留了汲水的唐井，现在都作为文物保护起来。

图 4-18　鱼篮观音

在西海岸，港湾密布，地理位置优越，也是遣唐使与唐人出入港之一，为了求平安，在港岸边人们雕塑了鱼篮观音（见图 4-18）。在值嘉岛出土了古石碇（见图 4-19）。五岛列岛遗留的唐代等文物史迹十分丰富，它们都是"海上丝绸之路"中航海的历史见证。

图 4-19　值嘉岛出土的宋代石碇

第五章　宁波造船的全盛时期

　　明州造船业在唐代的大好发展形势下，推动着港口建设的不断发展，也促进了偏安一方吴越国的造船业发展，到两宋时代，明州造船业在技术上获得了突破，不仅能打造、装修神舟与客舟，而且制造、装修技术跃入先进行列。从出土的北宋海船制作技艺看，就舭龙骨一项具有开创性，比欧洲出现该种工艺早了7个世纪。

　　船型"从其航行水域不同来说，只有海船与江河船两种；以形制来分，也只有平底和尖底两类而已"，"引生出唐宋定型的广船、福船、浙船"，①神舟主体结构是尖底船类型。神舟打造、装修技术，当于全国造船业之上。两宋时期明州造船业达到了鼎盛，为我国造船业建树了一块不朽的丰碑。

第一节　出使远洋的先进客舟

　　明州港的造船业，继唐代发展的基础上，进入北宋时代，北宋朝廷三次出使高丽而打造的大型出国使团的神舟就是出于明州。宋代造船业的主要成就，是出现了以载客为主的客舟。隋炀帝巡幸江南的船队，可以称得上是最早的内河大型客船队或内河旅游船队。航行在海上的客船和客船

---

　　①　杨熹:《中国木帆船建造技术简介》,《海交史研究》2009年第1期;王冠倬:《中国古船图谱》,北京三联书店2000年版,作者认为中国船型有沙船、广船、福船、浙船四种。

队则始现于北宋,这就是神舟和客舟。①

据宋·徐兢《宣和奉使高丽图经》记载:三次遣使高丽。第一次,"神宗皇帝……元丰元年(1078),命左谏议大夫安焘为国信使,起居舍人陈睦副之,明州定海(今镇海区)绝洋而往……"②;第二次,"崇宁元年(1102)命户部侍郎刘逵,给事中吴栻持节往使,二年(1103)五月由明州道梅岑绝洋而往"③;第三次,"宣和四年(1122)……诏遣给事中路允迪,中书舍人傅墨卿充国信使副往高丽……五年(1123)……促装治舟……神舟发明州"④。奉使高丽使臣乘坐的大型官船称作神舟,在《宣和奉使高丽图经》中,只提到第一、三次遣使的神舟,该神舟均由皇帝赐名。现在根据文献记载,并对神舟进行探索研究,由此从中可以看出当时明州港的造船能力与打造技艺的高超,已达到世界先进之水平。

一、《宋史》、《图经》的记载

《宋史·高丽传》中记载了宋神宗于元丰元年(1078)遣安焘出使高丽国事:"造两舰于明州(今宁波),一曰凌虚致远安济;次曰灵飞顺济,皆名为神舟。自定海绝洋而东。既至,国人欢呼出迎。"

《宣和奉使高丽图经》卷三十四神舟条:

> 臣侧闻神宗皇帝遣使高丽,尝诏有司造巨舰二,一曰凌虚致远安济神舟,二曰灵飞顺济神舟,规模甚雄,皇帝嗣服,羹墙孝思,其所以加惠丽人,实推广熙丰之绩,爰自崇事以迄于今,荐使绥抚,恩隆礼厚,仍诏有司,更造二舟,大其制而增其名,一曰鼎新利涉怀远康济神舟,二曰循流安逸通济神舟,巍如山岳,浮动波上,锦帆鹢首,屈服蛟螭,所以晖赫皇华,震慑夷狄,超冠今古,是宜丽人迎诏之日,倾国耸观,而欢呼嘉叹也。

《宣和奉使高丽图经》卷三十四客舟条:

> 旧例,每因朝廷遣使,先期委福建、两浙监司,顾募客舟,复令明州装饰,略如神舟,具体而微,其长十余丈,深三丈,阔二丈五尺,可载二

---

① 席龙飞:《中国造船史》,湖北教育出版社2000年版,第138页。
② (宋)徐兢:《宣和奉使高丽图经》卷二,中华书局1985年版,第3页。
③ (宋)徐兢:《宣和奉使高丽图经》卷三十四招宝山条,中华书局1985年版,第119页。
④ (宋)徐兢:《宣和奉使高丽图经》,中华书局1985年版,第118页。

千斛粟，其制皆以全木巨枋，挽迭而成，上平如衡，下侧如刃，贵其可以破浪而行也。其中分为三处，仓不安艎板，唯于底安瓷与水柜，正当两樯之间也，其下即兵甲宿棚，一仓装作四室，又其后一仓，为之乔屋……

二、使船"神舟"的研究

（一）神舟建造的地点

1. 第一次神舟建造地点

根据《宋史》记载，在北宋元丰元年（1078）这一次打造的两艘神舟，明确地指出"造两舰于明州"。使臣为安焘、陈睦，神舟一曰凌虚致远安济神舟，二曰灵飞顺济神舟。出海地点，均在明州定海（即现今镇海口）。在明州何地打造的呢？宋史上只说明州。《四明谈助》记载况逵《丰惠庙记》云：政和七年（1117）四月，楼异造画舫百舵置海口（即现今镇海口），专备高丽使臣之用。……然则当时所制（打造）"凌虚致远"、"灵飞顺济"神舟之属，皆在是山（即招宝山）下也。① 这里明确地指出元丰元年时宋廷诏造的两艘神舟"凌虚致远"、"灵飞顺济"，是在镇海招宝山下建造的。我国著名的史学大师全祖望，经过考证后详细地记叙在《鲒埼亭集·记》中。

元丰元年"造两舰于明州"没有给我们留下更形象具体的数据，但从皇帝命名神舟名称到出使高丽，说明了明州能打造国家出使国外团使用的大型海舶，其技术之高超、实力雄厚可见一斑。

2. 第二次神舟建造地点

根据《宋史》记载比较简单，《宣和奉使高丽图经》应当说是较详细，单就造船的地点而言，也是明确的。"先期委福建、两浙监司顾募客舟，复令明州装饰，略如神舟……"这里指出，在福建、浙江顾募客舟，再到明州装饰。可以看出，客舟顾募的仅仅是船体的基本主体，若房屋框架，内部没有分间、配备各种功能，等等，称为装饰即装修，根据神舟的规格、要求进行装饰（修），这实际上像宋《营造法式》规定造房中"屋架"是大木作，而要配上门窗、天花以及设备，都属于装饰的小木作工种，因此装饰（修）的工作量和要求都是十分高的，实际上客舟很大的一部分装修是在明州造船场中完成

---

① （清）徐兆昺：《四明谈助》卷四十六，宁波出版社 2005 年版，第 1566 页。

的。这在客舟条中已说得很详尽。

完成客舟略如神舟的造船场,根据元丰元年打造的神舟在甬江口招宝山下,再据《丰惠庙记》云:"政和七年(1117)四月,楼异(明州府州官)造画舫百艘置海口,专备高丽使臣之用。又造二乘舟,锦帆朱髤,威耀若神……"这里说明造画舫百艘置于海口,即在海口打造存放,接下来"又造二乘舟",这二乘舟形象是锦帆朱髤,耀武扬威,规格甚高,推断应为宣和的两艘神舟。因为从政和七年(1117)到宣和四年(1122)只有四五年时间造修神舟,也是合理的,而且楼异作为明州府州官亲自过问供给高丽的画

图 5-1　招宝山下古造船场遗址

舫打造,作为朝廷使团的神舟无疑有任务督造。从这里不但说明造船场的造船能力技术要求外,而且对于明州府长官也是事关重大。在宋代姚江的南岸,也有一个造船场,以造战船得名,从地理位置和规模来看,甬江口招宝山下的造船场优势大于城北姚江南岸的造船场。在甬江口驻有水师,亦置有造船场。这说明,明州造船场当以甬江口的招宝山下为著称。所以神舟、客舟的打造、装修亦应在海口招宝山下(见图5-1)。

（二）专家学者对神舟的研究

《宣和奉使高丽图经》告诉人们,"神舟之长阔高大,什物器用人数,皆三倍于客舟",而客舟"长十余丈,深三丈,阔二长五尺,可载二千斛粟",这成为复原神舟尺度的最原始和最基本的依据。根据中国船级社武汉规范研究所何国卫研究认为:从《图经》所记文字看,它是两个方面表达神舟的形体大小,而且"皆三倍于客舟",并不是"神舟之长阔高大、什物、器用、人数"皆三倍于客舟的意思。神舟的载重量是客舟可载二千斛的三倍,即六千斛。神舟的主尺寸,船长为 50 米,船宽为 11.2 米。取神舟水线长为 45 米,水线宽 11 米,吃水为 3.5 米,排水量约 780 吨,载货量约为 360 吨上下,一斛粟合 120 斤,即可载 6000 斛粟,这与前面所论三倍于客舟的神舟载粟

为六千斛上下的结论相吻合。① 在 2009 年 9 月宁波宝德中国古船研究所召开的"北宋神舟的研究"这次研究会上，多位造船专家，对明州打造装修的神舟进行了研讨，达成关于北宋神舟复原研究的几点共识，为研究神舟复原工作打下了初步的基础。

（1）神舟，北宋名船，是中国与高丽（朝鲜半岛）友好交往的重要载体与历史见证。它的出现对后世影响深远，以至于我国的宇宙飞船以"神舟"命名。抚今追昔，开展宋代神舟的复原研究，对于当今船史界来说是一项意义深刻、任务紧迫的课题，已引得了专家学者的高度重视。

（2）宋代徐兢的《宣和奉使高丽图经》（下称《图经》）有神舟的最早记载。《图经》所记客舟略如神舟，并对客舟有较多的船舶技术描述，为神舟的复原研究提供了宝贵的依据。

（3）《图经》记载神舟三倍于客舟，应指体型而不是三向尺度，经研讨后认为：神舟的复原尺度可以取船长 12～14 丈，船宽约 3.6 丈，吃水、型深按海船尺度比的技术规律给以取定。

（4）神舟船体"上平如衡，下侧如刃"，应该是尖底海船，泉州等地出土的宋代海船对型线复原有一定的参考价值。

（5）参考宋元时出土的木石碇来复原神舟之锚。

（6）从上插下二棹谓之三副舵，此二棹为舵形的，起呆木②提高航向稳定性的作用。

（7）客舟十橹是包括备用橹在内的总量，橹不是客舟的主要航行工具，只在无风行驶及出入港时使用。

（8）神舟应设三桅置推进风帆，尾部左右设小桅帆作助舵之用。

（9）神舟在尾甲板设二层式甲板室或上层建筑，在其前不设置其他楼室建筑。

（10）中国帆船性能的优越是与控制上层建筑的高度密不可分的，复原神舟时应予关注。

（11）神舟的总体布置、船体结构、上层建筑、帆、舵、碇、橹、桨等方面应与复原尺度相匹配并反映出宋代造船和航海技术。

---

① 何国卫：《读图经议神舟》，《神舟学术研讨会论文汇编》，中国古船研究所编印，2009年。

② 呆木指位于船体尾部水下部位的板状船尾结构，舵在其后，它是船尾结构的一部分，同在船的中纵剖面上。

三、北宋船舶的技术措施

据《宣和奉使高丽图经》所记，北宋船舶为了提高航海性能并增强航海安全，采取了以下各种技术措施：

第一，缚竹为囊。在船两舷缚两捆大竹以增强在风浪中的稳定与安全。如所记"于舟腹两旁，缚大竹为囊以拒浪。装载之法，水不得过囊，以为轻重之度"。这样控制人货装载量，确保了舟船的平稳与安全。

第二，游碇。"若风涛紧急，则加游碇，其用如大碇。"当船舶在风涛中作横向及纵向摇摆时，游碇均可增加对摇摆的阻尼作用，以减缓摇摆，增强稳定与安全。

第三，舵。"后有正拖（舵），大小二尊，随水浅深更易"。此记说明，可以因水道深浅而使用两种不同的舵。而且在大洋之中，为了控制航向和避免横向漂移，在船舶尾部，"从上插下二棹，谓之三副拖（舵），唯入洋则用之"。

第四，帆樯设置。帆樯的设计和驶风技术都有改进。除了以篾制成的硬帆（利篷）外，还设有软帆（布织）；将帆转向左右两舷之外，以便获得最大的风力；在正帆之上还加设小帆（野狐帆），风正时用之。《图经》中则云："风正则张布帆五十幅，（风）稍偏则用利篷。左右翼张，以取风势。大樯（桅）之巅，更加小骢十幅，谓之野狐帆，风息则用之。然风有八面，唯当头风不可行。……大抵难得正风，故布帆之用，不若利篷翕张之能顺人意也。"

第五，加野狐帆。在风浪海中，船舶难免失速，降低了抵御风浪的能力。加野狐帆，借风势劈浪前进是改善风浪中耐波性、适航性的最有效措施。"舟行过蓬莱山之后，水深碧色如玻璃，浪势益大。洋中有石，曰半洋焦（礁），舟触焦则覆溺，故篙师最畏之。是日午后，南风益急。加野狐骢（帆），制骢之意，以浪迎舟，恐不能胜其势，故加小骢于大骢风之上，使之提挈而行。"

第六，铅硾测水深。"海行不畏深，惟惧浅阁，以舟底不平，若潮落，则倾覆不可救，故常以绳垂铅硾以试之。"这个记载生动地描述了客舟、神舟系属尖底船，倘若海潮退落时，这种尖底海船有倾覆的危险。为了防止神舟或客舟的倾覆隐患可能随时出现，篙师们必须要熟悉海道，使神舟、客舟始终保持在深水中，不会遭搁浅而翻船。因此，采用了以绳垂铅硾以试之，测得海道的深浅以始终保持神舟、客舟处在深水的航道中。

第七，海损处理。船舶在远洋航行中，如何及时妥善处理海损事故，提高船舶生存能力显得尤为重要。从宋代的文献中也能窥其一斑。《萍洲可谈》即记有："船忽发漏，既不可人治。令鬼奴持刀、絮自外补之。鬼奴善游，入水不瞑。"[①]由此推断客舟、神舟上必有应急人员。

第二节　使团远洋航海的研究

北宋与高丽的友好往来，不仅表现在民间海上贸易之兴旺，而且反映在官方航海外交之频繁。据统计，有宋一代，高丽遣宋使者有 57 次，宋使往高丽者也有 30 次，其中最著名的莫过于徐兢奉使高丽一役。

徐兢，是北宋著名的航海活动家，官拜奉议郎、提辖。宣和四年（1122）春三月，宋徽宗拟遣给事中路允迪、中书舍人傅墨卿出使高丽，徐兢随使而行，九月，惊悉高丽国王俣去世，由王子登位，即委任徐兢等一行兼做吊丧与贺喜的特使，于次年五月十六日由明州东门港区登舟启碇（见图 5-2）。

图 5-2　宁波东门北宋码头

一、使团远航船队的航线

徐兢一行的远航船队，由两艘神舟与六艘客舟组成，规模相当可观，其驶往高丽的航程记载（见图 5-3）有重要的文献价值。

五月十六日，自明州（明州府三江口）出发，十九日，到达定海县（今浙江省甬江口镇海县）招宝山，"自此方谓之出海口"。二十四日，"八舟鸣金鼓，张旗帜，以次解发"，是日，天气晴快，"乘东南风，张篷鸣橹，水势湍急，委蛇而行"。接着，"过虎头山（今镇海县招宝山东北之虎蹲山），大浃港口七里山，再行数十里，即至蛟门（今虎蹲山东北七里屿之东）"，"历松柏湾，抵芦浦抛碇，八舟同泊"。二十五日，"四山雾合，西风作，张篷委蛇曲折，随风之势，其行甚迟"，而后"至沈家门（今普陀县沈家门）抛泊"。二十六日，"西北风劲甚"，遂"以小舟登岸入梅岑（又名补陀洛迦山，今普陀山）"。二十七日"以

---

① （北宋）朱彧：《萍洲可谈》卷二《丛书集成初编》，上海商务印书馆 1939 年版。

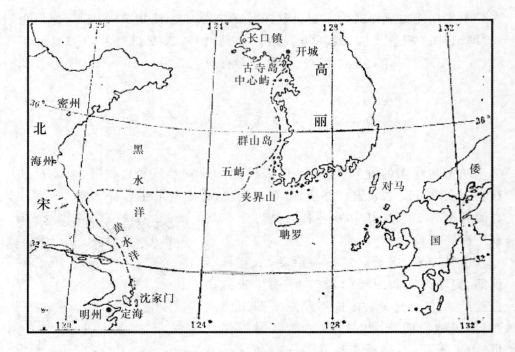

图 5-3　宋代出使高丽航线图

风势未定"而继续避泊待航。二十八日,"天日清宴","八舟同发",过海驴礁、蓬莱山(今大衢山),至半洋礁(今黄龙山之东偏南之东半洋礁)。二十九日,是夜"复作南风",乃"入白水洋(蓬莱山及其以北浙江近岸水域)。次日,过黄水洋(今浙苏淮河入海口附近水域),继而离岸东驶,横渡黑水洋(今江苏以东、山东半岛之南与东以及朝鲜半岛西岸之西的黄海水域)"。

六月一日,乘东南及西南风航行,"入夜风微,舟行甚缓"。二日,"西南风作,正东望夹界山(今小黑山岛),华夷以此为界限"。三日,"东南风作,转航西北,午后过五屿(今大黑山群岛西南,亦为荞麦岛西南之南北纵列五小岛,其中为上、中、下苔岛,其北为弁其南为间屿)、排岛(亦名排垛岛)、白山(今荞麦岛)、黑山(今济州西北之大黑山岛)、月屿(今朝鲜半岛东南端的前、后曾岛)、阑山岛、白衣岛、跪苫"。

六月三日"夜分风静",过春草苫。四日,经槟榔礁、菩萨屿,至竹岛(位于全罗北道兴德里西七里之海中)。五日,过苦苫苫(今扶安西南之猬岛)。六日,"至群山岛(今古群山群岛)抛泊",高丽政府即"遣使来投远迎状","午后副使乘松舫至岸",进行礼节性拜访,继而"归所乘大舟"。七日,"解舟宿横屿"。

六月六日，续航，南望紫云，午后过富用山（今安眠岛南之元山岛）、洪州山（今安眠岛上之承彦里）、鸦子苦（今安兴西贾谊岛附近）、马岛（今海美、泰安西之安兴）。

六月九日，过九头山、唐人岛、双女礁（上三处在今安兴以北海域中，与马岛相近）。中午，驶过大青屿（在今汉城东南广州海中），又经和尚岛（今大舞衣岛）、中心屿（今龙游岛）、聂公岛、小青屿（今永宗岛以南之小岛），至紫燕岛（今仁川西之永宗岛）抛泊。高丽广州（今仁川）地方官遣译官"持书来迎"，徐兢等登岸到馆致谢。

六月十日，午前八舟启碇，午后落篷，摇橹划桨，"随潮而进"急水门（似今永宗岛北方、信岛以东，向北直通礼成江的狭窄水道），"其门不类海岛，宛如巫峡江路"。近暮抵蛤窟（急水门之上际锚地）抛泊。十一日，经分岭，续航至龙骨（礼成江口锚地）再抛泊。十二日，"随潮至礼成港（今开城西三十余里许的礼成江畔）"。中国特使"奉诏书于彩舟，丽人以兵仗甲马、旗帜仪物共万计，列于岸次，观者如堵墙，彩舟及岸"。"次日，遵陆入于王城（今开城）"，受到高丽举国上下的热烈欢迎。①

徐兢一行完成外交使命后，于七月十三日离高丽，循来路返航，途中因风向不顺，屡遭风险，八月二十七日始抵明州。归国后，徐兢撰写了一部航海纪实性著作《宣和奉使高丽图经》。此书不仅生动地显示了古代中朝之间的友好睦邻关系，为研究古代高丽的城邑、山川、风俗、典章制度提供了丰富的历史数据，而且具体地描述了宋代先进的造船技术、航海工具、航海技术以及航海路线和航海考察活动，是 12 世纪中国航海的百科全书。

二、明州航线最早用罗盘

论及中国古代对外交通之港口，向来以广州、泉州、明州鼎足而三。广州自汉唐以降至近代，向来是中国首要的海外贸易重镇，泉州在宋元时代，一度是全国乃至全球最大的航运港口，但后来趋于衰落，至于明州，开港也甚早，持续时间长，且有自己独特的专门航线——北上对朝、日之交通。从设立市舶司及使用罗盘之早，说明明州对外航海路线之地位。②

---

① （宋）徐兢：《宣和奉使高丽图经》卷三十四。其中地名考释参证王文楚：《两宋和高丽海上航路初探》，《文史》中华书局 1981 年第 12 辑。

② 陈佳荣：《明州航线最早使用罗盘之记录》，《宁波与海上丝绸之路》，科学出版社 2006 年版，第 179 页。

　　市舶司或海关的设立,一向被视为对外交通、贸易发展的重要标志。综观中国古代史,设立市舶司最早的是唐代广州。该港因此独一无二的记录而傲视全国诸港。及至宋代,随着海外贸易的发展,有九个港口正式设置了市舶司,以成立先后而言,分别为:广州(971)、杭州(约 989)、明州(992)、泉州(1087)、密州(1088)、秀州(1113)、温州(约 1132)、江阴(1145)、澉浦(1246)。

　　北宋建立后,始置市舶司于广州,其后再设两浙市舶司。《宋会要辑稿》记端拱二年(989)太宗诏曰"自今商旅出海外蕃国贩易者,须于两浙市舶司陈牒,请官给券以行,违者没入其宝货",此两浙市舶司当在是年或其前设于杭州。但南宋周淙《乾道临安志》卷二明载:"提举市舶衙,旧在城中,淳化三年四月庚午,移杭州市舶司于明州定海县。"淳化三年为公元 992年,则是年为明州置司之始。虽然该司在翌年即重归杭州,但到了咸平二年(999),杭州、明州乃各置市舶司。

　　在宋代,明州属最有名的三路市舶司之一。三路指广南东路(广州),福建路(泉州),两浙路(明州、杭州)。据《乾道四明志》云,明州其地"南则闽、广,东则倭人,北则高句丽,商舶往来,物货丰衍"。由此可见,两浙地区除设置市舶司时间仅次于广州外,其对外航运路线也有其专门的特点:既有南下闽、广转赴西航,尤重在北上直通朝鲜及日本。

　　明州航线的重要地位,不仅可从设置市舶司之早、直航东北之特有航线及海外贸易之繁荣观之,而且由其最早出现以罗盘导航的记录,也能作为重要的佐证。

　　众所周知,12 世纪初的北宋时期,中国在世界上最早使用指南针导航。明确记载相关史事的,至少有下列四种宋代载籍:朱彧《萍洲可谈》,徐兢《宣和奉使高丽图经》,赵汝适《诸蕃志》,吴自牧《梦粱录》。成书于宣和元年(1119)的《萍洲可谈》最早记及此事:"舟师识地理,夜则观星,昼则观日,阴晦观指南针。或以十丈绳钩取海底泥嗅之,便知所至。海中无雨,凡有雨则近山矣。商人言,船舶遇无风时,海水如鉴。"一般认为朱彧所记广州之海外交通与贸易,系据乃父朱服知广州时所见所闻,服知广州为建中靖国元年(1101)至崇宁二年(1103),故广州港海舶之使用罗盘当为 1103 年前之事。

　　除《萍洲可谈》外,《诸蕃志》卷下曰:"海南……南对占城,西望真腊,东则千里长沙,万里石床,渺茫无际,天水一色。舟舶来往,惟以指南针为则,昼夜守视惟谨,毫厘之差,生死系焉。"《梦粱录》则记:"风雨晦冥时,惟凭针盘而行,乃火长掌之,毫厘不敢差误,盖一舟人命所系也","但海洋近山礁则水浅,撞礁必坏船,全凭南针,或有稍差,即葬鱼腹"。上述两书所记泉州甚多,然其撰写年代较后,而且同《萍洲可谈》一样,所记用指南针导航只是泛泛而谈,未有专指某一港口及某一航线。

通观有宋一代诸书,只有徐兢的《宣和奉使高丽图经》,才是最早明确记载中国海船如何使用罗盘导航,行走于专门的航线上,而其始发及回归港均是明州,目的地则为朝鲜半岛。

徐兢的《宣和奉使高丽图经》记云:"(五年癸卯夏五月廿八日庚辰)是夜,洋中不可住,惟视星斗前迈,若晦冥,则用指南浮针,以揆南北。"据《宋史·高丽传》,徐兢为宋使给事中路允迪的从官,随其于宣和五年(1123)由明州出使高丽,归于次年,就见闻所及撰写此书。该书对宋代大型远洋海船构造及装备记载颇详,于明州、高丽间的航行历程和沿海岛屿也有仔细描述。尤其重要的是,《宣和奉使高丽图经》成了最早记述中国远洋航船以罗盘导航成功来回的记录,这就大大提高了其史料价值。

总之,明州是中国古代最重要的对外交通贸易港口之一。其设置市舶司及采用罗盘导航的时间均仅次于广州。至于其长期稳定专向东北的特有航线,及保持最早以罗盘指引该线航船安全行驶的纪录,更是对中国古代海外交通史难能可贵的贡献。

三、"风溺其七"的误传

在相当长的一段时间里,有的研究者对于徽宗皇帝遣使高丽"以二神舟,六客舟兼行",完成使命后返航途中遇到风暴,"允迪以八舟使高丽,风溺其七,独允迪舟……而免",说是妈祖显灵保佑了允迪与徐兢,这种误传之广,影响之深,直至2009年下半年,宁波海上丝绸之路文化周时,举行海峡两岸妈祖文化学术研讨会中,有不少专家学者对此提出了质疑,并且对误传历史原因等作了剖析,证明"风溺其七"是后人为了说明妈祖显灵而刻石立碑,一代一代误传的。通过这次学术研讨会,还其历史的原来面貌。

(一)宁波妈祖信仰时间

北宋元丰朝时,朝廷命明州打造两艘"神舟"出使高丽,宣和初又命明州装造两艘"神舟"和六艘"客舟"出使高丽。使团出使高丽均使用了指南针导航,由明州港到朝鲜半岛礼成港来回。在回归途中受妈祖神灵保佑,使团得以平安回朝,此事报宋徽宗,徽宗龙颜大悦,挥笔赐"顺济"庙额,由此借明州港出使高丽之壮举,神灵保佑之事,从此妈祖信仰由民间上升到为朝廷认可,并尊妈祖为中华航海保护神。由此说可知明州信仰妈祖始于北宋宣和朝。

(二)误传出于家谱记载

这里有一个事实是要澄清的,有的文献记载了回来的"神舟"、"客舟"说"八而覆其七",有的说"风溺其七",等等,也就是使团出使时两艘"神舟"、六艘"客舟",归来因风浪巨作,只剩下路允迪一条船之说。①

在早期文献中,有北宋出使高丽有关记载的应为廖鹏飞《圣墩祖庙重建顺济庙记》。② 此文出于莆田《白塘李氏家谱》。廖鹏飞《圣墩祖庙重建顺济庙记》中云:……宣和壬寅岁(四年即公元 1122 年)也。越明年癸卯(五年即公元 1123 年)给事中路允迪出使高丽,道东海。值风浪震荡,舳舻相冲者,八而覆其七,独公所乘舟,有女神登樯竿为旋舞状,俄获安济,因诘于众,时同事者保义郎李振,素奉圣墩之神,具道其详。还奏诸朝,诏以"顺济"为庙额。这里说明:

第一,最早是出于《白塘李氏家谱》中记载"八而覆其七"独允迪一舟尚存,是妈祖神灵保佑。

第二,廖鹏飞所作庙记碑刻中,用了家谱中的记载。由于刻石立碑,许多人也不考证,也不去查阅《宣和奉使高丽图经》原文,就这样误传了。

在庆安会馆宁波古船陈列中,根据《宣和奉使高丽图经》删去"八而覆其七"的讲解词。

对徐兢撰写的《宣和奉使高丽图经》的文本进行了核对,因为《图经》是徐兢的亲身经历,而"廖记"不是亲身经历,我们当然相信第一手的资料。

《图经》卷 34 黄水洋条中云:"……自中国适句丽,唯明州道则经此,若自登州板桥以济,则可以避之。……故舟人每以过沙尾为难。当数用铅硾试其深浅,不可不谨也。"卷 39 礼成港条:"至黄水洋中,三舵并折,而臣(指徐兢)适在其中,与同舟之人断发哀恳,祥光示现,然福州演屿神亦前期显异。故是日舟虽危,犹能易他舵。既易,复倾摇如故。又五昼夜,方达明州

---

① 林浩等:《浅议明州妈祖信仰》,《海峡两岸妈祖文化研究会论文集》,中国文史出版社 2009 年版,第 252 页。

② 徐晓望:《妈祖的子民》,上海学林出版社 1999 年版,《圣墩祖庙重建顺济庙记》碑。

定海。""二十一日辛丑过沙尾,午间第二舟三副舵折,夜漏下四刻正舵亦折。而使舟与他舟皆遇险不一。二十三日壬寅望见中华秀州山。"上述记叙没有提及"八而覆其七"之说,而是说"自祖宗以来,累遣使命,未尝有飘溺不还者,惟恃国威灵,凭仗忠信,可以必其无虞耳。今叙此以后来者之劝"。廖鹏飞所谓"八而覆其七"之说失去了历史的真实依据。所谓出使高丽的"八而覆其七"海难,既不见于《图经》,也不见于《宋史》。

所以说《圣墩祖庙重建顺济庙记》中的"八而覆其七"不但失去历史真实性,而且还广为误导引用,①现在是应当还其历史真面貌的时候了。

第三节　北宋海船发掘与研究

1979 年 12 月 26 日,新华社播发了"宁波发现宋代海运码头遗址和古船"的消息。接着,1980 年 1 月 3 日的《人民日报》,作了如下报道:"浙江省宁波市新近发现古代海运码头遗址和一艘古船。据考证,这是宋代的遗物。……宋代海运码头和外海船的发现,为研究古代宁波的对外交通贸易和造船工业提供了新的实物例证。"这是继 1974 年在福建省泉州湾发掘出一艘宋代海船和 1978 年在天津市静海县出土一艘宋代河船之后的又一重要考古发现。

宁波东门口海运码头遗址,地处余姚江、奉化江与甬江汇合处的"三江口"南侧,这一带原为唐宋时代的海运码头。这次发掘的地点正处于唐代明州城门外。它东临奉化江,即现今的大道头运输码头;西近唐宋东渡门;西南不远为宋、元的明州市舶司遗址;北通姚江的宋代甬东司码头和真武官码头,即现在的姚江运输码头一带。整个遗址范围甚大,这次古船清理的仅仅是交邮大楼建设的部分。

一、宁波北宋古船的清理

船位于 T1—T4、6 探方内,在宋代层的码 I 之下(见图 5-4)。头部距地表 3.65 米,底部龙骨距地表 4.60 米。方向北偏东 64 度。出土时船体基本

---

① 林浩等:《浅议明州妈祖信仰》,《海峡两岸妈祖文化研究会论文集》,中国文史出版社 2009 年版,第 252 页。

上近水平,色泽灰黄,形态、构件都很清楚。

图 5-4　宋船出土情况　　　　　　　图 5-5　宋船保存情况

　　该船残长 9.30 米、残高 1.14 米,宽以龙骨为中心一半是 2.16 米。上部结构已腐毁,头部的艏柱,底部、船体壳板与抱梁肋骨、龙骨等都结合在一起,保存较好(见图 5-5)。船舱内的分隔木板的安装和舱板上的圆形木塞,补镶的痕迹十分清楚;头桅底座和中桅底座制作讲究;在中桅底座后隔舱板背部装有扶长木一条,起加固舱板和中桅的作用;在船尾还发现了舵底座的残件,这是一艘尖头、尖底、方尾的三桅外海船。

　　主龙骨　主龙骨的后半部已残断,残长 7.34、宽 0.26、厚度 0.18 米。从子母口的接头榫位看,是三段木接合而成,从第三段接头榫位开始向上微

图 5-6　宋船解剖(保寿孔)

翘。第一段长度 1.98 米,艏柱接榫处未计在内;第二段长度 5.10 米,两木结合处榫位 45 厘米;第三段龙骨残长约 3.45 米。据此,主龙骨总长应在 10.5 米以上。全用松木制成。

　　在解剖主龙骨和艏舱榫位时,发现主龙骨有两个长方形的小孔,俗称"保寿孔"(见图5-6),孔径长 3、宽 2.5、深 4 厘米,两孔间距 3 厘米。孔内各埋藏钱币六枚,共 12 枚,为"景德元宝"、"天圣元宝"、"皇宋通宝"等北宋早期的铜钱。

艄柱　艄柱(见图 5-7)的断面呈"△"形。它的最宽处为 18、最厚处为 20 厘米,残长 1.55 米,用杉木做成。它与主龙骨以子母口榫合,并用直径 1～1.5、长 15～17 厘米参钉卯合,排列呈梅花形。

船壳板　壳板多用杉木制作,也有松木、樟木的。壳板最宽达 0.42、最窄的 0.21,厚 6～8 厘米。残长长者 3～8 米。壳板采用直的斜接法,即二板的相接处削成不同面的斜刃式,斜刃长达 1.55 米以上。它们按接时,接头跨度很大,往往穿过隔舱的一条或两条肋骨。横向的采用子母口榫合的方法。(见图 5-8)子母口的高度为 2～4 厘米,并用直径 1.5×1,长度 12～20 厘米的长方形铁制参钉加以钉合。钉距 10～25 厘米,头部较密,间距只有 10 厘米。这类铁钉均有钉帽,成斜角度钉合。壳板缝中均施上桐油、石灰、麻丝捣成的黏合物加以填充。

图 5-7　艄柱龙骨

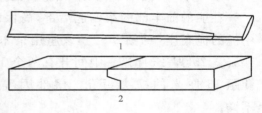

1.船板斜接法示意图　2.船板母子口接法示意图

图 5-8　北宋古船船板接法图

抱梁肋骨　抱梁肋骨全部采用樟木制成,制作规整,宽度一般为 16～25 厘米(指船底部分),越向上越窄,其厚度仅 7～10 厘米左右。它是船体横向结构的主要部分,保存的几舱抱梁肋骨都较完整。在底部,即与龙骨交接处,每档都有一个 3×4 的半圆形水眼。

舱与隔舱板　残存的船体上有六个舱。其中以第五舱为最大,计长 2.05 米,最大半径 2.16 米;以第二舱为最小,长 0.62 米,最小半径宽 0.52 米;第三舱长 1.39 米,最大半径宽 1.64 米;第四舱长 1.16 米,最大半径宽 1.97 厘米;第六舱长 1.14 米,最大半径宽 2 米。

舱板用松木者多数,也有用杉木的。第四舱的中桅后隔舱板,厚 7～

图 5-9　中桅桅座

10、残高 70 厘米，是由两块大板拼合而成。其余大多仅有厚 7~10、残高28~30 厘米隔舱板一块，有两道只留下抱梁肋骨。每道隔舱与船体之间通过肋骨进行衔接，以参钉加以卯牢。

舱隔板中唯第四舱的后部中间，在板中央开了一个宽 4~5、深 0.5 厘米的凹槽，槽内置有方形扶长木，底部装在龙骨的榫卯上加以固定。其目的是为了加固隔舱板，因该舱前即按中桅桅杆之地，以防桅杆倾斜。

头桅与中桅　在船头部分第一舱隔板前装有头桅的底座。头桅底座长 84、宽 21、厚 14 厘米。中间开两个 14×7、深 5、孔距 13 厘米的桅夹板孔，它用一块樟木制成。

在船的前半部的第四舱后部，尚保存着较大的中桅的桅底座（见图 5-9）。该座用杂木制成，全长 105、宽 25、厚 18 厘米。中间开有两个 15×8、深 5、孔距 15 厘米的桅夹板孔。尾部因残缺，艉桅座不详。

舵　没有发现完整的舵部构件。在木船后部有一板残长 186 厘米、宽 42 厘米、厚 18 厘米、中间开有一个直径 26 厘米的圆孔木头，推测当为舵底座（见图 5-10）。

护肋（舭龙骨）　在船壳板的第 7~8 块处的拼接缝外测，贴有一条长达 710 厘米、最宽 14 厘米、最厚为 9 厘米，成半圆形状的护肋一条（见图 5-11）。船头方向的断面略小为 10×4 厘米，后端的断面为 14×9 厘米，两头已残，用杉木制作。它用两排间隔 40~50 厘米的参钉固定在壳板上。北宋古船的实测图见图 5-12。

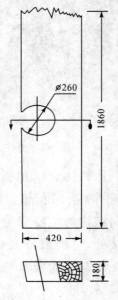

图 5-10　舵座

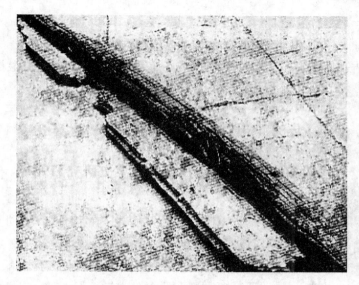

图 5-11 舢龙骨

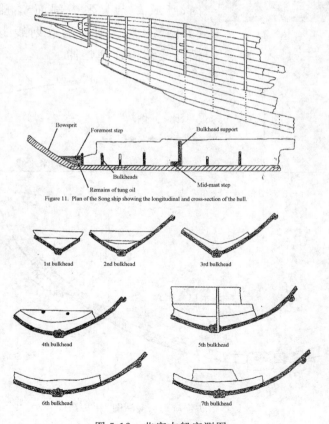

Figure 11. Plan of the Song ship showing the longitudinal and cross-section of the hull.

图 5-12 北宋古船实测图

二、宁波船的尺度与型线

宁波古船是在 1979 年 4 月于宁波市东门口交邮工地施工中被发现的，

肋位因施工而遭到严重破坏。

好在自首至尾的第 1 号到第 7 号肋位的船体底部均得以发掘并有实测图可作为复原的依据。

古船出土时的局部（见图 5-13），自下而上各为第 2、3、4、5 号肋位。第 3 号肋位只有肋骨而无舱壁，在其他 3 个肋位处均有舱壁。

在发掘工作中，除实测有古船的俯视图和侧视图之外，在各肋位处均测绘有剖面图，所示者为七张横剖面实测图中的一张（见图 5-14）。图中的点划线为该肋位处均横剖线结构合理延伸。

图 5-13　宋船出土局部

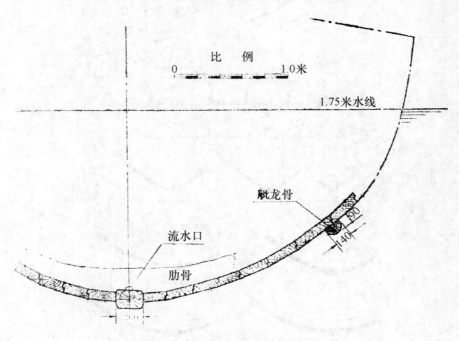

图 5-14　肋位横剖面实测图（舭龙骨）

宁波古船残留有艄柱,故首部大体上是确定了的(见图 5-15)。龙骨用松木制成,断面为宽 260 毫米,厚 180 毫米。龙骨的前一段长 1.98 米,第二段长 5.10 米,第三段刚好从接头处残去,第三个接头从端部看已开始起翘,第三段的龙骨应是向上翘的。加上从发掘现场收集拢来的残碎龙骨看,这条船的三段龙骨总长约 10.5 米左右。

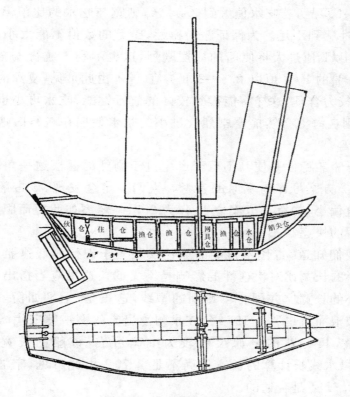

图 5-15　北宋外海船复原图

按残骸的上述实际情况,将第三段龙骨接上翘的趋势接长到 10.5 米,再绘出船舶尾封板线,则可按不同的吃水值得出水线长,列于表 5-1。

表 5-1　尺度型线

方案	吃水 T(米)	水线长 L(米)	型宽 B(米)	B/T	L/B
1	1.50	12.67	4.72	3.14	2.68
2	1.75	13.00	4.80	2.74	2.71
3	2.00	13.30	4.92	2.46	2.70

　　如果依据实测图绘出第一到第七个横剖面图,画出各肋位处的横剖线,约略可以看出,第6、第7肋位处的横剖线,即可相当于船中的最大横剖面线。将此横剖面线按合理的趋势画出其延伸线(如图 5-14 中的点划线),则可以在 1.5 米、1.75 米、2.0 米三种吃水线处得到相对应的型宽值,也将它们列入表 5-1。

　　由表 5-1 可见,若吃水值大到 2.00 米,则宽与吃水的比值 B/T 又嫌偏小,将使稳性感到不足。为保证船的稳性,B/T 的数值不能太小,但也不宜过大,因为 B/T 值过大将使船的摇摆剧烈,这也不利于航行安全。通常认为小型沿海船的 B/T 值以 2.5~2.8 为宜。[1][2] 由此可见,复原时以取吃水为 1.75 米较为合理,这样将能得到较好的航行性能,吃水再小也不宜小于1.5 米,否则在海上必然摇摆剧烈。过小的吃水使船在航行时遇风容易飘荡,不便操驾。

　　从保证船舶稳性并使其不至于产生过于剧烈的摇摆这一角度考虑,表5-1 中的第 2 方案可作为复原的参考。人们一定会发现,该古船的长度与宽度的比值偏小,如第 2 方案之 L/B 为 2.71。船型如此短而肥宽,当然会影响到航行的快速性。

　　但是我们知道,古代木帆船的航速实相当于现代的低速船,对于低速船选用较小的长宽比对快速性的影响是不大的。这里应当指出,古船的设计是采用小的长宽比并配合以瘦削的型线,这正是"上平如衡,下侧如刃,贵其可以破浪而行也"[3]。1974 年在泉州湾出土的那一艘宋代海船,[4]其底部较为完整,长与宽的复原尺度较为准确可靠,该船的长宽比也只有2.86。[5][6] 以水线长计算的长宽比尚不足 2.70。由此可见,宁波古船的长宽比取为 2.71 还是合适的。

　　船的干舷,对于安全性至关重要。从稳性出发干舷的相对值应在下列范围:[7]F/B＝0.12~0.15;F/D＝0.25~0.30。式中:F——船舶干舷;

---

① 诺吉德:《船舶设计原理》,杨仁杰等译,机械工业出版社 1957 年版,第 330 页。

② 席龙飞、徐永绥:《船舶设计原理》,武汉水运工程学院出版社 1964 年版,第 81、157 页。

③ (宋)徐兢:《宣和奉使高丽图经》卷三十四,故宫博物院影印 1931 年版。

④ 泉州湾宋代海船发掘报告编写组:《泉州湾宋代海船发掘简报》,《文物》1975 年第 10 期。

⑤ 杨槱:《对泉州湾宋代海船复原的几点看法》,《海交史研究》1982 年总第 4 期,第 34 页。

⑥ 席龙飞、何国卫:《对泉州湾出土的宋代海船及其复原尺度的探讨》,《中国造船》1979年总第 65 期。

⑦ 席龙飞、徐永绥:《船舶设计原理》,武汉水运工程学院出版社 1964 年版,第 81、157 页。

B——船宽；D——船深。

如试取 F/B＝0.135，则干舷 F 与型深 D 之值各为：

F＝0.135 B＝0.135×4.80＝0.65 米；

D＝T＋F＝1.75＋0.65＝2.40 米；

F/D＝0.65/2.40＝0.271。

如果取型深 D 为 2～4 米，则甲板处的宽度按复原的型线图可知约为5.0 米，这时的甲板宽与型深之比为 2.08，这个比值对船体强度来说大体也相宜。

现时航行于浙江沿海的木帆船主要有宁波和温州的"绿眉毛"两种，根据浙江省船型普查数据，[①]将"绿眉毛"和古船的尺度以及尺度比值列入表 5-2，由此可见，经复原的古船除长宽比过小外，其他尺度比值皆属正常。

表 5-2　宁波古船与浙江"绿眉毛"船的比较

船　　型	LWL	B	D	T	L/B	B/T	B/D	D/T
宁波绿眉毛	15.6	3.38	2.26	1.45	4.64	2.34	1.47	1.56
温州绿眉毛	17.4	5.12	2.46	1.62	3.40	3.16	2.17	1.52
宁波古船	13.0	4.80	2.40	1.75	2.71	2.74	2.00	1.37

按这组复原尺度，考虑到尾封板的位置和首尾的自然延伸，再结合残存的艄桅座和主桅座的位置，我们可以绘出复原草图（见图 5-15）。复原后的总长为15.5 米，看来大体上是合乎比例的。图中带剖面线者为古船残骸。据此，再结合实测的七个肋位的横剖面轮廓线，初步复原出的型线图见图 5-16。

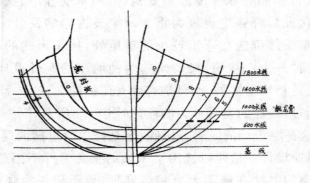

图 5-16　北宋古船型线图复原

①　浙江省交通厅编印：《浙江省木帆船船型普查数据汇编》，1960 年，第 119—131 页。

由于古船挤压在淤泥层中，船身还略有倾斜，船体存在着弯曲变形，实测的横剖面图有的左右舷并不对称。在型线复原时进行了必要的光顺。第8号肋位后的船体因施工中遭破坏，型线复原工作只能适当参考当地木船船型，由于有约占三分之二船长的水线可资利用，复原后的型线图相当光顺，还是令人可信的。

根据复原的型线图可以算出，该船当吃水为1.75米时，其排水体积为51.69米，方形系数为0.473。当吃水由1.5米变化到2.0米时，该船的排水体积和海水中的排水量有如表5-3所列数值。

表 5-3　吃水排水体积与排水量

吃水 T（米）	排水体积 V（米³）	排水量 △（吨）
1.50	40.98	42.0
1.75	51.69	53.0
2.00	63.14	64.7

综上所述，宁波古船的复原尺度为：

水线长	13.00 米	总　长	15.50 米
型　宽	4.80 米	甲板宽	5.00 米
吃　水	1.75 米	排水量	53.00 米
型　深	2.40 米		

船的载重量，如果按排水量的一半计算，则该船载重可达26.5吨。

三、宁波北宋古船的构造

龙骨是保证船舶总纵强度的重要构件，当承受挫墩、搁浅和碰撞等各种外力时，对保证局部强度也极为重要。宁波古船的龙骨，与泉州古船的设计相类似，接头部位选在弯矩较小的首尾处，接头形式的设计也能适应可能遇到的各种外力。从明、泉两州的两种船型的龙骨设计来看，我国宋代的造船经验是相当丰富的，而且是有优秀传统的。

前面提到过，残存的龙骨分为两段，如图5-12所示，第一段龙骨长度只有1.98米。这是原设计的龙骨分段呢，还是修船时更换的局部呢？我们认为这不可能是原设计。造船时选用7米长的整龙骨并不困难，不必用两段拼凑，这种拼凑的办法在施工上也相当麻烦，更不要说对强度不利了。从图5-12也可以看出，龙骨的接头在第3号肋位。第3号肋位处只有肋骨而无舱壁。第3肋位与第2肋位的肋位间距，在全船来说是唯一最短的，因此,我们认为这第 3 肋位的肋骨很可能是为增强接头处强度,在修船时局部更换龙骨后加装的。从这里可以看出,造船匠师的传统经验与局部施工中的灵活性是结合得很巧妙的。

水密舱壁的创造是我国在造船技术上的一项重大成就,许多中外文献都加以肯定。舱壁是保证船体强度最有效的构件之一,它同时又有利于船的抗沉性。到目前为止,可以说我国最晚自唐代就有水密舱壁的出现。[①]宁波宋船的发掘进一步证明,我国在唐宋时期造船时,运用水密舱壁技术是很普遍的。

残存的舱壁只有五个,设在第 1、2、4、5、7 肋位处。在第 8 肋位处的外板上残留有参钉孔,并且排成一线,从舱室长度分布来看第 8 肋位处应设有舱壁,而且正好设置在龙骨接头和起翘处。这是和泉州古船的构造非常相似的,这种结构的合理性是值得称赞的。自第 8 肋位到尾封板之间,尚有 3 米多的距离,根据全船的肋位分布的规律,可以设想其后宜再设三档肋位,即第 9、10、11 肋位。如图 5-15 所示,第 9 号设肋骨,第 10、11 号为舱壁。

综前所述,古船共分 11 档肋位,共有八道舱壁,将全船分成九个舱室。

宁波古船除舱壁外还设有肋骨(第 3、6、9 肋位处),是结构上的又一特点。它与泉州古船不同,泉州古船是全部设置舱壁而不单设肋骨。由图 5-14 中可清楚地看出造船匠师当时设置肋骨的用意。由于古船本身船长不大且船壳板较薄,若为保证船体强度过密地设置舱壁,势必使舱长变小造成货物装卸的困难;若满足舱长的要求又势必使两舱壁间船体板架的跨度过大,造成强度不足。因此在较大的舱中在两舱壁之间再填设一档肋骨,既缩小了舱室段船体板架的跨距,又不影响舱室长度,从而使两方面要求都得到解决。例如,若第 3 肋位处假设为舱壁,那么相邻的两舱的长度仅各约为 0.5 米及 0.8 米,这样显然是不合适的。若第 3 肋位设肋骨,则第 2 到第 4 肋位是长度大于 1.3 米的一个舱,基本上能符合使用要求。第 6、9 肋位设置肋骨也是出于同样的考虑。由此可以看出我国古代造船匠师考虑的周全和经验的丰富,这种聪明才智也值得我们钦佩。

舱壁是水密的,但在每个舱壁的最低点,即在龙骨中线的上方,将肋骨凿一小孔作为流水孔(见图 5-14),俗称水眼。用木塞将此流水孔塞紧,可保证舱壁的水密,除去木塞可供流水,对清除舱底积水和洗舱是很方便和

---

① 南京博物院:《如皋发现唐代木船》,《文物》1974 年第 5 期。

必要的。

船壳板，多用杉木制成，板厚 60～80 毫米。如图 5-8 所示，板列最宽者达 420 毫米，最窄的有 210 毫米。壳板列数由首到尾是一致的，于是首部板列较窄，到中部则逐渐增宽。由之可见，施工是相当精细的。板列之间采用子母搭接（见图 5-8），并加参钉，还使用桐油灰加麻丝作捻缝以保证壳板的水密性。残存壳板最长的有 8 米多，同一列壳板的对接则用斜长刃连接法连接。

宁波古船的艏柱与龙骨相嵌接处，又正好处在第 1 号舱壁附近，该舱壁之前设有头桅的底座，于是形成一个易漏水的狭小空间。图 5-7 所示，此狭小空间填满了加麻丝的桐油灰的情况，这对保证该处的水密性是很重要的。这样的施工方法是很周到合理的，充分反映了我国古代造船匠师的丰富经验。

四、北宋古船设有舭龙骨

根据实测的各肋位处的横剖面图，可以看到在第七列和第八列外壳板的边接缝处，有断面为 140×90 毫米的半圆木，用参钉钉在外壳板上。除第 1 号肋位处残存的船底部较浅之外，自第 2 号到第 7 号肋位处均有此种半圆木（见图 5-14）。此种半圆木的残长共为 7.10 米。该半圆木构件的断面尺寸沿船长向船首方向是逐渐减小的。依其变化的趋势看，向船首方向不会有再多的延伸。如果按断面的变化规律估计其再向后稍加延伸并达到第 9 号肋位之后，那么，其长度将为 7.50 米左右。此种半圆木构件，有关同志开始曾称为护肋，也称为直肋。从所在部位看，它远在舷边之下，绝不是通常的护舷木。从部位和断面尺寸看，也不是对纵总强度有重要作用的大橄。由图 5-14 以及各肋位处的横剖面图可以看出，此半圆木正处在船的舭部，即使船舶在空载时它也不会露出水面。当船舶在风浪里作横摇运动时，装在两舷舭部的半圆木，会增加阻尼力矩从而能起到减缓摇摆的作用。我们认为它正是现代船舶中经常应用的舭龙骨，或称为防摇龙骨，在我国古文献中尚未查到有关的记载。

舭龙骨结构极为简单，它"不占据船舶内部的体积，并且能造成显著的减摇效果,所以舭龙骨获得了广泛的应用,目前在世界各国船队中都采用它"[1]。正因为如此,现代文献对舭龙骨的长度、宽度以及总面积等项都提出适宜的数据范围。这些数值可供我们对宁波古船的舭龙骨作进一步的考察。

表 5-4　舭龙骨长度、宽度、总面积的相对值

	l/L	$0.5A_b/LT$	A_b/LB	b/B
现代船 宁波古船	0.25～0.75 约 0.576	2％～4％ 2.96％	2％～4％ 2.16％	2％～4％ 2％～5％ 1.88％

宁波古船的舭龙骨长度 L 为 7.5 米,宽度 b 为 0.09,单侧面积 $A_b/2$ 为 0.675 米^2,总面积 A_b 为 1.35 米^2。现将这些数值与有关尺度之比值列入表 5-4,同时将文献对现代船的要求也一并列入表中。我们从对比中可以看出,除舭龙骨的宽度 b 之值较小之外,古船的舭龙骨与现代船的各种参数大致是相符的。我们认为,这绝不是偶合,把古船在舭部安装的半圆木称作舭龙骨是有道理的。如果以现代技术知识来苛求古船的舭龙骨,指出它的缺点和不足的话,那么,一个是半圆木的厚度 b 尚嫌小,再一个是半圈形断面虽便于安装而且牢靠,但半圆形的断面形状对横摇时的阻尼将减弱,这也是古代受到造船材料的局限所致。

C. H. 勃拉哥维新斯基在他的《船舶摇摆》一书中说:"开始使用舭龙骨是在十九世纪的头十五年,即在帆船时代。"那么,宁波古船的这一实践,要比外国早 700 年。这说明,早在 700 多年前,我国就注意到减缓摇摆的重要性并采取了最恰当的措施。由于它富有创造性的成就,因此引起了造船界、船史研究者的特别重视,已载入了中国造船史册。

五、古船的桅帆舵等属具

桅:根据实测草图,古船有头桅和主桅的底座,具有两个桅是肯定的。参照《中国海洋渔业船图集》[2]和《浙江省木帆船船型普查数据汇编》[3],木船

---

① [苏]C.H.勃拉哥维新斯基:《船舶摇摆》,魏东升等译,高等教育出版社 1959 年版,第 422 页;冯铁城:《船舶摇摆与操纵》,北京国防工业出版社 1980 年版,第 114 页。

② 一机部船舶产品设计院编:《中国海洋渔业船图集》,上海科学技术出版社 1960 年版。

③ 浙江省交通厅编印:《浙江省木帆船船型普查数据汇编》,1960 年,第 119 页。

似乎应再有一个尾桅为宜。

前面根据残骸已确定龙骨长度为 10.5 米,如取头桅、主桅、尾桅的桅高各为龙骨长度的 1.0、1.14 和 0.9 倍,则各桅的情形可略如图 5-15 所示。

帆:头帆、主帆和尾帆的面积,通常可取船长与船宽乘积的某一百分数。参照文献,[①]此百分数各取为 0.45、0.89、0.19,则头、主、尾帆的面积各为 28、55.5 和 11.9 平方米。

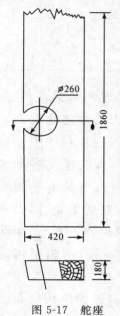

图 5-17　舵座

舵:宋代海船多采用可升降的长形舵。参照文献,[②]取舵面积为船长与吃水乘积的 9.45%,则有 2.56 平方米。如取舵高为 2.96 米,则平均舵宽为 0.90 米。舵的形状略如图 5-15 所示。根据随船出土的舵杆承座残段(见图 5-17),可推算出舵杆应向后倾斜 12.5 度,舵杆直径约为 250 毫米。

六、古船年代考证与结论

古船出土根据考古地层学,它是处在第四文化层,离地表 190～485 厘米。土色青灰,局部有黄色沙土及褐色状铁斑,分上下两小层。包含物上部(层)出土的"绍兴元宝"与南宋龙泉青瓷等残器,应为南宋时期。下部(层)出土除一艘三桅海船、海运码头外,共存的有越窑、龙泉窑等窑口的瓷器。其中以 S 形篦纹与荷花纹碗、折腰盘为典型,它与龙泉北宋窑址出土物一致。[③] 还有青釉直圈足碗,是鄞县郭家峙窑北宋层产品。[④] 根据考古地层关系和沉船内出土的部分瓷器和钱币,特别是龙骨与艉柱接头处保寿孔内各埋藏钱币六枚,共 12 枚,为"景德元宝"、"天圣元宝"、"皇宋通宝"等北宋早期年号的铜钱,综合考察认为沉船是一艘北宋时代的海船。古船如果和我国已经出土的宋代船比较的话,它和泉州湾出土的南宋海船

① 杨榲:《对泉州湾宋代海船复原的几点看法》,《1979 年泉州湾宋代海船科学讨论会论文》,上海交通大学出版社 1979 年版,有关帆条。

② 浙江省交通厅编印:《浙江省木帆船船型普查数据汇编》,1960 年,第 119 页。

③ 《山头窑与大白岸——龙泉东区窑址发掘报告之一》,《浙江省文物考古所学刊》1981年第 1 期,第 130 页。

④ 林士民:《青瓷与越窑》,上海古籍出版社 1999 年版,东钱湖窑区条。

在船型上有近似之处,和天津静海县出土的内河船就相差太大了。北宋末张择端绘的《清明上河图》①中有大小船舶 25 艘之多,都是典型的那些内河船。那些船的桅杆是轻型的,拉牵绳时竖起,过桥时放倒。宁波古船与内河船相比,也是差别极大的。舭龙骨的装设,使宁波古船更具有海船的特征。

第四节　南宋古船发掘与研究

宁波 2003 年发掘的古船从结构和规模来看,属可航行于港内和近海的小型交通运输船。结合地层的迭压关系以及船内外出土的瓷片等情况,可以推断此船的时代为南宋,船型为尖底海船。

一、南宋古船的发掘概况

2003 年 10—12 月,宁波和义路滨江建设工程抢救性考古发掘中,出土了一艘古代沉船。沉船是在探方 A 区西北部,和义门瓮城基址南侧,距地表深约 1.5 米的文化层中发现的(见图 5-18),是一艘近海的小型交通运输船。从迭压关系以及出土的瓷片等推断,此船的年代为南宋。从保存情况看已残破,船艏右侧缺失,但中部保存较完整,船尾已被破坏。(见图 5-19)现残长约 9.2 米,最宽处约 2.8 米,深约 1.15 米。目前可以分辨出的船舱壁有 9 道(见图 5-20),而舱与舱之间,还有流水孔相通。隔舱板底部还有舱壁肋骨(见图 5-21),起加固作用。

图 5-18　古船出土位置

图 5-19　出土古船全貌

---

① （宋)张择端:《清明上河图》(张安治著文),人民美术出版社 1979 年版,有关船舶结构条。

图 5-20　古船舱壁　　　　　　　　　　　图 5-21　舱壁肋骨

船板厚约 50 毫米，用材为杉木及其他硬木材料。船在靠近中前部和中后部被两排紧密的晚期木桩破坏，仅残存部分龙骨。

二、南宋古船的船型和尺度比

以考古测绘图为依托，进行实地补充测绘；利用残存部分，进行局部实体复原。[①] 经对古船残骸测绘草图（见图 5-22）的考察和研究，和义路古船为宋代港内和近海小型交通运输船。宁波和义路出土古船残体因为受后期木桩破坏和表土层的压迫，中部外板尽失；第 5、6 号舱壁之间，船体仅靠龙骨相连；第 8 号舱壁处龙骨已折断，前体船底拱起，破坏比较严重。尽管如此，残船仍然能提供用以复原部分的重要信息。

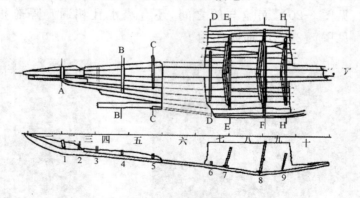

图 5-22　南宋古船实测图

① 龚昌奇等：《浙江宁波和义路出土古船复原研究》，《宁波文物考古研究文集》，科学出版社 2008 年版，第 183 页。

首先,由保留的部分船体不难看出,第 8 号舱壁在古船的最大横剖面处。该古船未见桅座,外板上口线(外板顶线)基本保存完好。可以断定古船为小型单底、无纵通甲板、多道水密横舱壁的港内和近海小型交通运输船。

其次,通过比对江浙地区的同类木船,可以确定出古船的尺度比范围:LB:3.5~5.5;B/T=3.1~5;D/T=1.5~2。

根据上述推断,结合线型复原光顺,确定古船的主尺度为:

Loa=12.79 米

Lw1=10.26 米

B=2.8 米(L/B=4.57)

D=1.2 米(f B/T=4.67)

T=0.6 米(D)/T=2.00

三、南宋古船型线的复原研究

南宋古船型线的复原是以实测图为基础进行光顺、协调,以上述尺度比为依据,并参考浙江地区的同类型木船型线变化规律,经过反复修改、调整完成的,见图 5-23。横剖面为尖底,圆弧舭部,上口开敞,水线宽小于甲板宽。

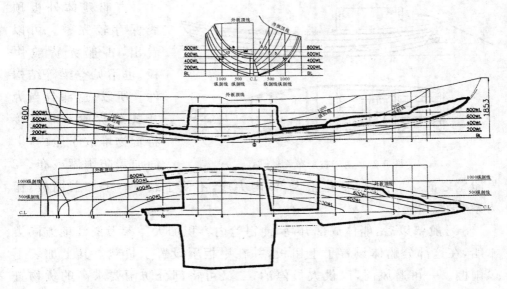

图 5-23　南宋古船船体型线图

结合布置要求和与水下型线的协调配合,绘出古船的半宽水线和纵剖线图。甲板形状为尖首、阔尾。中纵剖线的复原,考虑了古船实测图所反映的破坏和变形,对此作了相应的修正。图5-23中,粗线部分为实测图反映的船体残存部分轮廓。

实测中发现,古船第8号舱壁高于前体外板顶线约200毫米,说明古船后体可能高出前体。结合布置和使用功能,自8号壁向后船体应作局部升高。这不仅能较好解释8号壁升高的原因,而且有利于后体的布置和使用。

经复原的古船型线具有如下特点:

尖底圆舭,前体尖瘦,中部凸起,满载水线进流角约20度。比例协调,尺度适宜。通过型线复原和静水力计算,得出其他相关要素:

满载排水量:5.185 t　　　　　　方形系数:0.321

中剖面系数:0.614　　　　　　棱形系数:0.523

水线面系数:0.612

四、南宋古船布置的复原研究

根据对古船的尺度及结构分析,和义路古船是一艘小型港内和近海小型交通运输船,构造相对简单,主要用于小宗货物的短途运输和提供口岸与海港中停泊船只的人员交通。

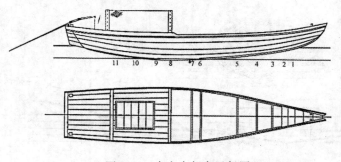

古船残体外板顶线保存较完整。可以看出,古船无货舱甲板,也不见空梁等结构件。所以,这部分当为开式载货舱。即直接将货物堆放于舱内,上面加盖防雨席或布。2号舱壁之前,因为形状变化很大,体内尖瘦,不便于载货。上加盖铺板,作为系船处。

图5-24　南宋古船布置复原

8号舱壁以后,船体局部升高,使得舱内容积加大。参考浙江地方同类木船,在这部分船体设置了上甲板,并在甲板下设置了货舱。其上加装了风雨棚。一可避风雨,以供人员停泊;二又可将部分防雨要求高的货物置于该货舱内,尾部设为操船区。(见图5-24)

古船残体未见桅座等相关构件,所以,不可能以帆作为动力。况且,港内交通船限于风力、风向无定,以帆推进多有不便,故复原采用了橹作为推进和操纵设备。这也是该地区广泛使用的最为便捷的操船模式。

此种小型船无需锚设备。靠泊时可系于码头的缆桩,故需在首尾甲板上设缆桩和靠泊时所用的碰垫(或泊球)。

五、南宋古船的结构复原

(一)龙骨

和义路古船龙骨保留相对完整。中部 5—8 号舱壁间龙骨剖面尺寸为 300 毫米×100 毫米。向首尾龙骨厚度不变,宽度逐渐收缩。至首部与三角剖面的艏柱相接,到尾部与尾封板相接。受力合理,符合海船对总纵强度的要求。

(二)外板

古船船体中部 7 列外板,平均厚为 60 毫米,延伸至首并为 6 列。列板之间采用平面对接,利用铲钉加固。列板端部加了一道水平桁,其上装舷顶列板,厚 40~50 毫米。

(三)隔舱及骨架

主船体内 8 号舱壁前设有 7 道隔舱。后端因故已不存在。复原时根据前后关系和使用目的,设了 4 道舱壁。构成隔舱的横板用三四块木板对接加锔钉构筑,舷边与水平桁结合在一起,形成水密结构,同时大大加强了船体的横向强度。按照中国木船结构的传统,前后舱壁分别在底部靠近船舯一侧设有舱壁肋骨,以加强横向强度和舱壁的稳定性。舱壁底部、龙骨上方开有流水孔。(见图 5-25)

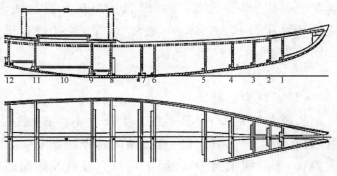

图 5-25　南宋古船结构复原

六、树种鉴定和用材分析

(一)材料和鉴定方法

分别从船体龙骨、隔舱板、船板部位取样。由于取样对象为木质文物,因文物的保护需要,为了最大限度地保持其原样,减少人为影响而留下痕迹,大多木样截取于出土构件的边缘小裂片或碎片,长约一至数厘米,宽度和厚度为一至数毫米。就船板、龙骨、隔舱板所取试样顺次编为1、2、3号。

因受所取样木的尺寸限制,木材的显微鉴定,采用徒手切片,制作成临时切片,在 OLYMPUS Bx-51 研究用显微镜下观察和照相。因木材长期埋存地下,材色发生一定变化,以下宏观构造中的材色按实际观察记录,仅供鉴定参考,主要鉴定依据为显微构造。

(二)宏观和微观构造特征

1. 船板样木

(1)宏观构造特征

木材褐色。生长轮明显。管胞在放大镜下略可见。木射线极细,放大镜下横切面上明显;径切面射线斑纹肉眼下可见。胞间道阙如。

(2)显微构造特征

管胞径壁具缘纹孔通常1列,少数2列。轴向薄壁组织量多,星散状及弦向状。

早晚材带均有分布,薄壁细胞中常含深色树脂。木射线通常单列,稀2列,高1~30个细胞,多数5~15个细胞;少数含深色树脂。射线细胞少数含深色树脂,水平壁厚;端壁节状加厚阙如。射线薄壁细胞与早材管胞间交叉场纹孔 L 式为杉木型,通常24个,纹孔口长轴沿管胞轴向或略倾斜。如图 5-26 所示。

2. 龙骨样木

(1)宏观构造特征

边材黄褐色,心材暗褐色。生长轮不明显;散孔材;管孔排列径列至斜列,管孔内含白色沉积物丰富;轴向薄壁组织在放大镜下可见;环管束状及轮界状;木射线细至中,肉眼下可见。波痕及胞间道阙如。

(2)显微构造特征

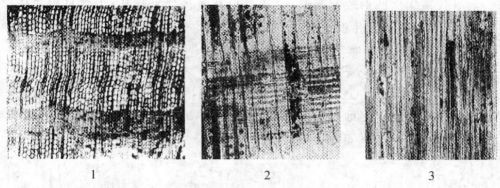

图 5-26　南宋古船船板样木显微

　　导管在横切面上排列呈径列至斜列；具侵填体。导管分子单穿孔，穿孔板平行至略倾斜；螺纹加厚阙如；管间纹孔式互列。轴向薄壁组织具链晶，环管状至环管束状，及轮界状。木射线非迭生；主为单列射线，稀 2 列，高 1～30 个细胞；射线组织同形单列及多列；射线细胞中充满树胶。射线与导管间纹孔式类似管间纹孔式。胞间道阙如。如图 5-27 所示。

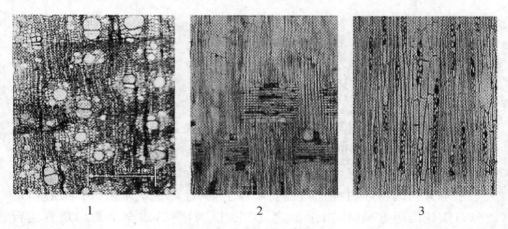

图 5-27　南宋古船隔舱板样木显微

　　3. 隔舱板样木
　　(1)宏观构造特征
　　木材褐色；木材新切面仍具樟脑气味。生长轮明显，轮间具深色纤维带；散材至半散孔材。管孔在肉眼下可见，略多；具侵填体。轴向薄壁组织在放大镜下明显，傍管状。木射线在放大镜下明显，细至中。波痕缺乏。
　　(2)显微构造特征

　　导管横切面圆形或卵圆形；管孔单独及短径列复管孔；少数具侵填体。导管分子单穿孔，穿孔板略倾斜。螺纹加厚阙如。管间纹孔式互列。轴向薄壁组织环管状、翼状、星散状（油细胞），油细胞甚多。木纤维早材部壁薄；晚材近轮界壁厚，成整齐排列之纤维带。木射线非迭生，单列射线甚少，多列射线宽2～3个细胞，高5～30个细胞，射线组织异Ⅱ型，稀异Ⅲ型；直立细胞和方形细胞远高于射线横卧细胞，油细胞多。导管与射线间纹孔式刻痕状及大圆形。如图5-28所示。

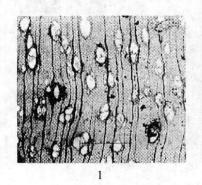 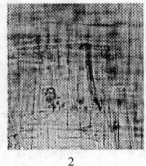 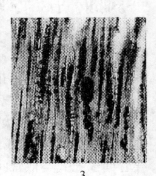

1　　　　　　　　　　2　　　　　　　　　　3

图5-28　南宋古船龙骨样木显微

（三）样木鉴定结果与分析

1. 船板样木

　　依据所观察的木材显微构造特征，对照相关数据和标准图谱，[①][②]确定船板样木为杉科 Taxodiaceae 杉木属 Cunninghamia 的杉木 Cunninghamia lanceolata。

　　杉木为我国特产树种，高达30米以上，胸径可达1米余，树干通直，广泛分布于我国南方地区，南至福建、广东、广西南部，东至沿海山地直达台湾，西至四川西部，北达淮河、秦岭南坡，为我国最重要的用材树种之一。

　　杉木加工性能好，能耐腐，抗白蚁危害。木材纹理通直，结构中等而均匀。质地轻软；干缩小；强度低；冲击韧性低至中，但品质系数高。杉木广

---

　　①　成俊卿、杨家驹、刘鹏：《中国木材志》，中国林业出版社1992年版；详见宁波市文物考古研究所：《文物考古研究文集》，科学出版社2008年版，第194页。
　　②　罗良才：《云南经济木材志》，云南人民出版社1989年版；详见宁波市文物考古研究所：《文物考古研究文集》，科学出版社2008年版，第194页。

泛应用于电杆、木桩、房屋房架、屋顶、隔栅、柱子、门、窗、地板及其他室内装修等,板材为优良的船舶(长江流域及以南用得最多,如交通用船、货船及农船)及盆桶用材。在造船方面,杉木的应用有悠久的历史,广州秦汉建筑遗址的木片等经鉴定为杉木;① 淮北隋唐大运河古沉船的船底板、独木舟,南通元代古船的卡脑木、甲板、船舷板和隔舱板等都大量使用杉木;② 南京明代宝船厂遗址出土的郑和木船用木材的树种鉴定样本中,杉木达 188 个,占总数的 79.66%,除大量用作船板外,还用于圆形柱材、修造船只时的支撑柱、修造工具等。利用杉木耐湿、耐腐、体积稳定性好、自重轻等特点,做船板极为适宜,对减少船体自重、提高承载能力极为有利,尤其对古代桅杆重载、大型船尤为重要。

2. 龙骨样木

依据所观察的木材构造特征,对照相关数据和标准图谱,确定龙骨样木为无患子科 Sapindaceae 荔枝属 Litchi 的荔枝 L. chinensis。

荔枝属全世界共 2 种,我国所产的荔枝主要分布于福建、广东、广西和海南,故其取材地点可以推测为南方地区。

荔枝树高达 30 米,胸径达 1.3 米。木材纹理交错,结构细而均匀,甚重甚硬,密度在 1g/am 左右,因而强度大,耐腐性强,适宜做龙骨用材。船厂喜欢用荔枝木材做渔轮内外龙骨、船壳、舵杆、舵尺(舵柱)、舵手、桅杆等,广东将野生荔枝作为特等材,人工栽培荔枝则为一等材。

3. 隔舱板样木

依据所观察的木材构造特征,对照相关数据和标准图谱,确定隔舱板样木为樟科 Lauraceae 樟木属 Cinnamomum 的香樟 C. camphora。

香樟因其树木高大,木材材质均匀而干缩小。香樟所含侵填体丰富,因而耐腐、耐虫、耐水湿性能很好,历代常做造船材。唐代就记载有"樟木,江东人多取为船"。江苏武进县出土汉代木船的船底板亦为樟木;③ 广州秦汉建筑遗址台板鉴定为樟木;平度隋船船后部的木材为香樟。④ 现代木船选材仍讲究"樟树两头,梓树底"。日本亦把樟木选做船材。

① 广东农林学院:《广州秦汉造船工厂(宫廷)遗址的木材鉴定》,《考古》1977 年第 4 期。
② 徐永吉、吴达期、李大纲:《南通元代古船的木材鉴定》,《福建林学院学报》1995 年第 1 期。
③ 吴达期、徐永吉:《江苏武进县出土汉代木船的木材鉴定》,《考古》1982 年第 4 期。
④ 徐永吉、吴达期、李永敬:《平度隋船的木材鉴定》,《电子显微学报》1983 年第 2 期。

（四）鉴定结果的结论

根据宁波和义路出土古船用木材的样木鉴定，宁波南宋古船的船板用杉木，龙骨用荔枝，隔舱板用香樟。这 3 个树种均为我国重要的造船树种。根据树种在船舶不同部件、构件上的应用，发挥了不同树种的材性特点，符合适材适用的原则。表明 800 年前的南宋，已对这 3 个树种的材性和用途非常了解和掌握。古船用材的树种选择的历史经验，具有高度的科学性及实用性，至今尚为现代木船制造业继承和选用。为研究我国南宋造船技术和木质古文化的演绎提供了极珍贵的数据。

第五节　两宋时期明州的造船业

两宋时期明州港由于造船业的发展，推动了交通贸易的大发展，尤其是海外贸易盛极一时。在造船的科学技术层面上，不但有创新与突破，而且造船的实力也相当雄厚。

一、造船业跃居全国首位

明州在宋时的造船业，是随着经济的大发展而发展的。特别是当时造船技术的进步和指南针的应用，又促进了海外贸易的发展，起着相互带动的作用。唐代，明州港已能造大海船远涉重洋，但来明州的使团、商人，大多还乘用他们本国所造的船舶；到了宋代，则多乘大宋国所造之船。明州是重要的造船基地。宋代船场分为官营、民营两类。官营船场分布甚广，产量也占很大比重。仅以北宋真宗末年为例，全国官营船场的漕运船（网船）的年产量为 2916 艘。其中江西路的虔州（赣州）为 605 艘，吉州（吉安）为 525 艘。两处合计 1130 艘，占全国的最大比例。当时明州在城北和"三江口"设立了官营造船厂（场）。至北宋哲宗年间，两浙路的温州和明州则跃居首位。《宋会要辑稿·食货》五十之四云：元祐五年（1090）正月初四，诏温州、明州岁造船以六百只为额。徽宗时，仍保持原额。至政和四年（1114）八月十九日，两浙路转运司奏：明州合打额船，并就温州每年合打六百只。而江西路与湖南路的虔、吉、潭（长沙）、衡（衡阳）四州每年总造船已下降为七百二十二艘。①　正因处于沿海的明州港等地造船之发达，徽宗时曾打算恢复京师的物货场，当时并有人建议借用明州等地的船舶来运输货物。足见明州港造船业在当时全国中的重要地位。至于宋时的造船技术，据当时著名的科学家沈括说："国初，两浙献龙船，长二十余丈，上为宫室层楼，设御榻以备游幸。"(《宋史·食货志·商税》)反映了当时船舶规模及其技术水准。除上述漕运船外，明州港由于地处东南沿海，根据海上交通和海防之需，又大力发展海船(战船)的生产。乾道四年(1168)，定海(今宁波市镇海区)水军统制官冯湛设计制造多桨船一艘。它的结构为海船头尾，通长 8.2 丈，阔 2 丈，用桨 42 支。明州打造 50 艘。这种新型战船，轻快利战，"江海淮河无往不可"②。

战船产量与质量均有突破，不论造船吨位或技术水准，都居全国首位，在国际上也属先进行列。特别是所造供朝廷派使出国之用的"神舟"，为当时世界上所稀有。因而，这一时期是明州港造船业的全盛时期。

明州港由于地处滨海，江河集流，水运航道畅通，又加四明山物产丰富等之条件，促使私(民)营造船手工业也相当发达；其所属各县各地，都有民间造船场的存在与发展。

南宋中期以后，浙东民营造船业更普遍。嘉熙年间(1237—1240)，官府调庆元(明州)及温、台三郡民船数千艘守定海。宝祐五年(1257)七月，吴潜立《义船法》，令明州、温州、台州三郡及其所部县邑各选乡之有财力者办舟以备用。三郡调征 1 丈以上的船 3833 艘、1 丈以下的船 15454 艘，合计 19287 艘。其中不少是庆元民船。

南宋时，庆元在沿海已能制造海船钓鱼船。建炎元年(1127)七月十一日，尚书省称："濒海沿江巡检下舠渔船可堪出战，式样与钱塘、扬子江舠渔船不同，俗又谓之钓橹，船头方小，俗谓荡浪斗，尾阔可分水面，敞可容人兵，底狭尖如刃状，可破浪……面阔一丈二尺，身长五尺，依民间工料造打，每支约四百余贯。"舠渔船是近海捕鱼船，能抗风浪，所设计的船型是小方头、阔船尾、尖底，长阔比例为 1∶4∶17，呈狭长状。明州(庆元)当时已经能造这种近海的渔船。绍兴二十八年(1158)七月二日，福建转运司的一份报告中说："堪契舠渔船乃是明州上下浅海去处，风涛低小，可以乘使。"③

---

①　(清)徐松辑：《宋会要辑稿·职官》卷四十二至卷五十三。

②　(宋)开庆《四明续志》卷六《作院》条。

③　(清)徐松辑：《宋会要辑稿·食货》卷六。

以下是开庆时官府对民船的调查统计。

表 5-5　开庆时民船调查

县名	船幅二丈以上	船幅一丈以下	合计
鄞县	100	484	584
定海县	387	804	1191
象山县	128	668	796
奉化县	411	1288	1699
慈溪县	65	217	282
昌国县	597	2727	3324
合计	1688	6188	7876

资料引自：宋开庆《四明续志》船舶条。

民间造船以昌国为最多，奉化、定海次之。这个统计是官府为征用民船充作海防所作的调查，以沿海的渔船为主，当不包括内河漕运船数字。

民营船场大多以生产渔船为主，但类型繁复。仅以鄞县、定海来说，就有大对船（有长船、短船和春船之分）、小对船、墨鱼船、大莆船、淡菜船、冰鲜船。此外还有溜网船、拉钓船、张网船、闽渔船、小钓船、串网船、元蟹船、海蜇船、抛钉船，等等。以大对船为例，它远航出洋，还配有母船、网船；各船又配备一定的捕捞作业人员。所以，这些船的质量要求是很高的，造船的技术当然也是很高的。这些船的形状大多是尖头、尖底、方尾。证明了明州船多而好，船型尖头、尖底、方尾，是中国传统名船"浙船"的代表。

宋高宗避难南渡，曾一度到过明州（舟山），建炎三年（1129）在明州得千舟。[①] 又绍兴二年（1132），吕颐浩屡请在明州留海舶三百只，命令范温、阎皋乘四月南风，出兵取东莱。[②] 这些征集的船当以明州港的民船为主，也足见明州当时民间造船力量之雄厚。

二、造船机构和人员配备

明州港的造船业，曾一度跃为全国各地同行业的首位。要造船数百艘，其生产规模之大和技术力量之强是可以想象的，其发展也是惊人的。

---

① （宋）司马光：《续资治通鉴·宋高宗记》，中华书局 1987 年版。
② （宋）司马光：《续资治通鉴·宋高宗记》，中华书局 1987 年版。

宋朝廷也历来重视明州港造船的发展，因此在东渡门外甬东厢，特设置船场指挥营和造船监官厅事[①]之机构。

明州船场指挥营人员定额为四百人。旧有船场、采斫两指挥，并先后立有一些规定制度。如皇祐时，敕采斫兵役，遇冬至、寒食（节名，在清明前二日），各给假三日，仍不住口食。若父母在营身死，给假五日；妻死三日。如因采斫身死，支钱一贯文。其请过月粮、酱菜钱并与除放。每岁十二月一日的住采斫放令，歇泊至正月四日入役。其后又敕杭、明、温、台州招置船场兵士，并依采斫、指挥请受则例。其船场造船杂役人，出入采斫林木者，不得别有差役。元丰五年（1082），承旨司裁定两浙厢军人数，船场、采斫指挥，各以二百人为额。六年五月，温州守臣牧之奏乞，今后只候本州支钱和买材料，更不发遣兵士人山采斫，兵士并入船场指挥营。[②]

按照宋之规定，明州专门设置造船官（或称船场官）主持船场。在皇祐中，温州、明州各设有造船场。大观二年（1108），造船场并归明州，买木场并归温州；于是明州有船场官两员，温州有买木官两员，并差武臣。政和元年（1111），明州复置造船、买木两场，官各两员，乃选差文臣。二年，因明州无木植，并就温州打造，将明州船场兵役、买木监官前去温州勾当。七年，守楼异应以办三韩岁使船，请依归移船场于明州，以便工役。宣和七年（1125）两浙转运司乞移明州，温州船场并就镇江府，奏辟监官两员，内一员兼管买木；未几，又乞移于秀州通惠镇，存留船场官外，省罢，从之。中兴以来，复置监官于明州。监官文一员。[③]

明州的船场在城外甬东。厅事于桃花渡，有亭曰“超然”，由造船场监官晁说之所建。晁说之，号景遇，政和初为监官。淳熙十年，襄阳王鈆为监官，建“景遇先生祠”，陆游为之记。经考证，厅事之遗址，在今江左街南昌巷。[④] 造船场（厂）的遗址，经考古调查和发掘材料证实，主要设在今姚江南岸的江心寺到江东庙一带。正因宋代建造船舶有名，从而把这条街也命名为建（战）船街。并在灵桥与宋市舶务城门（即来远亭）南边外，为修理市舶

---

① （宋）胡榘修、罗浚纂：《宝庆四明志》，《宋元方志丛刊》本，中华书局 1990 年版。

② 陈训正、马瀛等：《（民国）鄞县通志·舆地志》，《古迹》；《鄞县通志·食货志》船舶有关条，宁波出版社 2006 年重印本。

③ 陈训正、马瀛等：《（民国）鄞县通志·舆地志》，《古迹》；《鄞县通志·食货志》船舶有关条，宁波出版社 2006 年重印本。

④ 林士民：《宁波东门口码头遗址发掘报告》，《浙江省文物考古研究所学刊》1981 年创刊号。

之船,置市舶船厂。

1979 年,在"东门口遗址"发掘中,曾发现一个宋代的修船场遗址。其地点在今东门口大马路边,即学者们所称的"东门港区"内侧。这里出土大量的船板、木头及其他材料。还有许多石臼(臼内还保存了石灰和油灰),以及麻绳、棕绳、草绳、篾竹绳和各种类型的船钉等一批遗物。这个造船场遗址与文献所记载的"城外甬东厢"地点相吻合。通过发掘,揭示了当时明州港船场的面貌。

三、明州造船技术的创新

造船水平的高低,事实上反映了当时科学技术水准的高低。正因采用科学技术造船,使之能适应当时的航海要求。这是明州港造船取得大发展的又一重要因素。目前来看,明州港考古资料中还未提及宋代内河漕运船的问题,文献上更找不到这方面的详尽记录,因而侧重谈海船方面的一些问题。

明州港造船取得技术突破,达到国内的先进水平,这是劳动人民不断实践和创造的结果。北宋时,两浙路地区的有些海船已把桅杆装在转轴上,达到灵活自如,使桅杆不致被风吹折。[①] 海船上的设备也很齐全,更重要的是使用指南针。到了南宋则进一步使用罗盘针导航。[②] 这样,航海与造船,相互带动发展。

对造船来说,船型的形状问题极为重要,它关系到航速与安全。当时我国的造船工匠,特别是在沿海地区的明州匠师,由于经久的航海探索和实践,认识到这一点,即:航海中使用尖底船比平底船好,平底船不适宜大海中远航。所以一直来多打造尖底船。以后,这一认识又渐渐地为人们所普遍接受,形成了一条自然的法则。北宋时就有这样一种惯例,凡遣使高丽,不在就近北方招募海船,而特地来两浙路明州港打造。据《宋会要·食货》云:南宋孝宗初,张浚的都督府下令:"明、温州各造平底海船十艘。"即遭到明州造船匠师的反驳说:"平底船不可入海!"这就证明,明州港所造的是尖底船。更能说明问题的还有这样一条记载:陈敏在明州所造的二千斛战舰,实际上载重与客舟一样;战船为"尖底海船",其面阔三丈,底阔三尺。

---

① (北宋)沈括:《梦溪笔谈·杂志》,上海书店出版社 2009 年版。

② (唐)李肇、赵璘:《因话录》,上海古籍出版社 1983 年版;(宋)吴自牧:《梦粱录》,浙江人民出版社 1984 年版。

这也证明顾募的客舟在浙东一带生产是很平常的,但船类型无疑也是"浙船"型。

"料"、"斛"与"石"这三个名称,从船上解释是同一回事。沈括说:"今人乃以粳米一斛为一石。凡石者以九十二斤半为法。"当时船舶载重"皆以米为准",一石米为九十二斤半宋斤,约合一百一十市斤,也就是常说的一"料"的载重量。"料"原指材料、物料,是以后转用而成为载重量的计量单位。这种"转化",是与船舶设计有关。当时匠师在造船设计时,主要以载重多少"石"为准,再考虑航海行江的实际需要,计算长度、宽度,得出数据。凡载重量大的船用大料,反之则用小料。这样,"料"就成为古代船舶载重大小的代名词。

从"料"的产生过程,我们就可看出,明州港宋时的造船业,从设计到施工,都已积累了丰富的、有规律的一整套科学的工作程序,且能把载重量多少作为造船的设计指标。如果没有相当纯熟的工艺设计和技术水准,那是无法设想的。造船技术达到高峰的当推为"神舟"和"客舟",就是历史的见证。

综上所述,两宋时代,明州打造的尖底海舶这类型"浙船"实际上就是北宋两浙路顾募的大型海舶,具有开创性,从明州出土的北宋外海船、南宋江海船、专供高丽使臣的百舵画舫、宋高宗避金兵乘坐的大海舶,同时"在明州得千舟"以保护之。明州年生产船舶 600 艘……这类"浙船"船型不但适应航海,而且也反映了明州造船业达到了鼎盛的时期,为我国造船业建树了一块不朽的丰碑。

第六节　庆元航海业的持续发展

元世祖至元十三年(1276),元军占领明州城。同年,改庆元府为庆元路。至元十五年,南宋灭亡,全国为元统一。元代执行了比南宋更为开放的对外政策,它不但允许外国人"往来互市,各从所欲"[①],而且要各地市舶司每岁招集舶商,于番邦博易珠翠、香货等物,所以元代的庆元港航运业(海外贸易和国际交往)比宋代更为兴盛。

---

① 　(明)宋濂等撰:《元史》卷十,《世祖纪七》,中华书局 1976 年版。

一、国际海上交通的发展

与元代有海外贸易关系的国家和地区遍及欧、亚、非三大洲，达到 140 多个。在元代的对外关系史上，庆元港占有很重要的地位，它包办了元代对日本列岛和朝鲜半岛的海外贸易，凡日本商船赴元贸易，几乎无一例外地在庆元港寄泊。① 元僧赴日或日僧来元，也多在庆元港起程或登陆。日本"入元僧名传至今的，实达二百二十余人之多"②，来往于庆元港与日本博多津之间。这一时期，由于泉州、广州等南方港口的进一步崛起，庆元港在与西洋诸国的贸易中仍有密切的贸易往来。

元代统治中国 90 年间，曾多次发动对外的侵略战争。3 次大的海上远征活动与庆元港有关的就有 2 次。至元十九年（1282）第二次跨海东征日本。一路由高丽建造战船 900 余艘，从朝鲜半岛南部出发；另一路由江南建造战船 3500 余艘，从庆元港出发。会攻日本，遇台风，舟回，还戍庆元。③ 至元二十九年（1292）九月，征爪哇；发兵 2 万，战船千艘，会军庆元，登舟渡海，④ 表明了庆元港在海上交通中所占的地位。同时也反映了元代庆元港在造船、修船、提供保障供给等方面具有相当的实力。

元代庆元港的航线与宋代相比有所发展，泉州港与广州港占了"南方"贸易的大部分，但庆元港的"南方"贸易航路并没有因此而萎缩，反而有所延伸。如丁香是非洲特产，表明商业航线已穿越印度洋到达非洲海岸。

二、庆元港埠的对外贸易

庆元路市舶司的设置，元沿宋制，仍设置市舶司来管理海舶的验货、征税、颁发公凭以及兼理仓库、宾馆等事务。至元十四年（1277），在庆元设置了市舶司。至元三十年（1293）把温州市舶司并入庆元市舶司，大德二年（1298）又把澉浦、上海两市舶司并入庆元市舶司，且直隶中书省。这反映了庆元市舶司所管辖范围的扩大，并且属朝廷直接管辖，直至元英宗至治二年（1322），才稳定了庆元市舶司的建制，并维持到元末。

---

① 郑绍昌主编：《宁波港史》，人民交通出版社 1989 年版，第 72 页。
② ［日］木宫泰彦：《日中文化交流史》，商务印书馆 1980 年版，第 394 页；（明）宋濂：《元史》卷九十四，中华书局 1976 年版。
③ （明）宋濂等撰：《元史·哈剌解传》，中华书局 1976 年版。
④ （明）宋濂等撰：《元史·爪哇传》，中华书局 1976 年版。

庆元与广州、泉州是元代三大主要贸易港,其中庆元也是对日本、高丽贸易往来的最重要口岸。其贸易额不亚于宋代。至正年间,庆元港抽分所得"周岁额办钞五百三锭肆拾玖两二钱六分四厘"[①]。张翥曾描写过当时庆元的繁荣景象:"是邦控岛夷,走集聚商舸,珠香杂犀象,税入何其多。"当时庆元港的进口货物,据《至正四明续志》卷五记载,有100个品类。从进出口货单上可以看出,庆元港的海外贸易输出入货品种类繁多,达220余种,大大超过了宋代;贸易品产地很广,例如丁香产于非洲,吉贝是马来语棉花的意思,黄腊、番布则是三屿(菲律宾)的特产。因而当时庆元港直接和间接的贸易地区包括了东南亚、东亚、南亚、西亚及非洲等众多国家和地区。

元代庆元是"三司"(广州、泉州)之一,凡去朝鲜半岛、日本列岛的商舶都由庆元府市舶司签证才能出洋。当时曾有由庆元市舶司签证的商舶,到朝鲜半岛木浦海域沉没。1976年韩国水下考古打捞10年(见图5-29、图5-30),出土了两万多件瓷器,其中浙江的龙泉窑青瓷达一万多件,这些都是十分精致的元代外销瓷(见图5-31、图5-32),白瓷四千多件……从沉船装载贸易货物数量之多、质量之精看,可称得上元代东亚最大的一艘从庆元港签证出航的贸易船,从船上出有庆元府"帅府"公用碗(见图5-33)、庆元路铭铜权(见图5-34)等,[②]反映了庆元与高丽、日本交通贸易的兴盛,也证明庆元港是元代东亚对外开放唯一的港口。

图 5-29　木浦沉船考古

图 5-30　木浦元代沉船遗存

---

① (元)王元恭修:《至正四明续志》卷六,《宋元方志丛刊》本,中华书局1990年版。

② [韩]文化公报部、文化财管理局:《新安海底遗物》(综合篇),发掘报告,高丽书籍株式社会1988年版。

图 5-31　沉船出土的青瓷器

图 5-32　沉船出土的龙泉窑器物

图 5-33　使司帅府公用碗

图 5-34　庆元路铜权

在庆元府治东侧发掘的元代大型州一级的永丰库（系 2002 年全国十大考古新发现之一），是全国重点文物保护单位。其建筑遗址，在全国也属于第一次发现。在元代永丰库遗址中，出土了数以百计的全国各地窑口的陶瓷制品，不但反映了元代通商贸易的繁荣，而且也反映了元代官府建造的永丰库建筑形制的特殊，为研究元代海外交通贸易和建筑史提供了第一手资料。

三、庆元海运漕粮的发展

庆元的海运漕粮，起先是由设在庆元城内的海运千户所兼管的。直至皇庆二年（1313）改海运千户所为运粮千户所，庆元才有了专职的海漕运管理机构。庆元港有组织、有计划的海漕运输就从这时候开始。成批漕船在姚江南岸甬东司码头靠泊（见图5-35），装上粮食后出甬江，沿海岸北上，到江苏刘家港与其他地方的漕船汇合后，组成庞大的海漕船队（一般都超过百艘），越东海和黄海，穿渤海湾，入海河直驶元大都（北京）。北方的商船和商人，特别是山东和江苏的商船和商人逐渐在庆元扎下了根，为南北商业船帮的最终形成奠定了基础。

图 5-35　甬东司码头

在《明史纪事本末》卷八载北伐中原时说，早在明太祖洪武元年（1368）明军北上直捣元王朝腹心，汤和奉命在明州"造海船，漕运北征军饷"。这说明元末明初庆元作为沿海重要港埠，造船业是航运业的重要组成部分。

第六章　宁波造船的中衰时期

　　明初,郑和七次下西洋,自永乐三年(1405)到宣德八年(1433)前后不到 30 年,经历了亚非 30 多个国家。明王朝获得的制海权,可以发展海外贸易,然而因为"海禁"而放弃。从开国到隆庆元年(1567),时间长达 200 年,虽有某些松动,但"海禁"基本国策一直没有改变。

　　元代海外贸易相当活跃,对商业贸易没有设置"禁限"。明代则采取全然相反的做法,对海外贸易采取十分严格的控制措施,除了政府自身与海外某些国家建立的"朝贡"关系外,对私人与其他国家的海上贸易一概加以严格的禁止。明代对"朝贡"国家开放的港口只有三个,即"宁波通日本,泉州通琉球,广州通占城、暹罗、西洋诸国"①。宁波港被指定为接待日本"贡船",所以,宁波港内除十几年来过一次日本"贡船"外,几乎没有别的商船靠泊。宁波一改宋元时代千樯万楫的盛况,而呈现出一派萧条景象。在这样的形势下,直接影响着明州港造船业。但浙东宁波港造船业由于基础扎实,冲破重重阻力,仍在缓慢曲折中持续发展。例如为朝廷提供"封舟";"宁波通日本"口岸的贸易,促进了造船业发展;宁波战船的大量打造,为造船业增添了生机;明战船的发掘,不但提供了战船的第一手数据,而且"梗水木"的发现,反映了明州船舶减摇装置,自北宋以来一直在延用。宁波沿海优良的传统尖底船型"绿眉毛",是对造船文明的贡献。

---

　　① （清）张廷玉等撰:《明史》卷八十一,中华书局 1974 年版。

第一节　宁波打造的琉球封舟

　　"封舟"是明清两代出使琉球的座船,因使臣常持皇帝的文书,对琉球中山国王进行册封,故称此种船为封舟。封舟虽是官船,但有时征用浙、闽一带的民船。明清两代多次派船出使琉球,宁波亦奉朝廷之命提供出使琉球的封船。

　　以清康熙时为例。清康熙五十八年(1719),朝廷派徐葆光奉使琉球进行册封,这次出使琉球有二船,均为朝廷事先取自浙江宁波府的商舶。这些海舶均打造于宁波,属于"浙船"系统。[①]

一、一号封舟是使臣座船

　　封舟,前后四舱,每舱上下三层。下层填压载巨石,安顿什物。中层使臣居之。两旁名曰麻力,截为两层,左右八间,以居从役;舱口梯两折始下,舱中宽六尺许,可横一床,高八九尺,上穴舱面为天窗口,方三尺许,以通明,雨即掩之,昼黑如夜。舱面空其右以行船,左边置炉灶数具。板阁跨舷外一二尺许,前后圈篷作小屋一二所,日番居以避舱中暑热。水舱水柜设人主之,置签给水,人日一瓯。船尾虚梢为将台,立旗纛,设藤牌,弓箭兵役吹手居其上。将台下为神堂,供天妃诸水神。下为柁楼,楼前小舱布针罗,伙长、柁工及接封使臣、主针者居之。船两旁大小炮门十二,分列左右,军器称是。席篷布篷九道,舱面横大木三道,设轴转缭以上下之。(见图6-1、图6-2)

图6-1　封舟1

图6-2　封舟2

---

①　徐葆光:《中山传信录》康熙五十八年(1719);本文转录于王冠倬《中国古船图谱》。

二、二号封舟载随行兵役

两只封舟的船体结构、规格、行船设施等如表 6-1 所示。

表 6-1　封舟规制与装备

		一 号 船	二 号 船
船体	长	10 丈	11 丈 8 尺
	宽	2 丈 8 尺	2 丈 5 尺
	舱深	1 丈 5 尺	1 丈 2 尺
	舱数	4	23
船舷	长	2 丈 5 尺 5 寸	3 丈 4 尺
	宽	7 尺 9 寸	7 尺
	形 制	西洋造法,名夹板舵,不用勒肚,以铁力木为之,名曰盐舵,渍海水中愈坚	同乌船之舵
	勒 肚		2 条,长 15 丈,从尾左右夹水兜至船头
大桅与篷帆	桅杆	长 9 丈 2 尺,围 9 尺	长 8 丈 5 尺,围 8 尺 5 寸
	主席篷	长 5 丈 3 尺,宽 5 丈 4 尺,辘轳索 3 条,长 35 托,围 1 尺 2 寸	长 5 丈 7 尺,宽 5 丈 6 尺
	顶篷（头巾顶）	以布为之,长 5 丈 4 尺,宽 5 丈。惟官舶始用之,商船不得用	长 5 丈,宽 4 丈 8 尺
	篷裙	以布为之,长 6 尺,宽 1 丈 5 尺	长 6 尺,宽丈 6 尺
头桅与篷帆	桅杆	长 7 丈 2 尺,围 7 尺	长 6 丈 5 尺,围 6 尺
	主席篷	长 2 丈 8 尺,宽 2 丈 2 尺	长 5 丈 7 尺,宽 5 丈 6 尺
	头	以布为之,上尖下方,呈三角形。长 3 丈,下阔 2 丈 8 尺	以布为之,长 4 丈 8 尺,宽 3 丈 2 尺
	插花篷	以布为之,长 4 丈 8 尺,宽 3 丈 4 尺	
	插花裤	以布为之,长 6 尺,宽 1 丈 5 尺	以布为之,长 5 丈,宽 1 丈 3 尺
头缉布篷		长 4 丈 5 尺,宽 2 丈 5 尺	长 4 丈,宽 2 丈 4 尺
尾送布篷		长 4 丈,宽 2 丈 7 尺	长 3 丈 6 尺,宽 2 丈 5 尺

续　表

		一 号 船	二 号 船
船桗	大桗	2 具,长 2 丈 7 尺,宽 8 寸	大小共 3 具
	小桗	2 具,长 2 丈 4 尺,宽 7 寸	
	形制	形如"个"字,以铁力木为之	
	桗索	棕索 2 条,长 100 托。围 1 尺 5 寸	
船橹		2 支。长 4 丈,宽 2 尺 3 寸	4 支,长 4 丈,宽 2 尺 2 寸
淡水		水舱 4,水桶 12,水 700 石	水舱 2,水柜 4,水桶 12,水 600 石

表 6-2　人员配备与职务

职务	人数	分　工
正伙长	一	主针盘罗经事
副伙长	一	经理针房兼主水鉤长缏三条,候水深浅
正副舵工	二	主舵。二号船上兼管勒肚两条
正副桗工	二	主桗四门,行船时主头缉布篷
正副鸦班	二	主头巾顶帆、大桅上一条龙旗及大旗
正副杉板工	二	主舢板小船,行船时主清风大旗及头帆
正副缭手	二	主大帆及尾送布帆、缭母、棕缭、木索等物
正副值库	二	主大帆插花、天妃大神旗,又主装载
押工	一	主修理杠具及行船时大桅千斤坠一条
香公	一	主天妃诸水神座前油灯。早晚洋中献纸,及大帆尾缭
头纤	一	主大桅纤索、大桗索盘绞索、大橹车绳
二纤	二	主大桅纤索、副桗索盘绞索、大橹车绳
三纤	一	主大桅纤索、三桗索盘绞索、车子数根
正副总铺	二	主锅饭柴米事

　　上述封舟均打造于宁波,属于"浙船"系统。从结构、装备设施以及海船上人员职能可以看出明清两代宁波所打造的海船的技术水准及实力。

第二节　宁波海外贸易与造船

　　明清两代浙东宁波沿海的海船制造业和航海业,其发展并非一帆风顺。明代实行海禁,"太祖旧制,深严双桅船只私自下海之禁",务求"片板不许下海"……在《太祖洪武实录》等书中,禁止之谕三令五申,对中国的海船制造和海外贸易非常不利。但只要禁令稍有松弛,海外贸易即由复苏而活跃,与日本等国的文化交往尤其如此。

一、宁波航海和海外贸易

图 6-3　宁波口岸

　　明清时期的中日海上航线是跨越东海直接来往。中国的港口以宁波口岸为主(见图 6-3),泉州、广州赴日之船也往往先到宁波而后转航东渡。这一时期输往日本的货物主要是:丝、丝绵、棉布、绵绸、锦绣、红线、水银、钢针、铁链、铁锅、瓷器、铜钱、名画、名字、书籍、中药材、毡毯、马背毡、妇女用化妆粉、小食笋、漆器、醋,[①]又有玳瑁、紫檀等。大多数是中国产品,有的则是自外国进口后再转输日本。自日本输入中国的则有:马、盔、铠、剑、腰刀、琥珀、硫黄、苏木、牛皮、贴金扇、洒金厨子、洒金文台、洒金粉盒、洒金手箱、涂金妆彩屏风、抹金提铜铫、洒金木铫角盨、水晶数珠,又有铜、鲍鱼干、鱼翅、海带、干鱿鱼等。其中既有"贡品",也有商品。

---

　　①　(明)李言恭:《日本考》卷一,中华书局 1963 年版。

二、宁波港与日本"贡船"

"贡船"是明与日本"堪合贸易"的一种形式，日本以贡的身份，明廷则以赐的身份，互相进行商品交换。因此在接待上用接待使团一样的规格来对待。例如：明景泰四年（1453）四月，第二期第二次的10艘日本"堪合贸易"船到达宁波普陀山，在莲花洋停泊时，明廷官府（宁波府）派出彩船百艘去欢迎，向贡船送酒、水和粮食。抵宁波沈家门后，又有画舫50余艘，吹角打鼓迎接，接至定海（镇海）口进入宁波港，入城中（宁波府城内）嘉宾馆，显示了宁波府的接待规格与造船实力。

三、宁波港和长崎港交往

崇祯八年（1635）以前，中国商船多按传统航线驶往日本九州北部诸港。平户岛在九州西北海中，地当要冲，是商船往来必经之地。该岛的平户港也是中国船的停靠之地。但自日本宽永十二年（1635）开始，德川幕府推行锁国政策，封闭其他港口，只保留长崎一港

图 6-4　开往长崎的中国商船

作为对外窗口，从此中国海船改航长崎。中国商船不断增加，据《长崎纪事》记载：当年到长崎的中国海船24艘；清康熙二十四年（1685）增至73艘；次年为84艘；第三年是137艘；第四年就达到140多艘，宁波船占到近20%。（见图6-4至图6-6）此后虽由于江户幕府为防止金、银、铜的过分外流而采取限制，赴日商船有所减少，但以后的150年间，每年都有宁波商船到达长崎。宁波商人在长崎建立了永久居住地，被称为唐馆或"唐人屋"，面积多达9000多坪，约3万平方米。

图 6-5　开往长崎的中国商船　　　　图 6-6　开往长崎的中国商船

四、日本保存的宁波船图

日本国民欢迎中国商船的到来，他们多次绘制中国船图。这些船图现分别存于平户市、长崎市、神户市等处。船图的绘制时代当为明末清初。它们均以写实手法绘成，细致而合比例，且加以文字说明。

日本平户市松浦史料博物馆保存的《异国船绘卷》，共收咬琉吧船、暹罗船、广南船、台湾船、广东船、宁波船（两种）、厦门船、南京船、福州造广东出船、福州造南京出船等 11 种外国船图。其中前两种显然不是中国船。第三种广南船，广南乃今越南南部岘港一带的旧称。除这三种船外，其余八种全是中国船。其中宁波船占两种。资料如表 6-3。

表 6-3　宁波船各部位尺寸

			宁波船（一）			宁波船（二）		
			间	尺	寸	间	尺	寸
船身	总长		16	1	3	17	1	5
	底长		12	4	3			
船首	表高		3	5	7	4	2	0
	前搪浪板	高	2	3	0	2	3	0
		宽	1	2	0	1	2	2
船尾	舻高		3	5	7	4	2	0
	后搪浪板	高	3	4	8	4	3	2
		宽	2	2	5	3	0	0

续 表

			宁波船(一)			宁波船(二)		
船舱	近船首部位	宽	2	3	3	2	2	3
		深	1	1	8	2	1	8
	中舱部位	宽	3	2	2	3	3	7
		深	1	2	0	2	2	0
	近船尾部位	宽	2	5	3	3	2	1
		深	1	6	1	2	6	2
大桅与大桅帆	桅高		13	3	5	14	2	5
	桅柱顶	围	0	3	5	0	2	9
	桅柱末	围	0	8	6	0	7	5
	帆	高	8	1	0	8	2	0
		宽	7	1	5	7	5	5
	高帆	高	3	5	3			
		宽	2	1	9			
头桅与头桅帆	桅高		9	3	8	10	4	4
	桅柱顶	围	0	1	8	0	1	7
	桅柱末	围	0	4	2	0	4	4
	帆	高	4	3	8	4	1	5
		宽	3	4	0	3	1	5
	舻旗柱高		5	1	5	4	5	0
船舵	总高					5	3	0
	叶宽		0	5	8	0	6	2

长崎市博物馆所存中国船图收入《长崎名胜图绘》、《长崎浮世绘》、《唐船和兰船图》等书与画卷中,其中也有宁波船。

在长崎、神户等地所存中国船图中,有的还记载了日本至中国各地的海道里程。

第一,《唐船图》:从"日本至唐土海上道法。崇明二百一十一里,上海二百二十二里,乍浦二百六十里,(宁波)普陀山二百八十里,宁波三百里,南京三百四十里,泉州四百二十三里,登州四百九十三里,福州五百五十里,

厦门六百里,北京六百里,漳州六百二十里,台湾六百四十里,广东九百里……"(见图 6-7)

第二,《唐船之图》:"从日本至唐土十五省海上里数。南京三百四十里,北京五百九十里,山东四百里,福州五百五十里,广东九百里,云南千四百里,河南、湖广、江西、浙江、广西、贵州、山西、陕西、四川……"(见图 6-8)

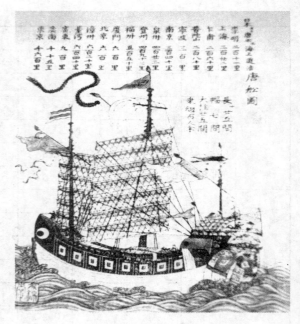

图 6-7　唐船图

日本存中国船图中所记资料和海道里程都是研究中国古船及航海的重要资料。在各项数据中使用的间、尺、寸,都是当时日本的长度单位,每间 6尺,每尺 10 寸。以现在米折算,每间合 1.81818 米,每尺合 0.30303 米,每寸合 0.0303 米。

图 6-8　唐船图

五、中国船图中四类船型

日本所存中国船图,分别属于沙船、福船、广船和浙船四类。[①]

(1)沙船。南京船(见图 6-9)属平头平尾平底的沙船型。船上立二桅,挂布帆与篙篷;有近似荷包形的不平衡舵;船之两舷各置披水板。

(2)福船。厦门船(见图 6-10)、台湾船、福州造南京出船、福州造广东出船属福船系列。船前后搪水板呈椭圆形。两舷向底部收拢,船底为尖圆形,纵向贯串龙骨。船尾有虚梢,形成带栏的平台;台上设券洞式篙篷;台下成室,内为神堂。船尾置窄叶不平衡舵,并设舵筋(或称勒肚、勒索),沿龙骨两侧延伸至船首。立二桅,挂篙篷。船尾立"舻旗柱",应即尾桅。

图 6-9　南京船　　　　　　　　　　图 6-10　厦门船

(3)广船。广东船(见图 6-11)当然属广船系列。据邱立诚、杨式挺先生考证,此广东船即广船之一的红头船。红头船俗称大眼鸡,"船底较尖,船头两侧刻饰一对显著的大眼睛。船中部有一大杆悬挂大帆,船头有一小桅杆挂小帆。船舱两侧开方窗,船尾上有多间舱房"。1971 年在广东澄海县东里南洲出土一条红头船。残长 39 米、残宽 13 米,船上设五层舱房。船板材为"泰国楠木,使用铜钉拼制"。1972 年又在东里和洲村出土一艘双桅红头船残骸,残长 28 米,舷板上有"广东省潮州府领口字双桅一百四十五号蔡万利商船"等字。

(4)浙船。宁波船(见图 6-12 至图 6-14)属浙船系统。其外观类似福船。尾有虚梢,构成平台与神堂。前后搪浪板为椭圆形,两舷下削,船底设

① 　王冠倬:《中国古船图谱》,生活·读书·新知三联书店 2000 年版,第 273 页。

龙骨。船尾置窄叶不平衡舵，并设舵筋。二桅，挂布帆与篷。

图 6-11　广东船

图 6-12　宁波船

图 6-13　宁波船

图 6-14　宁波船局部

　　康熙五十八年的封舟，"二船取自浙江宁波府属，皆民间商舶"，属浙船系统。清麟见亭对宁波海船亦有详细的记述："海舶制度，头艄俱方。其头梁俗名利市头。船后舱名水关。凡四桅，前曰头称；次曰头樯，上悬顺风旗；中曰大樯，上立雀竿，冠以鲤鱼旗；后曰尾樯，上竖五色旗。"①日本存宁波船图，头艄亦方。但只三桅，无头称；头樯曰弥帆柱，有顺风旗；大樯叫本帆柱，上有鱼形风标；尾樯则叫舻旗柱。麟见亭又云："船中最高处为供奉圣母堂。棚曰亭子，门曰水仙。门旁方舱，以贮淡水，名曰水柜。有名同实异者，车盘是也，在前用以抛锚，在中用以挂帆，在后用以收舵。有名异实

---

①　王冠倬：《中国古船图谱》，生活·读书·新知三联书店 2000 年版，第 274 页。

同者,栅栏是也,在前曰阑笼,在旁曰遮阳,在后曰插签。此外器具与内河相仿,而制加巨。惟有木椗,以夹喇泥木为上,次用乌盐木。盖南洋泥性过柔,铁锚易走,故设此制。又有水垂,以铅为之,重十七八斤。系以水线,棕绳为之。其长短以拓计,五尺为拓。水深者七十拓,至浅者亦三十拓。盖铅性善下垂,必及底,垂蒙以布,润以膏蜡,所至辄缯水底。俾泥沙缘垂而上,验其色即知地界,量其线即知深浅。至行水驶风,辨方定位,则妙在针盘。下盘嵌于船板,以针定字;上盘安于艄舱,以字定针。"①中国海船四桅、三盘车、多锚椗、上下二针盘,设有水柜,不但继承了前代的优良技术,而且又有发展。当时浙江宁波的造船与航运仍具有相当的实力。

在日本所存船图中还有《唐船修理图》(见图6-15)。岸边五船并列,高桅插云。有的船头上书"恒顺"、"永新"等船名。岸上中国技师正指挥众人搬运木料、制造新船件。说明在长崎已设立了以中国造船技术为先导的船厂。

图 6-15　唐船修理图

有的船图上还有题诗:"大清货舶。海外长通一好邻,万艘贸易两事新,得到汉土寻常物,都作东方无限珍。"诗文本身并非佳句,但情意却佳,说明日本国民对中国商船到来之欢迎以及对中国货物丰美的喜爱。②

---

① (清)完颜麟庆:《鸿雪因缘图记》卷一,《海舶望洋》,北京古籍出版社1984年版。
② 王冠倬:《中国古船图谱》,生活·读书·新知三联书店2000年版,第275页。

第三节　军事要塞制造的战船

宁波沿海是明代重要的军事要塞,这为明代浙东造船业的发展提供了重要基础。宁波又是江南水乡,商品经济发达,船成为主要的交通运输工具。但应该看到,在明代由于"海禁"对船型、船速的种种限制,对宁波造船技术的发展有一定的影响。

一、卫所造船的有关规定

明代宁波的船只种类很多,官船主要有战船、漕船。明政府在浙东宁波设立不少卫所,即临山卫、观海卫、定海卫、宁波卫、昌国卫等和三山所、龙山所、余姚所等。初制沿边军卫,每所船 5 只,军 100 名。宁波府在嘉靖年间就有 5 卫 20 所,并置 18 个巡检司。明政府对这些卫所都配有战船。永乐九年(1411),明成祖就命临山、观海、定海、宁波、昌国等卫造海船 48 艘。观海卫的战船建造制订有《造船则例》和《修船则例》。《造船则例》中对 500 料、400 料、200 料官船,8 橹哨船,风快尖哨船等船身尺寸、造价都有明确规定。比如风快尖哨船。长 4 丈 2 尺,深 3 尺 2 寸,阔 8 尺,底厚 5 寸,连工具等项用银 25 两。[①]《修船则例》中对各类船的建造时间也作了明确规定:500 料船、400 料船、200 料船及 8 橹哨船,分别在 20 个月、10 个月、8 个月、5 个月内造完。[②]

二、加强海防建设与造船

为抗倭寇,加强海防,一些卫所还制造战船、纲梭船。嘉靖时,战哨船,按规定是"五年一修,十年一造",为此浙东的不少卫所都有战船修造的船场(厂)。如嘉靖四十三年(1564),临山卫造战船 50 余只,其中 480 料 18 只,200 料 22 只,飞船 10 只,鹰船 7 只,各备军器、兵员。《明史》也记载:"纲梭船,定海、临海、象山俱有之,形如梭,竹桅布帆,仅容二三人,遇风涛辄舁入山麓,可哨探。"[③]宁波府战船制造业发达,现根据嘉靖《宁波府志》卷

---

① (明)《观海卫志》卷二《战船》。

② (明)《观海卫志》卷二《战船》。

③ (清)张廷玉等:《明史》卷九二《兵》四。

八《兵卫》中纪实扎录如表 6-4。

表 6-4　宁波部分战船(漕船)表

船种\卫所	漕船	官船			八橹快船	风快尖哨船	十桨飞船	见驾飞船	高把哨船	鹰船	见驾八桨船
		500 料	400 料	200 料							
宁波卫指挥使司	289										
定海卫指挥使司		1	6	1	16	4	11				
后千户所					1	2	1			6	
郭衢千户所					3		2			6	
大嵩千户所					2	2				2	
中左中右千户所			1		7	7	6				4
观海卫指挥使司				1	10		10	21			
龙山千户所					4		3				5
昌国卫指挥使司			1	1	11		10		2		10
石浦前后二千户所					9		6		2		5
爵溪千户所				1		4	3				2
钱仓千户所				1	3						4
合计	289	1	8	5	66	21	52	21	4	14	30

表 6-4 说明,作为沿海城市的宁波府有各类战船 500 余艘,其都是在宁波当地打造的。对于战船,张岱的《陶庵梦忆》中云:"定海(今镇海)演武场

在招宝山海岸。水操用大战船、唬船、蒙冲斗舰数千余艘，杂以鱼艓轻舻，来往如织。舳舻相隔，呼吸难通，以表语目，以鼓语耳，截击要遮，尺寸不爽。健儿瞭望，猿蹲桅斗。哨见敌船，从斗上掷身，腾空休水，破浪冲涛，顷刻到岸，走报中军。又趵跃入水，轻如鱼凫。"①对战船演习场景描绘十分生动，并有数千艘战船参加演习的规模十分壮观。嘉靖《宁波府志》在"杂办"一项中对"战船料价"的内容规定甚详细："民六料银四百一十一两五钱两分零，分派五县征解。"②在明代，这类战船大多打造于沿海定海（今镇海）等造船场。

第四节　宁波传统的优良船型

宁波除打造战船外，官府还打造漕船。明初浙东的海运船只，是东南向北京运粮的专用船。一般船长 1 丈 6 尺，阔 2 尺 5 寸，可载米 2000 石。洪武元年（1368）朱元璋就命令汤和"造舟明州，运粮直沽，以给军食"③。在宁波打造的船型种类很多，有货船、游船、客船、渔船。渔船、货船、游船、客船，主要是江河船。例如从杭州到萧山西兴镇、渔浦镇，联钱清、绍兴，抵曹娥江、余姚江到宁波三江口，商船来往不绝。"内河之船，即今之官船，民船也……运石者谓之山船，运货者谓之货船，民家自出入谓之塘船。"④明代浙东商业发达，沿海江河有不少商船。商人从宁波、台州出海，走湖广、岭南，北至上海、山东、东北，甚至漂洋过海。这些商船不少是宁波制造的。

明代宁波客船和游船使用广泛。如从杭州到绍兴、宁波的航线上，不少是客船和游船。杭州、萧山西兴、宁波到普陀山，不少旅客乘客船或游船到普陀。明代民船中不少是渔船。舟山群岛及昌国的石浦是著名的渔场，盛产石首鱼（黄鱼），万历时"宁（波）、台（州）、温（州）人，相率以巨舰捕之"⑤。从文献资料看，舟山渔民捕捞用的渔船在明代有双桅大船、中双桅船、黄花船、尖船、对桅船等类船型。

---

① （清）张岱：《陶庵梦忆·定海水操》，江苏广陵书社有限公司 2009 年版。
② （明）嘉靖：《宁波府志》卷一二，杂办·战船料价。
③ 乐承耀：《宁波经济史》，宁波出版社 2010 年版，第 185 页。
④ 乐承耀：《宁波经济史》，宁波出版社 2010 年版，第 185 页。
⑤ （明）王士性：《广志绎》卷四江南诸省条。

一、优秀船型"绿眉毛"

浙江沿海的船型，主要是宁波绿眉毛和蛋船。绿眉毛是一种古老的船型，据传其源于宋代，是中国四大船型中"浙船"的典型代表，由于船头像一只漂亮的鸟头，在眼睛上涂上绿色弯曲的眉毛，绿眉毛由此得名。[①]关于绿眉毛，席龙飞指出：宁波绿眉毛船（见图 6-16 至图 6-18）被认为是浙江沿海最优秀的船型。该船型历史悠久，数量大，分布广，但多集中在

图 6-16　宁波绿眉毛船

宁波、舟山与温州、（浙江）海门一带。主要航线为温州—宁波—上海，但也能远航山东、福建、台湾，甚至越洋到达日本、琉球与南洋群岛。从型线、总体布置及外形、帆装等诸多方面看，与《中国帆船》中的宁波乌漕船几乎完全一致。因此，很可能是同一种船型的两种叫法。绿眉毛船航速高，从吴淞口到定海只需 18 小时左右，顺风时仅需 10 小时左右。该船舷弧（首尾起翘）深、梁拱高，抗风浪性能好。由于舷墙高、舱口小，装卸不够方便。鸦片战争前，在浙江各港往来的海船有 1000 多艘，年货运量达 10 万吨。大部分集中于宁波。[②]

图 6-17　绿眉毛船结构

图 6-18　访问韩国的绿眉毛

---

① 尤飞君：《中国古船图鉴》，宁波出版社 2008 年版，第 85、93、110 页。
② 席龙飞：《中国造船史》，湖北教育出版社 2000 年版，第 305 页。

二、宁波创建的"疍船"

宁波疍船创建于清代,流行于绍兴、余姚、宁波一带。清道光六年(1826)受清政府招募,曾作为上海至天津的海漕运输船。鸦片战争以前,宁波拥有疍船400余艘,仅从宁波至上海运输船达200余艘。[①] 刘易斯的《中国帆船》(澳门海事博物馆1994年葡文版,第450页)收集了疍船(见图6-19、图6-20)。该船的型线特征是平头首,具有倒梯形的尾封板,且属于无底龙骨的平底船。疍船最初是因装运盐卤而建造,也称为卤蛋船,主要航行于上海至宁波之间,但它也能远航大连、福州、台湾,同时又能溯江而上至武汉,航行区域广。卤蛋船的型线好,阻力小,故航速较高,从宁波到上海只需15小时左右。因成功地应用了舭水板,在航行中减少了横摇。但分舱多,舱口小,装卸多有不便。[②]

图 6-19　宁波疍船又称卤蛋船　　　　　　图 6-20　宁波疍船

第五节　明代战船发掘与研究

象山明代战船的发掘,为研究明代浙东沿海当时使用的战船结构、特征提供了第一手考古数据。这类型战船与蓬莱古船有许多相似之处。"梗水木"的发现,证实该船型具有减摇的缓和性。

---

① 尤飞君:《中国古船图鉴》,宁波出版社2008年版,第110页。

② 浙江省交通厅编印:《浙江省木帆船船型普查数据汇编》,1960年,第132页。

一、浙江象山明船的发掘

1994 年,在浙江省宁波市象山县涂茨镇后七埠村,平岩头砖瓦厂取土时发现一条古代海船。沉船位于南距南堤坝约 200 米处的海泥堆积层中。在筑堤前,海潮直至沉船位置,从地理位置看是一个良好的避风海湾。"1995 年 12 月起进行了抢救性发掘,清理出的海船保存较为完好。"①(见图 6-21)

图 6-21　象山明船发掘现场

其要点如下:

(1)木船残长 23.7、残宽 4.9 米(见图 6-22)。龙骨线微向上弯曲,挠度约为 0.1 米。此船龙骨的断面尺寸虽不突出,但仍较其他外板的尺寸为大。在第 1 号至第 3 号舱壁处和在第 9 号至第 11 号舱壁处各有长度为 3.25 米和 4.1 米的补强材;在第 2 号舱壁处是龙骨与艏柱的接头;在第 10 号舱壁处,是主龙骨与尾龙骨的接头。正是由于要保证龙骨接头部位的强度才特设了龙骨的补强材。该补强材用杉木。

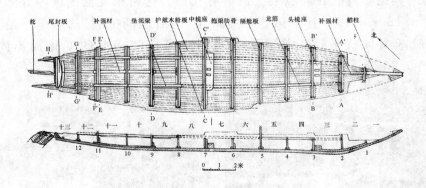

图 6-22　象山明船平面及纵剖面

① 宁波市文物考古研究所、象山县文管会:《浙江象山明代海船的清理》,《考古》1998 年第 3 期。

　　（2）全船由 12 道舱壁将船体分成 13 个船舱（见图 6-23）。舱壁板系采用若干块大樟木板制成，厚约 10～12 厘米。舱壁与船体外板交界处都置有抱梁肋骨并用铁钉固定。舱壁与抱梁肋骨在靠近船底处开有两个流水孔。设流水孔是为了便于排出舱内积水，如用木塞堵上，又可使舱壁保证水密。

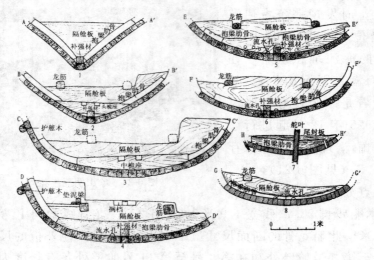

图 6-23　象山明船横剖图

　　（3）象山海船最具特点的是存在纵向的，从 2 号隔舱壁开始，穿过 3 至 12 号各隔舱板的两根"龙筋"（见图 6-24、图 6-25）。龙筋系用整根杉木做成圆角方形，宽 18～20 厘米、高 14～20 厘米。龙筋在第 4、5、9、10、11 号舱保存较好，其他舱只有在隔舱板上遗留有孔槽。这两根龙筋的间距在各舱不等，为 1.18～1.7 米，其中第 3 号舱最小，向后逐渐扩展，从第 7 号舱至第 12 号舱基本保持平行。龙筋距船底的距离也随底部的变化而不同，约 0.45～0.75 米。

图 6-24　象山明船龙筋

图 6-25　象山明船龙筋

（4）船板（包括龙骨板、底板与舷板）用材均为杉木，质地坚硬。底板厚度可达 16～20 厘米，高约 14～16 厘米。板列的宽度 8～20 厘米，船中部最宽（见图 6-26），向首尾逐渐变窄。船板的横向连接采用平接式，残存板列在最宽处保留有 34 列之多。船板的纵向采用平面同口法连接，各板缝处均用由麻丝、桐油、石灰构成的捻料捻缝，水密性非常好。船板之间还用铁钉钉连，凡有钉眼处均用油灰捻料封盖。

图 6-26　象山船中部

图 6-27　头桅座

（5）船舶横剖面在首部呈 V 形，中部略呈 U 形，近尾部弧度变小（见图 6-29）。象山船的第 3 号、第 7 号舱壁之前各设有头桅座（见图 6-27）和主桅座（见图 6-28），都用樟木制成。桅座上均有桅夹板孔。在部分舱内还发现有压舱石、长方砖、筒瓦、板瓦等。其中压舱石在第 3、4 号舱数量最多，多数是直径约 10～20 厘米的卵石，也有较大的石块。

图 6-28　主桅座

图 6-29　船尾局部

（6）在距离船底高约 1.2 米处，有宽为 0.18～0.20 米、厚为 0.16 米、残长 5.8 米的木构件，紧贴在外板上，其外端呈圆形。由于高度只有 1.2 米，显然是经常处于水线之下；且该木构件的中心线大约与水平线成 40 度角；该木构件是"护舷木"，因为有阻梗船舶摇摆的作用，很可能是"梗水木"，此种有减摇作用的"梗水木"，在宁波出土的宋代海船中曾出现过。

（7）将象山船的年代断为"明代前期"。一者在船型上与 1984 年在山东蓬莱考古发掘出土的元代（或元末明初）海船相比，似有许多异曲同工之处：它们的长宽比很接近；平面造型也基本一致；船底为尖到圆底或圆弧底；吃水较浅；都有前后两段补强材和头、中梳座；以及具有多道水密舱壁等特征。二者从古船中出土遗物看，仍能看出某些时代特征。其中一件小口瓷瓶是比较典型的元代器物，其他几件龙泉窑瓷器多为明前期的产品。

二、明代海船分析与研究

象山船与蓬莱船在船舶形制上的相同和一致性，研究表明，除上述一些主要特征之外，还有：

（1）两船的龙骨的线型都有"微向上弯曲"的特点。象山船的"挠度约 0.1 米"，"蓬莱古船的龙骨也呈曲线形，只是其挠度缺少实测数据"。据认为此种挠度对船舶经常处于中垂状态强度是有利的。

（2）蓬莱船虽然没有发现象山船那种高度约为 0.75 米的两列"龙筋"，但在各舱壁上有两个凹槽，经研究认为："参照《明史·兵志》关于'下实土石'和'中为寝处'的记叙，舱壁上的凹槽可认为是放置纵向梁木之需。纵向梁木之上铺以木板作为'寝处'和供士兵活动的处所。"[①]象山船的纵向两列"龙筋"的发现，证实了蓬莱船的两列"纵向梁木"必然是有的。象山船大量压舱石的发现，也证实了文献上关于"下实土石"的技术是有实物证据的。

象山船与蓬莱船相比较也有微小差异之处。象山船的外板板列多而用材的断面尺寸较小，舱壁板用材也欠规整。外板板列的接头不是用带凸凹榫头的钩子同口，而是较简单的平面同口。就施工之精细程度而论也稍逊于蓬莱船。由此点推断，象山船很可能是一艘民间的运输船而不是官家的战船，它仍是"刀鱼船"的船型。

---

① 席龙飞、顿贺：《蓬莱古船及其复原研究》，《蓬莱古船及登州古港》，大连海运学院出版社 1989 年版，第 49 页。

三、象山明代战船的复原

鉴于在舱底有许多压舱石,在0.75米高度处又有两列"龙筋"(纵桁,纵向梁木),又由于存在不可避免的些微渗漏,舱底常会有些许积水。此处既不适于居住,也不适于装运货物。通常应在"龙筋"之上铺木板以供载货。为了适居和载货,船的深度在"龙筋"之上至少尚应有1.5米左右。依第7号舱壁(此处近于船的最大宽度)将型线顺势延伸,其船深至少应为2.4米。相应的船甲板宽为5.34米,水线宽为5.2米。吃水可取约为1.6米。由图6-30当能看出船深不可能再降低,设计吃水也不能再减少。所谓"护舷木"全在甲板的宽限之内,如果甲板边处有强力的大拉则更是如此。由图6-30可以看出,此圆弧形木构件在船体左右两侧,又在水线之下减摇的作用明显,这是象山船最为重要的发现之一。

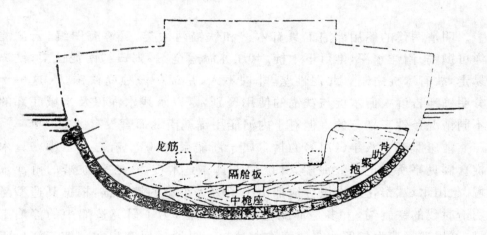

图6-30　象山明船复原图

依据象山船残骸的纵剖面图,将艏柱和尾封板顺延,再设定为1.6米的吃水线,可获得该残长为23.7米的古船水线长为22.4米。依此获得的象山船主要尺度复原值如表6-5。

表6-5　象山船的主要要素复原值及其与蓬莱船的对比

船型	排水量	总长	水线长	宽	水线宽	深	吃水	宽/深	宽/吃水	长/宽
象山船	107吨	27.6	22.4	5.34	5.2	2.4	1.6	2.23	3.25	5.17
蓬莱船	173.5吨	32.2	28.0	6.0	5.7	2.6	1.8	2.3	3.4	5.36

注:尺度的单位均为米。

刀鱼船这种船型,因其体形细长而得名。据辛元欧 1989 年蓬莱古船考,认为最早出现于五代末或宋初,其发源地即浙江沿海。早期是作为渔船,以其快速性较好后来演变成战船,或者也可充作其他各种用途。"浙江民间有钓鱼船,谓之钓槽,其尾阔可分水,面敞可容兵,底狭尖可破浪,粮储器杖,置之簀版下,标牌矢石,分之两旁。可容五十卒者,而广丈有二尺,长五丈,率值四百缗。"[①]其船虽宽度相对较小,但加了压舱石可以保证稳性。从出土的残骸发现左右舷侧装设有"梗水木"可以得知,该船型也将具有摇摆的缓和性。象山船的发现,还有在 20 世纪 80 年代发现的蓬莱船,都是浙江沿海优秀造船技术传统的物证。

第六节　　出土明代锚具的研究

明清两代的船用停泊工具有木碇和铁锚两大类。《筹海图编》云:"北洋可抛锚,南洋水深,惟可下木碇。"《江苏海运全案》则曰:"南泥性柔,铁锚易走,故有木碇之制。北泥性坚,非铁不入,是以……独尚铁锚。"[②]这里十分明确地告诉人们木碇与铁锚的使用区别,是以水浅水深以及水域底部的不同情况条件来划分的。但对于内河船用锚就南北而言没有区别。

清康熙五十八年(1719)的封舟属于浙船系统,船上有二大二小四具木碇。麟见亭所见记宁波海船,其停泊工具亦是木碇。[③] 在宁波港的甬江水域、象山水域、奉化江水域等地都出土了大大小小的铁制锚,根据其造型是明清时代的铁制锚,大多是渔船上停泊的铁锚,为了研究造船中的停泊工具,这里选择典型的明代铁锚特作叙述。一是通过研究说明宁波三江口码头是古船停泊(抛锚)地;二是通过研究具体锚具造型判断它们的相对制作年代与流行铁锚的形制;三是对铁锚进行物理、化学测试分析研究,这为停泊工具使用保护提供了科学的理论依据与方法,尤其对研究铁锚制作工艺、成分,从中推断出锚具制作的相对年代提供科学依据线索。

---

① (宋)李心传:《建炎以来系年要录》卷七《丛书集成初编》,上海商务印书馆 1936 年版。
② (明)《龙江船厂志》小黄船(线图)条。
③ 徐葆光:《中山传新录》,康熙五十八年(1719);本文转录王冠倬:《中国古船图谱》,生活、读书、新知三联书店 2000 年版。

一、象山港出土明代锚具

1991 年 5 月,宁波市文物考古研究所和奉化市文管会办公室在调查象山港西泽港区出土的一批古代瓷器和古沉船情况时见到了海底打捞上来的一批古船构件和锚具,是当时正在筹备的"宁波海事民俗博物馆"征集到的第一件珍贵的海事文物。此铁锚由锚柄、锚齿和绳索锚环组成,惜已生锈并剥落多层。我们对该锚进行了化学成分及腐蚀机理分析,以期为制定科学合理的防护方案提供依据。[①]

海底打捞铁器文物的技术分析是一个复杂的课题。在经历海底深埋、打捞出水到清理保护的过程中,铁器文物所处的化学物理环境发生了根本性变化。每一过程的腐蚀机理各不相同但又相互影响,这既加大了分析判断的难度,也因此提升了分析的价值。许淳淳等对海底打捞铁器文物的腐蚀机理及其脱氯方法进行了综述分析;[②]Peev 等人用 Mossbauser 谱研究了海底铁器的腐蚀产品,证实了 FeOCl 物相的存在;[③]North 等人就海底铁器的保护提出了离子交换树脂法的脱氯方案。[④] 但是,与其他类别的器物相比,海底打捞器物数量较为稀少,因此对这一领域的研究仍不够充分。

(一)化学成分测试分析

碳是铸铁中最主要的化学元素之一,碳的含量高低决定了金属的性质。另外,钢铁中一般都有硅、锰、磷、硫等长存杂质,这些是综合分析器件抵抗活泼介质的化学侵蚀的能力的物质。在这里,我们重点对铁锚碳、硫、磷等三种元素化学成分的含量进行分析。

我们分别在古铁锚的三个部分提取样品,委托上海材料研究所对其碳、硫、磷元素成分进行测试。结果发现,样品的含碳量很低,含硫量很高,含磷量较低,详见表 6-6。

---

① 林浩:《宁波象山港古铁锚化学成分及腐蚀机理分析》,《东方博物》第二十辑,浙江大学出版社 2006 年版。

② 许淳淳、岳丽杰、欧阳维真:《海底打捞铁器文物的腐蚀机理及其脱氯方法》,《文物保护与考古科学》2005 年第 88 期,第 55—59 页。

③ Peev T,Deorgieva M K,Naggs S,et al,Mossbauser Study of Corrosion Products on Fe in Seawater. *Radiochem Radioanal Letters*. 1978,(33).

④ North N A, Macleod I D. *Conversation of Metals. Conservation of Marine Archaeological Objects*. London:Butterworths. 1987:214-219.

表 6-6 铁锚化学成分含量

次　数	碳（%）	硫（%）	磷（%）
1	0.039	0.25	0.08
2	0.051	0.20	
3	0.038	0.31	

1. 含碳量偏低

样品含碳量 0.038%～0.051%。通常含碳量小于 0.25% 的钢叫做低碳钢。该器物如此低的含碳量，说明原料应为铸钢材质，极有可能是用废旧钢材熔化浇铸而成，而非由一般铁矿石或铁质器物熔炼而来。同时说明在当时的器件制造地，钢质材料已经不太稀缺。铁锚在使用过程中，要求有较高的塑性和高韧性，此种选材思路和工艺过程十分合理；另一方面，此种材料所需铸造条件较高，因低碳铸铁流动性差，孕育处理时，铁水会降低温度，所以出炉时铁水温度须高达 1400～1450℃ 方可，而含碳量如此之低，在工艺上又很难控制。因此可以初步断定当时器件生产地科学技术已经发展到相当水平，至少铸造水平比较先进，这在明代以前是不可能达到的。这些数据为判断古船铁锚的制造年代提供了间接的证据。

2. 含硫量合理

样品含硫量 0.20%～0.31%。硫来自金属炉料和焦炭，大多为铸造时因某种偶发性原因（如矿石、工具中富含硫，运输过程中的污染等）超量带入。从现代冶炼观点看，一般铸铁的硫含量为 0.1%～0.15% 左右，而铸钢则更低，在 0.1% 以下。但是作为古代器物，把含硫量控制在如此低的幅度内仍是一件不容易的事情，何况所取的样本来自古铁锚表面，由此我们认为这一含量是较为合理的。在古代铁质器物中，表面含硫量一般都比内部高，如越王勾践剑表面黑色花纹处的含硫量就高达 0.5%（大大高于宁波古铁锚表面的含量），但是剑身其他部位都未检测出有硫存在。

从锈蚀程度看，我们认为海水长期浸泡时 Cl^- 离子的作用是造成腐蚀的主要因素，但是较高的含硫量也是不容忽视的内在原因。从机理上来说，由于硫与铁化合成 FeS，FeS 又与铁形成熔点仅为 985℃ 的共晶体（$Fe+FeS$），沿晶界分布。这些生成物对钢组织而言是一种有害杂质，促进铸件的热裂倾向；同时硫含量较高，对器件的耐腐蚀性而言亦是一种副效应。因为硫含量的提高意味着共晶体成分的提高，共晶体沿晶界大量分布，一方面导致组织内部应力提高,促进晶间应力腐蚀的发生;另一方面大量化合形成的 FeS 提高了晶界和晶体之间的电位差,促进电化学反应的发生,两方面的综合作用,大大降低了器件的耐腐蚀性。

3. 含磷量低且随机性强

样品仅一处检测出含磷量 0.08%,另两处未检测出含磷量,呈现出一定的随机性。磷是铸钢件的有害元素,对钢的机械性能会有一定的影响,低含磷量可抑制磷化物共晶体的产生,不会导致铸件冷脆性和冷裂倾向的形成,因而对提高器件的耐腐蚀性起到正面作用。磷一般是在冶炼过程中进入铁中,而在随后的脱碳退火、冶炼和冷、热加工过程中不能有效脱去。

根据陈建立等人的研究,在古代钢铁制品中有浮凸组织的样品含磷量比没有浮凸组织的样品含磷量高出一个数量级,前者一般在 0.2%～0.6% 之间。[①] 因此,宁波古铁锚表面 0.08% 的含磷量应该是比较低的水平,已经达到现代高级优质钢标准含磷量(一般为 ≤0.035%)的量级,再次表明当时铁锚制造技术已经达到相当的水平。

(二)腐蚀机理分析

为进一步分析古铁锚的腐蚀机理,我们对样本进行了 X 射线衍射测试,该实验由复旦大学分析测试中心完成,采用理学 D/max.rA 转靶 X 射线衍射仪。测试结果对照卡片号查出锈蚀物物相如表 6-7(依主次相顺序排列)。

表 6-7　铁锚样品锈蚀物物相分析

序号	物相	卡片号
1	$Fe_8(O, OH)_{16}Cl_{1.3}$	42—1315
2	Fe_2O_3	22—0664
3	$Fe_{83}P_{17}$	42—0763
4	$Fe(OH)_3$	38—0032
5	$(Fe_{0.6}Cr_{0.4})_2O_3$	34—0412

注:工作条件为 Cu K-ALPHAl/40KV/150mA,扫描速度为 4.000deg/min,扫描范围为 10.0001 00.000deg。

---

① 陈建立、韩汝玢、今村峰雄:《古代钢铁制品中的浮凸组织初步研究》,《文物保护与考古科学》2003 年第 11 期,第 11—17 页。

　　测试结果表明,样品物相较多,除了 Fe_2O_3、$Fe(OH)_3$ 外,其余三个物相均为罕见的物相。基本判断是,样品的腐蚀产物经历了海底腐蚀和陆地大气腐蚀两个过程。

　　1. 海底腐蚀

　　由于海底存在由微生物代谢产生的微量氧气,加上 H_2O 和 Cl^-,铁锚在某一时间就开始发生点蚀腐蚀。其中,Cl^- 是诱致腐蚀加深的重要因素。

　　一般来说,点蚀的蚀孔窄(一般仅为几十个微米)而深($\geqslant$孔径),同时在器物表面分布不均匀;孔口多为腐蚀产物所覆盖,孔深方向或发展方向通常沿重力方向;在航行运营频繁的起锚落锚过程中,由于碰撞、擦伤并经海水浸泡,器物的表面已经形成一定程度的锈蚀层,由此产生小孔隙。

　　沉船后,铁锚表面长期覆盖上一层溶有微量 O_2 和 Cl^- 的水膜。其中 Cl^- 活性很强,将进入小孔隙,吸附在孔隙内的锈蚀层上,把氧离子排挤开,和氧化膜中的铁离子结合形成可溶性氯化铁或氯化亚铁,从而在器物上生出小小的蚀坑(一般为 20～30 微米),理论上称之为点蚀核。随着 Cl^- 的逐步迁入,点蚀核逐渐长大。当孔径发展至一定临界尺寸($\geqslant$30 微米)时,用肉眼即可观察到点蚀孔,诱导期完成。

　　此时,点蚀孔内外介质都是酸性含 Cl^- 的电解质液,构成基体—酸性含 Cl^- 液的腐蚀电池。它具有大阴极—小阳极的面积比,阳极腐蚀电流密度较大。虽然水膜酸化,但由于氧容易达到阴极,所以腐蚀速率受氧阴极去极化反应的控制,析氢反应不是主要的。

$$孔内:Fe \longrightarrow Fe^{2+}+2e \qquad (1)阳极溶解反应$$
$$2H^+ +2e \longrightarrow H_2 \qquad (2)析氢反应$$
$$孔外:1/2O_2+H_2O+2e \longrightarrow 2OH^- \qquad (3)阴极氧去极化反应$$
$$2H^+ +2e \longrightarrow H_2 \qquad (4)析氢反应$$

　　接着,孔口二次腐蚀产物逐渐长大,致使孔内外电解质对流困难,孔内的铁离子向外扩散困难,阳离子浓度增大,Cl^- 借电泳作用向孔内富集,形成了 $FeCl_2$ 等氯化物的浓溶液。$FeCl_2$ 水解成 HCl,使孔内介质进一步酸化,Fe 向二价铁离子转化的速度加快。于是,点蚀就沿介质重力方向向深处发展。

　　最后,孔口二次腐蚀产物封闭了孔口,锈层连成一片,形成闭塞电池。这时,孔内外物质交换更加困难。这使得孔内氯化物更加浓缩,并和其水解产物 HCl 组成酸性较大的氯化物溶液($FeCl_2+HCl$)。Fe 向铁离子转化速度加快,点蚀在重力作用下深化,这一过程的腐蚀产物为:$FeCl_2$ 和 $FeCl_3$。尽管我们尚不了解 $FeCl_2$ 和 $FeCl_3$ 形成之后进一步的腐蚀机理,但是从 X 射线衍射检测出的结果看,它们应是重要物相 $Fe_8(O_2OH)_{16}Cl_{13}$ 形成的前端物相。

整个腐蚀过程受到两方面的影响:一是铁锚浸泡在海底,水解条件充分,可以加速腐蚀;二是海底在一定程度上是缺氧的,从而阻滞了腐蚀作用。但是,由于浸泡的时间很长,不管这两种因素强弱对比如何,均不影响铁锚在海底的腐蚀机理和腐蚀产物的形成。

2. 大气腐蚀

沉船之前,铁锚锈蚀层主要成分 FeO 在水分子的作用下,形成 $Fe(OH)_2$,经氧化和水解,形成 $Fe(OH)_3$,脱水形成 $\gamma\text{-}FeOOH$,进一步脱水形成 $\beta\text{-}FeOOH$ 和 Fe_2O_3。

反应过程如下:(5)

$$Fe \rightarrow FeO \rightarrow Fe(OH)_2 \rightarrow Fe(OH)_3 \rightarrow \gamma \rightarrow FeOOH \left\langle \begin{array}{l} B\text{—}FeOOH \\ Fe_2O_2 \end{array} \right.$$

古铁锚从海底打捞上来后,放置的环境没有明显的酸性介质,所以这一时期的腐蚀大致是海底形成的腐蚀产物在大气中进一步分解的过程。

在大气中,由于水分来源大大减少,闭塞电池内水液耗尽,$FeCl_2$ 无法水解,HCl 挥发,形成 $FeCl_2 \cdot 4H_2O$ 结晶。结晶体和 $\beta\text{-}Fe_8OOH$ 作用,形成了主相 $Fe_8(O,OH)_{16}Cl_{13}$。此时,反应(5)始终可以缓慢进行,因此,Fe_2O_3 和 $Fe(OH)_3$ 可以继续形成并逐渐富集。

另外两相 $Fe_{83}P_{17}$ 和 $(Fe_6Cr_4)_2O_3$ 难以分析其与腐蚀过程的相互联系,将其判断为腐蚀产物的依据不足,可能是在铁锚浇铸过程中直接形成的。

(三)铁锚研究的结论

尽管由于实验条件所限,我们的分析工作是初步的,但是我们仍能从中提炼出一些有意义的信息:(1)含碳量低表明古铁锚是以铸钢为原料熔炼而成;(2)含硫、磷量表明当时的冶炼技术已经达到了相当高的程度,因为资本主义萌芽在明末才在中国出现,故可以间接推断该器物年代不早于明朝中期;(3)铁锚的腐蚀分为海底腐蚀和陆地大气腐蚀两个过程。

众所周知,铁器时代在整个人类社会历史进程中是一个重要时代,铁器是当时社会生产力发展水平和科技进步的最基本、最主要的实物资料。

在众多金属文物中,出土铁器在数量上相对较多,海底打捞铁质器物数量却相对稀少,然而随着时间的推移,它们又普遍面临着趋于严重腐蚀的危险,因而对宁波古铁锚的化学成分和腐蚀机理分析具有一定的科学价值,不仅为器物的保护提供重要依据,同时通过分析铸造工艺条件还能为判断器物制造年代提供一定的科学线索。

二、三江口出土明代锚具

宁波港"三江口"港区,在唐代开始就是明州港的主要停靠国内外使舶、商舶的国际码头。2010 年 7 月 19 日,在江东"三江口"北侧书城工地出土了一件铁锚,通过观察研究,表明是一件明代早期的铁锚,它的出土对于了解明代在宁波港活动的船舶所使用的停泊工具的形制及制作工艺,提供了第一手的实物数据。

(一)明铁锚的出土情况

铁锚出土地,正是江东区"三江口"东侧原太丰面粉厂江岸边,这里当时正在新建"宁波书城"工程,面积大,项目多,凡是有关出版、销售图书的事务都集中在这个"宁波书城"中。"宁波书城"主体建筑离现在江岸 100 米左右的地段,这地段取土打桩,在施工前,领导对施工单位进行了保护文物的教育,因为这个地方处于近代工业建造处,可能有工业文物遗存,所以施工人员都比较关心文物。在深挖基础地下室时,在十几米深处发现了一件完整的铁锚,当时与铁锚共存的还有铁链等其他与古船有关的遗存。

当时由于施工关系,工程部吊车师傅只将铁锚吊起来,工地上的工人还将铁锚上的泥土洗掉,江东区文物保护管理所的温尔平所长与江东区文广局领导在现场拍照并作了记录。当时铁锚从几十米建筑坑中吊起来时,一段铁链却找不到。这件铁锚的出土从整体来说保存是完整的。由于受江水的腐蚀而生锈,从生锈情况来看,它是深埋在淤泥之中酸性与碱性成分呈中和状态,因此生锈情况尚属较均匀。

(二)铁锚各部组合尺寸

铁锚出土后,经过清洗,存放于宁波市海事民俗博物馆。这次出土的铁锚,锚柄顶端有环,四齿按圆周均衡排列,柄长与齿长比例适当。(见图 6-31)

铁锚长 1.90 米,由锚环、锚杆和锚齿组成。锚环由于年久铁锈与棕绳堵满了孔,铁环上下为 20 厘米,左右为 14 厘米。铁环断面直径 6～6.5 厘米。铁锚柄圆形,与环连接处断面 6.5～7 厘米,中间段为 9～10 厘米,锚齿根为 10～11.5 厘米。铁锚四个锚齿距长 57、67、63、63,并依次排列。齿根部宽 11.5 厘米左右。在出土的铁锚环内尚胶结着棕榈绳(见图 6-32)。锚柄顶端尚保存着竹制的绳索残物(见图 6-33)。在铁锚柄上和齿间保留了部分铁锈,没有铁锈的齿与柄上仍保持着光滑(见图 6-34)。

图 6-31　明锚全貌

图 6-32　锚环中的棕榈绳

图 6-33　柄顶端的竹制绳残物

图 6-34　锚柄和齿

(三)铁锚的探索与研究

关于铁锚的制作工艺。在明代制作铁锚,一般是将熟铁加高温后锤锻而成的。锤后,先成四爪(齿),依次逐节接身,这是一种方法。另一种方法是将锚齿、锚柄分别打制好后,再用焊铁连结成一体。

从出土的铁锚齿、柄没有铜焊接的迹象(见图 6-35),以及四爪相连与

图 6-35　锚齿没有铜焊迹象

柄都比较对称、平光,说明高温锤锻已相当熟练。

从出土铁锚环上残留的棕绳、柄顶端竹绳看,当时铁锚起落是用上述两种材料制成的绳索。特别是棕绳犹如新鲜之棕,和淤泥包围、泥中所含酸性与碱性中和平衡有关。

关于这件铁锚的年代。首先从造型上看,它与 1985 年山东省梁山县宋金河出土的明代护漕兵船上的四齿铁锚十分相似。该铁锚的柄上刻有"甲字五百六十号,八十五斤,洪武五年"。宁波书城工地出土的铁锚不仅造型一致,而且重量也十分接近。另外,1981 年在福建泉州四湖港出土的一件四齿的铁锚,据传是郑和下西洋时船舶所使用的,该铁锚的造型、制法与宁波书城工地出土的铁锚相同。从上述情况看,这是一件明代早期的四齿锚具。

宁波书城工程沿江岸,是唐宋以来"三江口"一带木帆船时代的海运码头;1842 年宁波"开埠"后,这里是轮船码头的东岸,随着历史的变迁,江岸发育,原来的古码头发育成陆地。铁锚的出土不但对研究停泊工具提供了第一手资料,而且对研究宁波港码头、锚地变迁也提供了新的史料。

第七章 宁波航运业近代化转型

明代,由于"海禁",宁波港城趋向衰落。在鸦片战争前,宁波一度获得了发展。所谓"开埠"即中英《南京条约》这个不平等条约中规定宁波作为"五口通商"商埠之一。进入近代,宁波人在接受西方文明中,为适应轮船的航运,率先将宁波港经营了千余年的木帆船国际海运码头港区,迁移到江北岸深水的轮船港区,并完成了从木帆船港到轮船港区的转型。完成这个转型,包括两个方面:第一,现代的轮船运输业取代了历史悠久的木帆船运输业。第二,随着运输工具的转型,对停泊码头、港区水深提出新要求,以及开展为运输配套的交通网络建设。这些举措反映了宁波港在向近代化道路上迈出了一大步。

第一节 木帆船向机动船转型

宁波港由传统的木帆船向近代化机动船转型,始于清咸丰初年。当时朝廷运粮由漕运改为海运。宁波商船奉命海道运粮,朝廷每次派有一定的兵船进行保护,但护航的兵船都是木帆船,时常遭到海盗的抢劫,受损极大。在这种情形下,宁波商帮中有识志士,如慈溪费纶锃、盛植管,镇海李容等,倡议购买外国轮船护航,以确保海上交通运输之安全。

1854 年冬季,"宁波帮"商人杨坊、张斯臧、俞斌出面,集资白银七万两,向外国商人购得大轮船一艘,定名为"宝顺号",并设立"庆成局",全船 79 人。由于"宝顺号"护航一举扫平海盗,海盗闻风丧胆,确保了南北洋的安全,名震海内外。

一、名震海内外的宁波宝顺轮

宝顺轮,系庆安会馆(北号会馆)舶商于咸丰四年(1854),从国外引进的我国第一艘机动船。宝顺轮驰骋 30 年,为我国抗击外来侵略和推进宁波航运事业作出了巨大贡献,是我国航运史上自帆船时代向机动船时代转型的重要标志。

在庆安会馆内由清董沛撰写的《宝顺轮始末》碑,详尽地记录了宝顺轮活动的历史。

碑记曰:中国之用轮舟,自宁波宝顺船始也。咸丰初,诸寇乱东南,行省大使,注重于腹地,征调络绎。亟亟以防,剿为重,而于缘海。岁时之巡哨,膜外置之。于是海盗充斥,肆掠无忌惮,狙截商船,勒索至千百金不止。时则黄河溃决,户部仿元人成法,以漕粮归海运。沙船卫船咸出应命,而以宁波船为大宗。春夏之交,联帆北上,虽有兵船护行,盗不之于畏也。每劫一舟,索费尤甚,至遣其党入关。公然登上座,争论价目,诸商人感愤之。慈溪费纶锬、盛植管,镇海李容倡于众议,购夷船为平盗计。顾船值颇巨,未易集事。宿松段光清方兼道府之任。莅事宁波,为请于大府,令官商各垫其半,岁抽船货之入,络续归还,以乙卯五月十二日始计数捐厘,并充历年薪水、佣资、衣粮、弹药诸经费。鄞县杨坊、慈溪张斯臧、镇海俞斌,久客海上,与洋人习,遂向粤东夷商购买大轮船一艘,定价银七万饼。名曰"宝顺"。设庆成局,延鄞县卢以瑛主之,慈溪张斯桂督船勇,镇海贝锦泉司炮舵,一船七十九人。陈牒督抚,咨会海疆文武官,列诸档册,此甲寅冬季事也。明年,粤盗三十余艘肆掠闽浙,窜至北洋,与他盗合。运船皆被阻,张斯桂急驶轮船于六月出洋,七月七日在复州洋轰击盗艇。沉五艘,毁十艘。十四日在黄县洋、蓬莱县洋复沉四艘,获一艘,焚六艘,余盗上岸逃窜,船勇奋力追击,毙四十余人,俘三十余人。十八日在石岛洋沉盗艇一艘,救出江浙回空运船三百余搜,北洋肃清,轮船回上海。二十九日,巡石浦洋,盗船二十三艘在港停泊,轮船率水勇,船进扼洞下门,两相攻击,自卯至未,盗船无一存者,余盗窜黄婆岭,追斩三百余级。九月十三日在岑港洋沉盗船四艘。十四日在烈港洋沉盗船八艘。十八日复在石浦洋沉盗船二艘。十月十八日复在烈港洋沉盗船四艘。南岸亦肃清。三四月间沉获盗船六十八艘。生擒盗党及杀溺死者二千余人。宝顺船之名震于海外。然是时,中西猜阻，距五口通商之和约仅十余年，北洋无夷踪，创见轮船颇为疑惧。山东巡抚崇恩言于朝。诏下浙抚诘问，将治给照者之罪，毋许欺隐。段光清召诸绅士筹所以覆旨者。余曰："此无难也，商出己资购轮船以护商，且以护运官之所不能禁也。船造于夷，则为夷船；而售于商，即为商船。官给商船之照，例也。不计其自何来也。"光清然之，如吾说奏记巡抚。巡抚何桂清以闻，遂置不问。又明年丙辰，沪商亦购轮船，与宁波约：一船泊南槎山，杜洋盗北犯之路；一船巡浙海，以备非常，盗益敛迹。未几，西人入天津，复位和议，北海口亦许通商，夷船驶中国洋。无闲，南北盗遂绝迹。中外臣工咸知轮船之利有裨于军国。曾文正首购夷船，左文襄首开船厂，二十年来，缘江缘海增多百余艘，皆宝顺船为之倡也。宝顺船虽仅护运，而地方有事亦供调遣。洪秀全踞金陵，调之以守江；法兰西窥镇海，调之以守关。在事诸人迭受勋赏。而张斯桂、贝锦泉久于船中，以是精洋务，斯桂起书生充日本副使，锦泉起徒步至定海，总兵官尤异数云：自中原底平海道，无风鹤之警，宝顺船窳朽亦复无用。然原其始，则费纶铦、盛植管、李容三君之功不可忘也。周道遵修鄞志，乃以属之鄞人林鸣皋、粤人郑寿阶，鄞书燕说。流为丹青，恐阅者因而致疑。故详书其本末，勒石于天后祠中，俾后人有考焉。

二、宝顺轮在国内外的影响

宝顺港出现用机器作为动力的轮船，首先受到上海商界人士的关注。后来，上海商人就仿效宁波，引进了一条轮船。一说是"明年丙辰，沪商亦购轮船"；二说在公元 1886 年，[1]与宁波出现轮船的时间相差 30 余年。此事后又引起了李鸿章等洋务派官僚的特别注意。宁波港"宝顺号"（见图 7-1），可以说是中国近代的第一艘轮船，它的出

图 7-1　宝顺轮

现是宁波港在近代化的道路上迈出的具有重要历史意义的一步，标志着宁波港单纯木帆船时代的结束，成为使用西方先进技术和创办洋务的先声。

---

① 郑绍昌主编：《宁波港史》，人民交通出版社 1989 年版，第 137 页。

第二节　港区码头变迁与航运业

　　从木帆船时代港区的技术设施转型到现代化轮船时代港区的技术设施,如船舶停靠的码头、仓场、航标及新式管理模式和方法等都得重新建设。随着宁波港轮船进出量的日增,首先是要选定停靠码头的建设。轮船与木帆船相比,不但动力大,而且船舶的载重量也大于木帆船,因此就要选择吃水深、河道稳定的地方建造停靠的码头。在宁波江北岸三江口至下白沙一带,河道水深稳定,平均为 6.25 米,港池和航道条件大大胜于古江厦码头(见图 7-2、图 7-3)。甬江江面的平均宽度为 290 米,可供 5000 吨级的轮船出入,在停靠的泊位与载重能力方面上升了一个数量级。[①] 新港区的建成与转型,使港城出现了崭新的面貌(见图 7-4、图 7-5)。

图 7-2　宁波古江厦码头

图 7-3　江厦码头

图 7-4　江北岸码头

图 7-5　江北岸轮船码头

　　① 郑绍昌主编:《宁波港史》,人民交通出版社 1989 年版,第 142 页。

一、建成近代化的新式码头

同治元年(1862)，美商旗昌洋行开始在江北岸建造趸船式浮码头，开始定班轮船通航。这在当时可算是非常先进的。同治十三年(1874)，江北岸最早出现栈桥式铁木结构的趸船码头，由当时的宁波招商局建造，靠泊能力为 1000 吨级，后来又扩建达到 3000 吨级。这座码头的建成，标志着宁波从木帆船码头到江北岸轮船码头的转型过程的初步完成。

从石砌码头到趸船码头是一个历史的飞跃，从这里我们可以看出，自然条件和经济技术条件对港口发展的制约作用。江北港址的水深、岸线、陆域等自然条件，对一个港区的发展的规模大小具有相当重要的作用。从历史的角度看，宁波港江北轮船码头在整个近代史上，发展到 3000 吨级的规模，正是在近代新的经济技术条件下的产物。

光绪元年(1909)五月，宁绍轮船公司设立，行驶宁绍轮、甬兴轮、新宁绍等。从 1898 年到 1913 年宁波先后兴建了一批码头，其中有永川码头、宁波轮埠、甬利码头、新宁波码头、平安码头、海龙轮埠、云龙踏足轮轮埠、镇海轮埠、景升轮埠、可贵码头、瑞运轮埠等。

二、国内外进出船型的变化

随着江北岸新式轮船码头的建立(见图 7-6、图 7-7)，整个港口进出的船舶向轮船演化。这一时期出入宁波港的船舶的明显特点有以下几点：

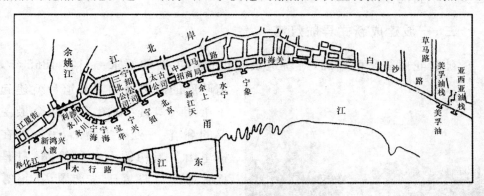

图 7-6　江北轮船港区码头分布

第一，轮船成为宁波港出入的主要船型。据 1873 年统计资料来看，轮船艘数超过在浙海关登记注册的帆船艘次(即轮船 570，帆船 376)。而轮船

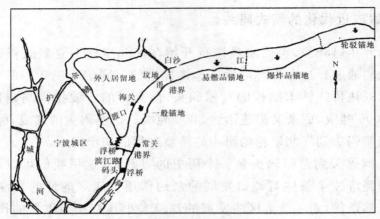

图 7-7　宁波港锚地分布

已成为宁波港出入的主导船型。

　　第二，外国籍船舶占绝大多数。当时出入宁波港的有英国、美国、德国、丹麦、暹罗（泰国）、俄国、挪威、瑞典、荷兰、比利时、日本、葡萄牙、西班牙等国家的船舶。其中艘次和吨位最多的是美国，第二位是英国，中国占第三。

　　第三，外籍船吨位大，技术条件好，因而单船营运效益高。从 1873 年统计数表明，轮船艘次达 570，而且轮船运量超过帆船运量的 10 倍以上。事实证明，轮船的载重量大，航速快，成本低。船舶现代化、大型化是经济规律的客观要求。国内外轮船往来宁波港的不断增加，对码头和航道的设施也提出了新的要求。

三、宁波建成新式导航灯塔

图 7-8　甬江口码头

　　随着轮船往来的增加，对航道设施也提出了新的要求。早在 1865 年，清政府的海关署和宁波道台就建起了甬江入口处（见图 7-8）两个最主要的灯塔：一处在虎蹲山，另一处在榍里山。当初的设备很简陋，只是把普通的灯具置于玻璃罩内；报雾用的器具也仅是普通的铜锣。1872年根据总税务司赫德（R. Hart）的指令重新修造了两座灯塔。1872年 5 月 27 日榍里灯塔换上了光强

5级、发白色固定光的塔灯,光照达海平面以上123英尺,无云天气能见度为9海里。砖木结构的白色塔楼高17英尺。5月29日,又把雾枪换成由机械带动的每分钟响4下的雾钟。虎蹲山灯塔于1872年6月27日改装完毕,换上了光强6级、发红色固定光的塔灯;光照达海平面以上148英尺,无云天气能见度为5海里。红白相间的塔楼高17英尺。铜锣也换成了雾钟。除了这两座灯塔以外,在外航道还建了一批其他灯塔,为轮船提供了夜航条件和安全保障。

第三节 宁波港浙海关的建立

随着江北岸轮船港区的形成、发展,港区的演迁和由传统木帆船港到现代化轮船港的转型,管理模式由市舶司(务)转到海关管理港口的体制也逐步形成。

一、新式管理机构浙海关

康熙二十四年(1685)清廷批准在宁波建立大清朝浙海关(全国四个海关之一)(见图7-9、图7-10),其职权为专征国际商税。但事实上海关权力很大,"其管理范围包括甬江内、外航道,岸线,水域,航标,航政,领航,船舶登记注册,颁发船照,征收国际商税、吨税、船捐以及管理码头货物的装卸、过驳和其他各种税捐的监督"①。上述管理范围说明海关已成为管理宁波港的权力机构。

图7-9 浙海关

图7-10 宁波大关

① 郑绍昌主编:《宁波港史》,人民交通出版社1989年版,第143页。

二、新式管理体制的形成

海关建立以后,随即订立《浙海关关章》和《浙海关轮船往来宁沪专章》。根据这两个章程,浙海关拥有对宁波港的绝对控制权。章程规定,招宝山正顶与金鸡山对径之界为宁波口,凡商船进口由海关派员管押。船舶入港靠泊后,如欲移泊,需经海关批准。限定船只在进口后两日内,将照牌和进口货单呈交领事馆,如该国无领事馆,则直接呈交海关。限制商船装、卸货物的作业时间为白天,礼拜日、节假日均不得进行。凡商船欲卸货者,必须开列详细的报关单,英文、中文各 1 份,呈交海关盖印后,"即许照章将该货起入驳船运至本关码头,俟本关派人查验后即行给发验单,以凭该商持赴银号完税,掣取号收呈本关;由本关发给放行单,方准将货起岸上栈。凡商船欲装货者,由该商呈交关卡查单并照起货之例……方准运货至码头遵查完税之后,由本关发给放行单方准照单装货"。又规定"未经海关发给特准单据者,两船之间不得互拨货物。违者货物没收,两船并处罚金。凡洋货复出口至外国,或复出口至中国的其他通商口岸,均需由海关查验后发给存票或免照以及放行单后,方准装船出口"。[①]《浙海关轮船往来宁沪专章》规定:商人欲派轮船往来宁沪需先报明税务司。所有出入沪宁轮船的货单必须由浙海新关查验相符后发给红单方准放行。而取得红单以后,可以不再需要各国领事馆的领单。[②] 由此可见,海关已成为管理宁波港的权力机构。

浙海关在康熙年间建立之时统辖全省口址 17 处,海关税收每年约银 5 万两。海关建立以后,在鄞县境内的大关口为海关所辖。其余在宁波地区范围内的有镇海口、小港口、古窑口、邱洋口、瀣浦口、象山口等 7 口。小港口又有大矸、穿山 2 个旁口;象山口有泗洲 1 个旁口。早先,镇海、小港、邱洋、瀣浦等 4 口每年平均正耗税银仅 7390 两,还不到鄞县地丁银的十分之一。海关所属的宁波 7 口,岁收税约银 4 万~5 万两,约为原额的 6~7 倍。

宁波港在中西文化交融中,促进了宁波港城的近代化进程。"五口通商"后的上海港迅速崛起,宁波港传统的腹地、港口等优势为上海港所取代。

---

① 陈训正、马瀛等:《(民国)鄞县通志·食货志》,第 187 至 189 页。
② 陈训正、马瀛等:《(民国)鄞县通志·食货志》,第 187 至 190 页。

第八章　宁波木帆船建造工艺

　　我国建造木质帆船的历史是相当悠久的,从目前考古发掘出土文物表明,这种木质舟船出现于原始社会。由于江、河、海的地域不同,所以对造船的要求各有差异。几千年以来宁波沿海打造江、河、海船一直为木质船,进入 20 世纪以来,现已为铁壳船所取代。为了使我们的后代能了解祖先们打造木帆船的历史、工艺流程以及建造船舶中的风俗民情,我们把它记录下来,这是我国造船非物质文化遗产的重要内容之一。

第一节　木质帆船的历史现状

　　1949 年新中国成立,港口城市宁波,也获得了新生。在交通运输工具中,木质船还是占了绝对的优势。为了发展交通运输工具,政府着手对沿海地区的船舶进行了普查,目的是为发展机械动力船做准备。

　　在中国打造木质帆船工程,与造铁壳船是两个不同的系列,这里所指的木质帆船,是利用风帆作为动力推进船舶前进的航运工具。我国使用机械动力创始于公元 1865 年 4 月,建成中国自行设计的第一艘轮船。[①] 宁波使用轮船,则在 1886 年。[②] 在很长的一个历史时期中,在我国使用木帆船

---

　　① 李惠贤:《黄鹄号——中国自造第一艘轮船》,《船史研究》1985 年第 2 期。
　　② 详见第七章关于宁波使用机动轮船一节。

与机械动力船同时并存。

浙江省交通厅于1960年对浙江省木帆船船型进行了普查,并在该年对调查的木帆船资料作了汇编,名为《木帆船船型普查数据汇编》。这次普查的目的是通过调查了解哪种船型好,为发展推广机械动力木质船提供船型。

现将宁波地区1960年相关的木帆船调查叙述如下。

一、百官船船型

1. 发展历史、数量及分布情况

百官船起源于百官而得名,历史悠久,随着运输任务的不断增长,百官船的吨位由原来的5吨左右发展到目前的50吨上下,现有数量800余艘,多分布在宁波、慈溪、绍兴一带。

2. 船舶用途及航行区域

百官船多用以装载木材及什货,航行于宁绍水系。

3. 船舶使用情况

航行方面。由于在百官船的航区中有过坝这一特殊要求,因此其船体(特别是船底)结构强大,首部呈方盒形,故航行性能极差,操纵也不灵活。

装卸方面。百官船结构强,舱口大,装卸非常方便。

4. 船舶建造情况

放准首尾板→铺底板→上肋板→装旁板→按埒子→配舱壁→舾装→捻缝→下水。

工料定额:

木材——1米³/载重吨

人工——11工/载重吨

5. 评语

(1)船舶性能方面。百官船为适应过坝要求,因而结构强大,线型很差,所以航行性能差,建造成本高。

(2)施工与装卸方面。百官船结构大而粗糙,对施工要求不高;舱口宽大,所以装卸方便。

(3)机械化和拖带化的可能性。目前为了适应过坝要求,机械化、拖带化都有问题,但就百官船之本身条件而言,实现拖带化是可能的。

(4)对该船型的改进和发展意见。百官船原先为了保证安全过坝,所以船体强度很高,线型很差,因此其航行性能、经济性能都不理想,今后随着航道的整治与开发,势必改型或淘汰。

二、乌梢船船型

1. 发展历史、数量及分布情况

乌梢船起源早,数量大,分布广,是宁绍地区的一种主要船型,为适应浅水航道的需要,一般吨位较小,以 6 吨左右居多,现有数量约 400 余艘,多分布于宁波、奉化、余姚、慈溪、上虞一带。

2. 船舶用途及航行区域

乌梢船一般都用以装运毛竹、木材、煤炭、黄沙与什货,航行于山溪支流和浅水地区。

3. 船舶使用情况

(1)航行方面。乌梢船之底宽平,吃水很浅,航速快,操纵灵。

(2)装卸方面。乌梢船结构简单,舱口宽大,因此装卸方便。

4. 船舶建造情况

乌梢船建造多凭经验。其工料定额为:

木材——1 米³/载重吨

人工——5 工/载重吨

5. 评语

(1)船舶性能方面。乌梢船操纵方便,航行性能良好;但因要适应过坝的要求,所以船体结构很强,耗用木材较多,因而经济性能欠佳。

(2)施工工艺与装卸方面。乌梢船结构简单,施工方便;且吨位小,舱口大,装卸作业不成问题。

(3)机械化和拖带化的可能性。乌梢船吨位小,行驶航道水深甚浅,故机动化之可能性不大。

(4)对该船型的改进和发展意见。乌梢船原先为了适应其航行区域中水浅、坝多等特殊要求,因而吨位小,结构强,今后随着航道的整治与开发,乌梢船应适当减轻结构,扩充吨位,以满足日益增长的运输任务的需要。

三、卤蛋船船型

1. 发展历史、数量及分布情况

卤蛋船起源于宁波、杭州、绍兴、余姚和三北一带,至今已有几百年历史,其载重范围从 10 吨开始,直到 200 吨左右,现有数量百余艘,多分布在宁波、海门、杭州一带。

2. 船舶用途及航行区域

卤蛋船起初为装运盐卤而建造,后因沿海盐场普遍兴起,故其专业运输作用早就丧失;目前多用于装载矿砂、煤炭、鱼鲜及一般什货。主要航行于上海、宁波之间,但它也能远航大连、福州、台湾,同时又能溯江而上至武汉,航行区域极广。

3. 船舶使用情况

(1)航行方面

①卤蛋船线型好,阻力小,故航速较快,从宁波到上海只需 15 小时左右,顺风时更能超越一般机动轮船。

②成功地应用了舭水板,在航行中减少了横摇,保证了船舶的稳定性;在回转时减少了反向横移,保证了航行的方向。因此,卤蛋船操纵灵活,回转半径不超百米;抗风性能良好,七级风中也能正常航行。

③卤蛋船舷弧大,弦墙深,梁拱高,因此抗浪性极好。

(2)装卸方面

由于卤蛋船原为装运盐卤而建造,后来尽管用途有变更,但建造仍袭用过去之结构与布置,分舱多、舱口小,因此装卸颇感不便。

4. 船舶建造情况

虽然卤蛋船之建造与使用已有相当长的历史,但近年来由于运输任务的增加,货源的改变,因此原为装运盐卤专用的卤蛋船,就不能适应运输的需要,所以近来卤蛋船多纷纷改型而很少新建。

根据以往的记录,卤蛋船的尺度设计与建造多凭经验,供料定额为:

木材——1 米^3/载重吨

人工——10 工/载重吨

与一般沿海木帆船比较,其建造成本尚属低廉。

5. 评语

(1)船舶性能方面。卤蛋船操纵方便灵活、阻力小、航速高,稳性良好,抗风性、抗浪性又极为优越,且建造成本不高,是一种性能优良的沿海木帆船。

(2)施工工艺与装卸方面。由于卤蛋船要出海航行,因此用料与施工要求较高,但并不复杂。卤蛋船分舱多,舱口小,给装卸作业带来了极大的不便,也成了卤蛋船的主要缺点。

(3)机械化与拖带化的可能性:①由于卤蛋船船身较重而装载较少,因此实现拖带并不经济,一般多作自航。②由于卤蛋船之纵向强度主要靠两根强大的甲板纵桁来保证,无底龙骨,因此给安装主机带来了困难,不利于机动化的实现。

(4)对该船型的改进和发展意见。就历史观点而言,卤蛋船无疑是一种优良船型,在运输上起过巨大作用。但近年来由于用途的变迁,而其相应的结构布置未作更改,因此就不能适应新的运输任务;再加上卤蛋船实现拖带化、机动化有一定困难。所以目前我省已不再新建卤蛋船。

再则,由于卤蛋船之纵向强度主要靠甲板板架保证,如要改变卤蛋船之根本缺陷——扩大舱口,势必影响其总强度,否则就必须对结构作根本性的改变,因此企图通过一般性的改进保留卤蛋船也有一定困难。

根据上述分析可见,卤蛋船在我省并不能列为一种发展船型。

四、绿眉毛船型

1. 发展历史、数量及分布情况

绿眉毛在我省已有数百年的发展历史,数量大,分布广,是一种有名的沿海木帆船。据调查,这类船多集中于宁波、舟山与温州、海门一带,其载重范围从 10 吨到 200 吨左右,最大的到 500 吨,目前全省共有绿眉毛约 200 余艘。

2. 船舶用途及航行区域

绿眉毛多用以装运矿砂、煤炭、粮食、木材及鱼鲜等,主要航线为温州—宁波—上海,但也能远航山东、福建、台湾,甚至能越重洋到达日本、琉球与南洋群岛。

3. 船舶使用情况

(1) 航行方面

①绿眉毛线型好、阻力小、航速高,从吴淞口到定海只需 18 小时左右,顺风时仅需 10 小时左右,大大超过了一般马力不大的机动轮船的速度。

②绿眉毛弦弧大、弦樯深、梁拱高,同时稳性良好,所以抗浪、抗风性能优良,在六级风浪下能正常航行。

③操纵轻便灵活,回转半径较小,在一般航速下能安全避让离船 20 米处的障碍物。

（2）装卸方面

由于绿眉毛弦樯高，因此装卸不够便利，特别是狭舱口的绿眉毛，装卸问题更大。

注：由于舱室布置的不同，绿眉毛又分吊船与石塘船两种，两者船型一致，仅布置不同，前者分舱多，舱口小；后者舱位大，舱口宽。因此反映在性能上也有所差别，前者具有更优越的适航性，能在7～8级风浪中航行；而后者具有较好的装卸性能。

4．船舶建造情况

绿眉毛虽已有很长的发展历史，但其制造至今还多凭经验。

（1）主要尺寸比

线水长 L/型宽 B＝5.5

型宽 B/型深＝1.5

（2）施工顺序

铺（龙骨）底板→装舡板→首尾板→上旁板→舳板→捻缝→下水

（3）工料定额

木料——1 米³／载重吨

人工——10 工／载重吨

与一般沿海木帆船比较，其建造成本尚属低廉。

5．评语

（1）船舶性能方面。绿眉毛操纵轻便灵活，阻力小，航速高，抗风、抗浪性能优越，且结构坚固，工料定额较一般沿海木帆船为低，是我省沿海木帆船中最有发展前途的优良船型。

（2）施工工艺和装卸方面。绿眉毛线型好，结构强，故用料与施工要求较高，但并不复杂，历年来新建数量不少。在装卸方面，绿眉毛吊船舱口狭小，不能满足运输要求；绿眉毛石塘船舱口较大，装卸尚称方便。

（3）机械化与拖带化的可能性。由于绿眉毛满载时稳性良好，阻力较小，因此很适于拖带；同时其船体结构与尾部线型又很适于安装主机与螺旋桨，因此认为80吨以上的绿眉毛，可以普遍推行机动化。

（4）对该船型的改进和发展意见。

①综合利用绿眉毛中吊船与石塘船的优点，对绿眉毛普遍进行拓宽舱口、加装水密舱口盖与升高舱口围壁等改造工作，使所有绿眉毛都具有装卸方便，抗风、抗浪性优越的特点。

②适当修正尾部线型,减少涡流阻力和进一步增强舵效。

③进行一次结构校核计算,适当减小构件尺寸和改变不合理的构件布置。根据有关绿眉毛的调查报告与使用部门的意见,一直认为绿眉毛航行性能卓越,船体结构坚固,建造成本不高,且有条件实现拖带与机动化。如能对其布置、结构、线型作进一步的改进,则绿眉毛将必然是我省沿海木帆船中最有发展前途的优良船型。

上述对木帆船的调查表明:

第一,作为政府通过调查选择优良木帆船型以推广提高航运工具效率。

第二,在上述船型中选定作为动力船发展的一种优良船型。

从宁波地域沿海的镇海、鄞州、象山、慈溪、宁海、奉化、北仑等县市区调查证实,木质机动船到 20 世纪末大部分已为铁壳船所取代。

上述历史情况,反映了宁波地区造船业在 20 世纪中叶开始,虽然有打造铁壳船,但大量的运输工具还是木质机动帆船,所以说宁波的造船业是在曲折中徘徊。

第二节　古老的象山帆船工艺

宁波木质帆船的打造工艺,是非物质文化遗产的重要组成部分,为了抢救古老而历史悠久的中国打造木质帆船工艺与风俗,通过宁波地区各县市区访问,目前在象山县石浦"杨氏古船坊",杨雪峰先生不但继承父业建造各类船模,为全国各地博物馆提供了陈列展示的展品,而且还将传统的技艺传承下去。他的父亲杨道满先生和象山打造木帆船的浙江省非物质文化遗产传承人陈瑞春先生,是象山造船的几代传人中,是目前唯一的打造木帆船工艺的见证人。

一、著名造船师邵光福

邵光福是浙江象山县石浦东门人(东门岛早在清代时就是造船基地),是一位德高望重的造船师傅(人们称他为老把作师傅)。他的造船技艺,当时在舟山、宁波地区颇有名气,到了陈瑞春、杨道满一辈,都称他为老师公。

在民国时期,有一次在沈家门给一家船主换一百多吨三帆"绿眉毛"大船的大玉肋,玉肋宽 70 多公分,10 多米长。实际上换玉肋比造新船难度更大,船又泊在悬水中,当时各地船匠都觉得棘手。老师公胸有成竹,接受了这项任务,采用"样线方法"操作,把做好的玉肋拖入水中,叫船员用石块压在船的某一边,将船体倾斜至玉肋口与水相平。由于他的墨寸准确度高,凭他多年的经验、精湛的技艺,顺利地完成这项高难度工艺。船主非常满意,夸他是"鲁班再世"。他的高超技艺传给下一辈,他的儿子、孙子都是有名的把作师傅,是名副其实的"造船世家",他的徒孙,如詹孟福、吴开通在20 世纪 70 年代是有名的造船师(把作师傅)。

二、象山船业的历史

南宋嘉定二年(1209),东门岛上有 10 余艘。开庆元年(1259)《四明续志·三群隘船》载,庆元府(今宁波)共有渔船 7916 艘,其中一丈以上 1728艘,一丈以下 6188 艘。其中象山一丈以上 128 艘,一丈以下 668 艘,合计796 艘。以上为象山县有渔船的最早记载。在民国 11 年(1922),渔船总数437 艘,其中小对船 164 艘,大捕船 111 艘,独捞船 130 艘,小钓船 22 艘,舢板 10 艘(以上含南田县)。民国 14 年(1935)渔船总数 472 艘(不含南田县),其中大捕船 90 艘,小钓船 24 艘,舢板 19 艘,红头涨网 5 艘,串网 4 艘,大小钓船 30 艘,未分类船 300 艘,包括独捞小对流网船在内。据民国《象山县志》载,民国 25 年(1936)有小对船 200 艘,大捕船 80 艘,流网船 30 艘,大钓船 21 艘,小钓船 100 艘,南田县有小对船 234 艘,涨网船 74 艘,大捕船 23艘,大钓船 5 艘,小钓船 7 艘,沪艚 1 艘,独捞船(据相关资料统计)130 艘,合计 905 艘。

民国 28—29 年(1939—1940),因受日本侵略战争破坏,渔船减少,分别为 497 艘与 502 艘(均不含南田县)。民国 36 年(1947)渔业稍有复苏,总数为 899 艘,计有大捕 32 艘、独捞 103 艘、流网 123 艘、红旗 85 艘、红头 70艘、舢板 83 艘、围网 21 艘、虾涨网 51 艘、大钓 1 艘、小钓 323 艘、其他 7 艘(以上不含南田县)。从上述数字看,大捕、大钓等大型渔船因受战祸损失甚多,而小型渔船有较多增加。民国 37 年(1948)渔船总数为 1158 艘,因国民党军败退时破坏,1949 年渔船下降到 836 艘(均含南田县未分类型)。

1951 年,因受盘踞沿海岛屿海匪之破坏,支持解放舟山之损失,渔船总数为 746 艘,其中独捞 76 艘,红头 122 艘,红旗 101 艘,小独捞 3 艘,大捕 29艘,小大捕 9 艘,流网 43 艘,钓船 47 艘,舢板 253 艘,其他 63 艘。1951 年,政府加强领导,在发放贷款等有力扶持下,渔船艘数和大型渔船有了增加,达到838艘,其中,独捞127艘,大捕33艘,红头140艘,红旗109艘,小独捞55艘,小大捕5艘,流网19艘,钓船26艘,舢板和其他324艘。

1953年之后,由于渔业互助合作运动发展,沿海岛屿逐个解放,渔船艘数增加到943艘,同时向大型动力船多用方向发展。1954年冬天,鹤浦渔业社将木帆船改装18千瓦汽车引擎以木炭为燃料使用机动船对网捕鱼,为全省首创。1956年东门渔业队置第一对30千瓦机帆船,20世纪60年代机帆船增至70对。1978年机帆船增到117对。1985年,机动船增至1759艘,26304吨,42467千瓦;非机动船1158艘3249吨。1986年春,进行渔船普查,全县共有机动渔船2456艘,47268吨,59265千瓦。其中,对网、拖网渔船320艘,流刺网渔船1361艘,钓业渔船67艘,定置作业渔船575艘,其他作业133艘。象山县进入捕鱼机帆化全盛时期,并逐渐向大功率木质帆船过渡,1989年14对,1990年21对,1993年120对,之后因逐渐向钢质渔轮过渡,至1996年骤减至44对。

1991年开始,大功率机帆向钢质渔轮过渡,2004年年底,全县拥有各类机动渔船4146艘,2005年为4111艘。

上述象山县所造渔船,从新中国成立后的1954年开始将木帆船改装动力为全省首创。此后木帆船与机动木帆船并存,1986年进入机帆化全盛期,1993年开始向钢质船过渡。[①]

三、精湛的造船工艺

根据陈瑞春先生提供的资料和杨道满先生等的口述,在20世纪50年代前,浙江象山沿海一带,搞海上运输的以"绿眉毛"为主,渔船有大捕船、红旗船、钉送头、小舢板、红头船、独捞舰、涨网舢板等(大捕船是当时最大的渔船,载重量也只不过12~13吨),都是由独家或几家合股,根据不同作业的需要打造,这些船都是木质结构的。对木料选择很讲究,根据船体的不同部位的需要挑选材料。直料(板料)大多是用柏木或松木,柏木质地结实,不渗水、不腐烂。板料用杉木,杉木轻,不易渗水、耐腐。横料用樟木为宜(也有用柏木、枫木、松木),樟木韧性好、结实,钉钉时不开裂。也有用枫木、松木、梓树等造船,这几种木材,在当时来说价格比较便宜,因为松木不

---

① 象山县海洋渔业局:《象山县渔业志》,北京方志出版社2008年版,第204页。

易渗水,容易腐烂,所以选择比较老的油松。

造船工匠分大木、小木两种工种,大木打造船体,小木修正船体的所有板缝,补钉,二者统称"船老师"。大木主要工具有大斧头、小斧头、锯、铇、戳锯、崩斧、钻杆、皮条杆、钉拔、钉送、寸口凿、阔凿、笨凿、大小平口凿、大小圆凿、墨斗、角尺、活络角尺、尺苗、三尺杆(鲁班尺,1公尺=3.6尺)、大小钻头、三角锉刀。小木工具有小斧头、椁凿、快凿、斜凿、钉送、钩镰枪、钻杆、皮条杆、大小钻头、锉刀、铁卧柱、剔篾爿、刷帚、钉钩、吹棍、灰夹等。

(一)大木作工序

板材均由专门的锯木师傅用手工制成各种构件。现以打造大捕船为例,船体各部位名称见图8-1。

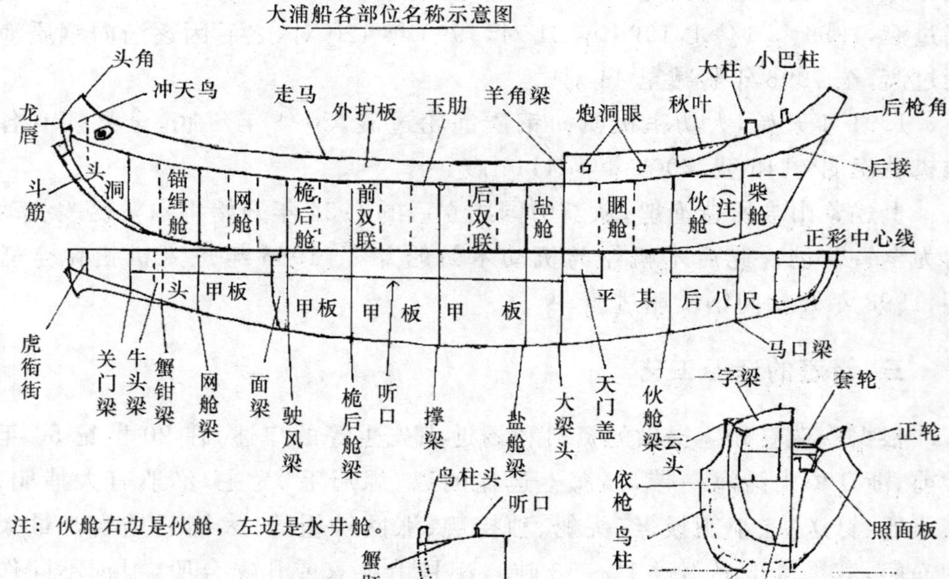

大浦船各部位名称示意图

图 8-1　船体各部位名称

注:伙舱右边是伙舱,左边是水井舱。

1. 定龙骨(有的称正彩板,有的称龙筋)

把作师傅先定龙骨,弹上中心线。在龙骨的左右各拼两路(块)底板,然后用木桩把它固定在场地上,不使其移动。龙骨要求是一根到头,如果受材料限制,只好分段接成。后翘是从大梁头后的一道角梁(底肋骨)开始起翘 50 厘米,首翘从驶风梁前一道开始起翘约 35 厘米。

2. 定梁位斗筋,即定五道梁、斗筋(艄柱)

五道梁是:关门梁(是根据撑梁、驶风梁半宽顺线决定宽度)、驶(使)风梁(桅舱壁)、撑梁(最宽处舱壁)、大梁头(货舱区后舱壁)、后登水梁(尾封板。后登水梁,根据撑梁大梁头顺线决定宽度,如果有需要,船尾放宽,那么大梁头跟着略放宽,但幅度不宜大,否则会影响船型规范,后登水梁斜度为20度)。

斗筋(斜度为35度)是船的鼻头梁,依枪是贴在后登水外面肋骨船只的,大小是根据撑梁(船体中间最宽的一道梁)的宽度来定的(宽度是船主确定的,像造房子确定开间的面宽与进深一样,例如撑梁有1丈3尺或1丈2尺5寸的),五道梁的线型是根据撑梁往前或后间隔60厘米左右定位。船体的长度也是按梁宽度来计算(即根据确定的撑梁宽度再放出长度)。如果船型不同,它的比例也就不一样。驶风梁是撑梁的0.7级左右,大梁头是撑梁的0.8级左右,俗称"前七后八"。

3. 拼底板、旁板(舷侧板)

固定五道梁和斗筋后,矫正中心线,用模板固定(这模板即作暂时固定)不使其移动,即拼底板和旁板,然后定旁板馋水(高度),这道工序称"调馋"。从照面板的下峰与斗筋连接处(称攀肩头),中间撑梁处65厘米左右,到船尾高度不超过攀肩头,呈弧线,这是下馋,加上两根玉肋高度即本船的舱位高度。(见图8-2)

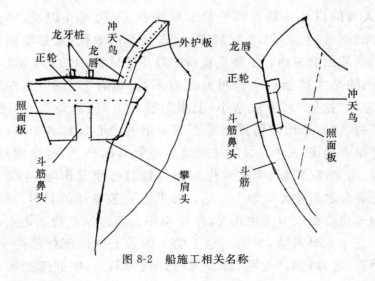

图 8-2　船施工相关名称

4. 上脚梁（底骨）与肋骨

按照旁板和底板的不同部位，从头到尾间隔 60 厘米左右立一道脚梁和肋骨（鸟柱）。制作方法有两种：一种是"刷板"；另一种是"样板"。造大船不宜采用刷板方法，一般都用"样板"方法。样板是用一块薄板固定在脚梁或鸟柱的正确位置上，用尺苗（自己制作的测绘工具，见图 8-3）安放在样板上，用尺苗小头对准旁板或底板的每个"脚垫"（弯曲的角度）上，根据尺苗画在样板

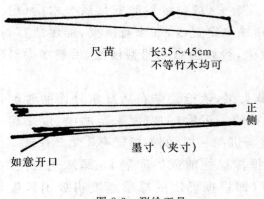

尺苗　长35～45cm
不等竹木均可

正侧

墨寸（夹寸）

如意开口

图 8-3　测绘工具

上。然后取下样板复画在材料上，再按墨线来做。安装时，如果发现不够紧密，再用"夹寸"（工具名）衬一下。这种操作方法就叫"样板"。画样板全凭眼力，按手艺行当来说叫"角尺眼"。如果步骤掌握正确，返工的情况就不会出现。

5. 上照面板、冲天鸟和玉肋

先上照面板（照面板是斗筋上面的横板，紧贴斗筋鼻头，见图 8-2）和冲天鸟（冲天鸟前口与斗筋连接平面紧贴旁板、玉肋和外护板，厚度如梁头板）。在照面上钉上 2×1.2 尺红布，这是喜事的象征，也是象山的民间习俗。此后就开始上玉肋。玉肋是直料中最厚的材料，用 35 厘米左右的柏木（这里举例的是大捕船），一株树分左右舷，每边有二三根，上根玉肋稍大（有些地方称"抱肚"），下根略小，上根玉肋的上口，就是本船只的舱位高度。上玉肋之前，把作师傅重新矫正五道梁的中心线和水平线，检查每道肋骨角度是否端正、相称，如果发现前后肋骨有凹凸不齐，立即修正，然后钉上模板、牵文件（模板、牵文件作用都是暂时起固定作用，主要是为上玉肋定位正确），之后才可开始上玉肋。玉肋是比较宽厚的材料，所以要把预先做好的玉肋放在水中浸泡几天，便于操作。到时候有帮工把它抬到指定位置上。先上下根玉肋，后上上根玉肋。因为玉肋比板材厚得多，用的钉特别粗而长，这种钉叫"玉肋钉"。玉肋钉长短不一，根据玉肋厚薄部位选用。钻钉眼时不能一次完成，先用与玉肋钉的大头一般大小的钻头钻第一

步,再用和钉的中间一般大小的钻头,然后再用略小钻头,这样能使钉力步步逼近,又不伤材料。如果一气呵成,会出现宽眼无力。把玉肋大头固定在指定位置后,用较粗的麻辫将左右舷上玉肋绞紧(当时没有机械工具的年代,全靠原始土办法),然后用木榔头将麻辫小心翼翼地一道一道绞紧(见图8-4)。一边用滚烫开水冲泡(做底板的头翘或后翘也用这种方法),等弯度做到一定要求,板口平整后,再钉另一道钉,一边可以加超(掺)钉(铲钉)是两块板

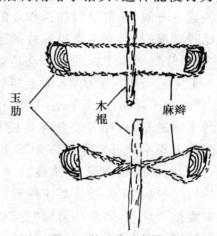

图 8-4　绞玉肋示意图

之间的梢钉,在板口 6 厘米处,凿一个三角眼,用钻在板的厚度内 4 外 6 钻个眼子,掺钉通过钻眼榫住另一块板,间距不超过 15 厘米。上完下根玉肋,再上上根玉肋。这种操作程序虽然比较原始,也体现了当时工匠的聪明才智。后来到 20 世纪 60 年代末,采用先上上根玉肋,再上第二、三根玉肋,这样做法比较容易,再则,已启用 16 螺杆代替玉肋钉,既方便又牢固可靠。设备也逐步改进,有葫芦、千斤顶之类辅助工具。

6. 做好后接与头接

上完玉肋,就做后接、头接。如果玉肋材料长的话只做后接即可。后接、头接是与玉肋相接的首端和尾端,厚度跟玉肋一样,操作名称叫“打后接”或“打头接”。制作方法也是用“样板”或“样线”。样线是用一根线,因它在后接部位上。然后再在后接材料上,弹上和固定在后接位置上同样墨线,再从后接位置上每隔二至三尺(鲁班尺)距离量好宽度,再画在材料上,即可制作。这种方法亦凭眼力、墨寸的准确技艺来完成的。

7. 平整梁头坡度(梁栱)和铺甲板

头接和后接完成后,平整各道梁头的高度和坡度。梁头高度的上口叫“蟹肚脐”,蟹肚脐的坡度是船体半宽的 10∶1 左右比例,操作名称叫“爬蟹肚脐”。接下来铺甲板,首先铺“千斤板”。千斤板是确定舱口大小的主甲板,它用比甲板稍厚的柏木或杉木分左右各一块(根),长度从斗筋到大梁头,操作名称叫“拔千斤”(靠舱口左右各一列甲板),铺甲板称“踏”。甲板踏好后,即上“羊角梁”(在大梁上面)、牛头梁(在蟹钳梁上面,它的厚度

20~24厘米,高度25~28厘米,中间置一个圆洞直径8厘米,叫三桩洞,两端各置一方洞,这都是为捕捞作业的需要)和面梁(面梁是平压在驶风梁上面比较宽厚的梁,它是支撑桅杆的主要部位)。有些大捕船先上卧面梁,然后"拔千斤",再踏甲板的做法也是有的。

上完三道甲板上的梁,即上"听口"。听口(舱口后围板)是用较厚的柏木,侧放在千斤板(千斤板的厚度比甲板厚三分之一左右)上面,防止甲板上的水涌进船舱,亦是安放舱盖的长料(从牛头梁到羊角梁)。在此同时,卧困舱上面抬梁,踏"平其"(困舱上面的甲板)和"后八尺"(货舱上面的甲板),它们的坡度幅度很小,拱度比例在1米范围内为3厘米左右,以御水为目的)。完成以上几项主要工序后,再检查玉肋上面的鸟柱头(弦墙柱),每道角度是否均匀,若均匀就可"打"外护板(舷墙板,外护板是在玉肋上面的旁板)、锯头角(亦称漂头角,弦墙首段)。外护板的上口就是木船的总高度,操作名称叫"漂外护"或叫"漂满馋"。船的头角是船体造型美的主要部位,船体的造型好巧,是证实把作师傅水平的重要标志。所以把作师傅对头角的角度和弧度特别重视。

8. 上走马(亦称压廊、平盘)

最后剩下的是上"走马"(弦墙面板)。走马是压在鸟柱头和外护板上的,用较厚的柏木略带圆背的长料,从头角后侧至大梁头,同时对各部位的主体进行检查矫正补缺。①

(二)小木作工序

船体打造好后,小木开始进场。小木师傅亦称盛庆老师、盛船老师,也有称把作师傅,或叫"带班老师"。

1. 搭好操作台

翻侧船体时先搭好"个"字形的架子,在架子上面挂上滑轮,穿好绳索,众人一起拉直至船底呈立面为止。船工匠的跳板架有两种搭法,一种是"硬跳",用专门的修船高凳,把跳板搁在上面即可;另一种是"软跳",用绳索系在跳板两端悬挂在船底边,用扬杆(竹竿)把跳板扬开,或用短板钉在跳板上,使跳板与船底离开一定距离,系在跳板的接头叫"跳板结"(见图8-5),是船匠的专用结头。

---

① 括号内为现代名字,有的注释系何国卫先生提供。

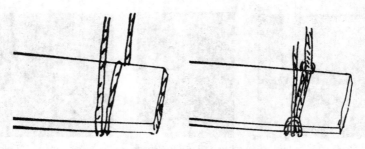

图 8-5　操作台的跳板结示意图

　　搭好架子后,带班师傅安排各人工作,自己负责补梁钉,二、三等老师加超钉,其余工人整理板缝,过于紧密的板缝,用快凿把外板口铲出 1 公分宽的缝口。修整完毕,然后开始盛缝。

　　2. 盛缝的原材料

　　盛缝的原材料是网纱(旧渔网的网片,用榔头敲去血块和栲的成分,成棉团)、麻丝(见图 8-6、图 8-7)、桐油(见图 8-8)、蛎灰(见图 8-9 至图 8-12)。桐油、蛎灰有底灰和面灰两种,底灰较稀成糊状,面灰稍干(见图 8-12),里面掺有纸糊或细麻糊拌在一起,依靠纤维,防止面灰开裂。

图 8-6　麻丝

图 8-7　捣油灰

图 8-8　桐油

图 8-9　蛎灰原料

图 8-10　加工后的壳灰　　图 8-11　加油的壳灰　　图 8-12　底灰和面灰

3. 盛缝工艺精细

先用灰夹(形如宝剑,是竹片做成的工具)把底灰从左到右顺时针方向转动,均匀地粘在板缝上。使用灰夹全凭大拇指灵活翻动,是小木老师技巧之一(见图 8-13)。根据缝口大小确定敷网纱或麻丝多少,这是小木老师必须具备的能力。如果缝口稍大则用"网纱饼","网纱饼"是用网纱或麻丝拌和薄灰(即底灰)捣烂成饼状的辅助材料。敷缝时右手握盛凿(凿口很钝的凿),左手拿网纱、麻丝或网纱饼,从右到左敷在缝口上,然后开始盛缝。盛缝是小木老师的强项,也是证实一个小木师傅水平的主要项目。右手握小斧头,左手握盛凿。握盛凿是仰手的,大拇指按在凿的上面与食指、中指掌握在凿与凿柄之间,无名指托在凿柄下面,凭手腕灵活,配合小斧头的轻重敲击,准确地把麻丝或网纱送进板缝,将网纱与薄灰翻调匀。这就是常说的"盛凿头"(见图 8-14 至图 8-16)。小斧头的敲击声也很讲究,根据盛缝的程序,敲击出不同节奏的声音,让人们听出这是谁的小斧声,他在做哪一个环节,听得一清二楚。百作手艺都有他们规范性的操作姿势,小盛木缝姿势是向右侧斜一点,盛缝时小斧头扬过肩脊,整缝时轻轻敲击。灰缝修整平正后,用铁卧柱、剔篾爿把灰缝卧平,然后盖上面灰,用大拇指、中指把面灰"拖"整齐,才算完成(见图 8-17、图 8-18)。

图 8-13　盛缝　　　　　　　图 8-14　陈瑞春老师傅操作

图 8-15　杨雪峰师傅操作

图 8-16　杨道满师傅操作

图 8-17　面灰拖平整

图 8-18　面灰拖整齐

船底板缝完成后，刷上油漆，把船体翻回原来位置，这叫"落轮"，接下来小木师傅整修两旁和其他部位的板缝，然后涂上清桐油，再上油漆。

4．渔船整体漆饰

渔船经过漆饰后，本身就是一件极为精美的实物画作。渔民对船首、船尾、船舱和桅杆等各个部位如何油漆，漆的颜色如何搭配都十分讲究，并逐步形成了一种约定俗成的规矩。船体为黑色，斗筋、照面板用红丹或朱红，头角和照面板外锋为白色，后登水用土红，依枪和一字梁用大红。一字梁上面刻"顺风得利"或"水水头红"等吉利字样。

船饰画。通常绘在船体比较引人注目的驾驶舱的画板上。早期船饰画的内容有足踏莲花的南海观世音菩萨，有脚踩火轮的哪吒太子，有八仙过海等神话传说，还有武松、关云长等人物像，奔马、龙等吉祥动物图案，等等。这些船饰画大都出自渔民土画师之手，在海内外船饰习俗中堪称一绝。

5. 装饰"龙眼"

钉船眼是打造木帆船的最后一道重要工序。旧时人们认为钉船眼关系重大,它预兆该船日后能否平安兴旺,因此,船主都十分重视。

关于船眼睛来历,它有一个美丽而悲壮的传说。很早前,有一个捕鱼人,姓周名一郎。他有一个美丽的女儿,叫海囡。父女俩相依为命,过着与世无争的安逸生活。有一天,周一郎在猫头洋捕到一条鱼,形状很古怪,仔细观察,它有副很灵敏的眼睛,它一离开大海,就好像很伤心似的,两眼直流眼泪,目不转睛地盯着主人。一郎开了一个玩笑,把鱼流出的眼泪抹到海囡的眼睛里。突然,海囡的眼睛起了异常的变化,瞬间,她就能看透海底的一切,哪里有暗礁,哪里有鱼群。在海囡的指点下,一郎和渔民们网无虚撒,渔船潮潮满载而归。从此,渔民们过上了富裕的日子。不多日,这消息传到了渔霸耳朵里,渔霸仗势欺人,把海囡抓走,说海囡是海妖,把她关在土牢里,不给她吃喝,逼她说出眼睛的秘密。海囡知道自己落在恶魔手里,是不可能活着出去的。当父亲探望她时,她就毅然把自己的双眼挖了出来,请父亲速将两只眼睛安置在船头上,做船眼睛,使渔船顺利航行,潮潮丰收。从此,就有了船眼睛。

船眼左右各一,用樟木雕成,有眼珠、眼白,即分黑白两色,内圈黑外圈白,活像眼睛,十分神气。龙眼的眼神也很讲究,运输船眼神朝前看,渔船却要朝水看,不能疏忽。钉船眼时在船头两旁选好适当位置,各钻三孔,在一边侧凿一小孔,放上银币或其他硬币,并做好两块大红洋布候用。祭祀开始,鞭炮震天,锣鼓齐鸣,将红洋布和船眼安在预定位置上,各钉三枚钉,至此钉船眼工序才算完成。新船船壳造成后,要在船头两侧贴"龙头生金角,虎口出银牙"对联,在船尾栏板上挂"风平浪静"或"海不扬波"对联。

四、桅帆舵等属具配置

整个船体造好后,要配置好主要属具。

(一)桅杆

包括桅座与桅夹板。渔船一般是二桅,即头桅和主桅,大一点的船后面配小桅。桅杆的长度一般为总长度的80%,所用的材质为杉木。大捕船立桅是立在驶风梁前或后,一般都是立在驶风梁前,不管立在前或后,均离开驶风壁10~15厘米。主桅长度,如果是平篷(帆),是船体总长外加十分之一。主桅杆口径一般在 30～40 厘米之间,但不能小于 30 厘米。桅杆上的船旗是渔船上的重要装饰标志。象山石浦的船旗以三角形彩旗居多,有红底黄字或黑字镶白边或绿边的,有黑底黄字或白字镶黄边或红边的。三角形的小旗高高地升在主桅杆上,俗称"定风旗"。它可随着风向的变化而转动,既为船饰,又可帮助渔民随时测定和掌握风向及风力。

（二）风帆

风帆多用布帆。头帆、主帆的面积,通常取船长与船宽乘积的某一百分数的平方面积来制作。具体讲帆的面积,根据传统理论,是在平篷的三分之二处。扇形帆即是船体总长的 80％。桅前帆面积是总宽的十分之一。主桅索用竹、绳均可。顺风分正顺风和左右侧顺风,所以桅前帆小面积不固定。不航行时操作绳放在右边。

（三）舵

舵一般在一艘船上是十分重要的属具,采用升降的刀形舵。舵的用料讲究,都是用不会浮的硬木,当时象山东门船厂用的是马来西亚进口的"铁梢",也有称热带"铜草"（铜椆木）,材质坚硬不易腐烂。舵的面积规格是船的长度与吃水乘积的 90％ 左右。按要求将制作好的桅、帆、舵进行安装落位。

（四）锚橹及压舱石

锚的形式很多,大捕船用的有两种,一种是尖齿锚,另一种是烙铁锚,重量在 120 斤左右,也备有"当家锚",重量在 160～180 斤。商贸船用的是跨水锚。

橹的长短大小,根据船的不同类型而定。如小舢板橹跟船相差不多。橹的配比不按船只大小长短决定。大捕船橹长约 5 米左右。

压舱石是加强船舶稳定作用,根据船体自重量吃水多少,布置在困舱、盐舱和网舱,约堆 25 厘米高度。下半年带鱼汛季节,渔船拖舢板时在渔船前双联和桅后舱再加压舱石。

第三节 "绿眉毛"的历史痕迹

宁波船的类型很多,在新中国成立前一直到成立后的20世纪相当长的一个历史时期中,流行"绿眉毛"这一类"浙船"的优良船型,这在政府普查船型中已说明它的优点。在20世纪末,舟山打造了一艘"绿眉毛"木质帆船,扬帆朝鲜半岛的韩国。当时舟山地区与韩国进行了航海文化交流。现对参与此船建造的胡牧先生等口碑资料,略作简要叙述。

一、造船的准备阶段

(一)用途与规模

要造一艘木质帆船,首先确定打造该船的用途,明确用途后才可确定它的船型。例如要到舟山渔场捕捞用的渔船,需出海到洋,用平底江河船不适合,要用绿眉毛这类型的尖底海船。船的容量多大,这一些都有一个明确的要求。在木帆船时期,打造的老师傅一般也都有一套造船的图纸,当然有的绘细些,有的仅仅是腹稿(草图),只有大致的尺寸。现在造船,要有一套图纸。不管腹稿、草图,总有一个总体规格要求。这是建造船舶的一个前提,也是在这个前提下,可以开始准备打造船舶的各种材料。

(二)备料与采集

材料的采集即所谓备料,根据打造船舶的大小规模采集,极为重要的也是首要的是寻找合适的原木。主要是香樟、枫木、松木、梓树、杉木、柏木等。

(1)主龙骨、艏柱。主龙骨是保证船舶总纵强度的重要构件,对承受坐墩,碰撞各种外来力冲击时,它们对保证船体强度局部安全极为重要,所以一般都选用硬木,如香樟树材质好,还须有一定的曲线。

(2)肋骨。肋骨是起着调整船体舱间板架跨距强度的一种构件,所以宁波船采用硬木。

(3)水密舱壁。舱壁是保证船体强度有效的构件之一,所以一般也用硬木,宁波象山船用樟木。

（4）舵与舵插盘都使用硬质材料。因为航行时舵能顶住风帆重压下的船舶的侧倾压力。做厚重的舵中盘材质要用樟树,利用老樟树的筋,以增加卡柱舵杆的局部强力。

（5）船壳板。大多使用杉木、松木。总之每一项（一个）构建所用木材都要考虑到因材使用。

二、建造工序流程

建造的简要工序流程:

（1）首先放龙骨,无龙骨的船放底樑（较厚的船底板）。

（2）上艄柱和冲天桡（浙江鸟船有艄柱,其他船型艄柱较短直接放冲天桡）。

（3）放梁头（水密隔壁）,先放中撑梁（俗称大梁头,船体最宽处）,前放驶风梁（主桅后）、水井梁,后放朴风梁、后兜水（船尾封水板）。

（4）铺船外舷板:长条的船板在龙骨或底樑两侧铺起,沿着各道梁头的边框,从艄柱的冲天桡一直到后兜水,依次铺三、五、七、九路板（根据船大小而定）。这些船舷外板分为:转截板（舭龙骨）、满截板和从小到大的三根玉肋（也称千杆）。

（5）根据已成型的船体,镶嵌各道桡（肋骨）,分为底桡和边桡,安装里勒子（纵通材,加强船体纵向强力）。

（6）安装多道抬梁（用于甲板铺设）、主桅梁。

（7）铺干樘板（甲板）、壁壳板（上甲板）、里荷板（干舷板）、全船捻缝、油漆。

（8）配锚、下水、上舵。安装桅臼（桅杆底座）、桅夹,搭架子树桅,放压舱石。

（9）安装设施:挨车（绞盘车）、揽栓、配橹、船工舱室。安装船帆,交付船主。

（10）船主配船缆、向盘（指南针）等一切船上生活设施后,装货择日放洋远航。

上述建造"绿眉毛"型船时,完全保留了古老"绿眉毛"的遗痕。

三、传统工艺拾遗

建造木质船舶,根据老师傅的回忆,在具体操作工艺中点点滴滴有:

　　(1)壳板(搭接)工艺。船舶壳板搭接有平接和子母口榫接。外板纵向接缝有直角同口、斜角同口搭接工艺。

　　(2)壳板钉连工艺。钉连技术工艺中铁钉断面有方、圆、扁形。方形的称为铲钉(见图8-19、图8-20),一种称为爬头钉(见图8-21、图8-22),还有一种特别长的铲钉(见图8-23)。这些钉子根据造船部位需要而配置。这里要特别强调的是船壳板纵向钉连工艺,在操作时特别讲究。纵向壳板钉连一般使用一种专门铁钉,两头尖,中间鼓,好像枣核,所以老师傅们称它为枣核钉。先要在纵向两板间都用钻头钻孔。钻孔技艺大有讲究。若先用小钻头钻孔,枣钉钉入壳板搞不好要裂缝,若用大钻头钻,鼓起部分与二头部受力不匀,尤其二头松动影响牢固。所以老师傅们动脑筋,先用小钻头钻孔,再用大钻头修钻,掌握好修孔的一定深度,这样保证孔径与枣钉的紧密结合,既牢固又不会使板壳裂缝。

图 8-19　木船用的铲钉

图 8-20　方形铲钉

图 8-21　木船用的爬头钉

图 8-22　爬头钉

图 8-23　特长螺钉　　　　　　　　　图 8-24　艉柱接法

（3）龙骨艉柱搭接工艺。龙骨与艉柱搭接，根据船（龙骨）的大小，有的采用榫卯搭接，有的采用直角或斜角搭接（见图 8-24）。龙骨前后段搭接也都采用上述办法，并且采用特大的铲钉进行加固。

（4）梁头搭接工艺。梁头的搭接，有的采用元宝榫，这种做法使梁头固定，加强横向拉力，不会变形。

（5）玉肋搭接工艺。大船（从小到大）用三根玉肋，有的船用两根。玉肋的用料比较粗大。从上到下排列，第一根玉肋老师傅们都喜欢采用钩子同口接法（象山、宁波绿眉毛）（见图 8-25、图 8-26），第二、三根也有采用滑肩同口搭接的（见图 8-27）。

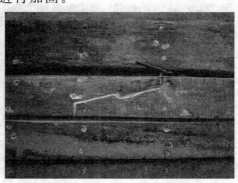

图 8-25　玉肋搭接法

图 8-26　玉肋搭接法

图 8-27　滑肩同口搭接法

（6）水密捻缝工艺。即麻丝桐油灰捻料工艺，它是保证水密并使铁钉减缓锈蚀的一种技术工艺。宁波"绿眉毛"船制造中一种是用麻丝、桐油、石灰（实际上是贝壳灰）；还有一种是没有麻丝，只有桐油和石灰拌和。所以上述两种所使用的部位、功能也不同，前者用于填塞板缝和较大的缺损地方，而后者则大量地使用于表面填补和封闭。

我国数千年以来建造木帆船，不管是尖头、尖底大海船还是平底的江河船，都要使用一整套古老而有着悠久历史的建造船舶的工具。这些工具包括从选材锯木开始到船上施工的各种铁钉、制造桐油石灰的石制臼、造木帆船用的大小不同的钻头的钻子等。这些古老的工具与现代化建造钢铁壳的船舶所使用工具是完全不同的。目前老船匠保存的锯铇工具（见图8-28、图8-29）、斧头（见图8-30）、钉拔工具（见图8-31）、墨斗工具（见图8-32）、捻缝工具（见图8-33），这些已成为打造木船的见证物。

图 8-28　锯具

图 8-29　铇具

图 8-30　斧头

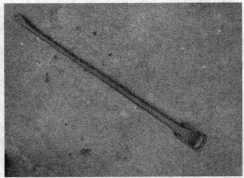

图 8-31　拔钉器

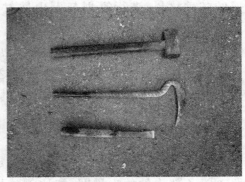

图 8-32　墨斗　　　　　　　　　　　　　图 8-33　捻缝工具

第四节　宁海县打造的古船

宁海县宝德轮业的尤飞君先生出身造船世家,对古船的研究已有相当的历史。尤其是根据考古发掘中出土的古船,通过设计按照科学数据进行复原。因此,他所制作的船模,有一定的真实性,反映了某一历史时期的中国船型。例如宁波东门口出土的北宋"尖头尖底方尾"的外海船船模,象山出土的明代战船船模等,都是有一定的科学研究价值的船模。他不但为全国的各类博物馆提供了一批船模,而且还打造实用船,这里打造的古船,记录了打造木质船的工序,为研究木质船建造的非物质文化遗产提供了实例。

根据建造的古船传统工艺流程是:

一、筹划阶段工序内容

(1)确定船型。船主确认使用用途、装载要求、适合航线、资金投入等因素,确定建造哪种船型,选用何种材料。

(2)图纸设计。根据船主提出的造船要求,过去组织造船老师傅进行设计,现代是委托设计单位,对船型、装载量等进行规范的设计,绘成图纸。

(3)评审论证。根据设计的图纸,船主(单位)组织专家、老师傅进行评审、论证,提出修改和补充意见,确定打造的方案与详尽的施工图等。

(4)筹划备料。施工单位根据设计的图纸和船主的需要,对造船所需要的各种材料,进行筹划与上山选材。根据打造船舶各部位、各种构件木质材料的要求,有计划采集或选购。

(5)确定施工场地。施工单位根据打造船舶的要求,选定建造场地。造船场往往建在水上交通运输方便之地,有利于木船打造过程中聚材、制作、装配等操作,并有利于物资的提供。

二、施工阶段工序内容

(1)制作部件。施工单位根据确定的设计图纸,按照现代的说法,是按照该船各部构件的大样图,按比例放样、取材,即分段按样制作部件。例如制作龙骨(见图8-34)、艉柱、隔舱壁(见图8-35)、肋骨(见图8-36)、船板(见图8-37至图8-39)等。

图 8-34　制作龙骨

图 8-35　制作隔舱壁

图 8-36　肋骨与船板固定

图 8-37　船板材

图 8-38　船板搭接　　　　　　　　　　　图 8-39　上船板

　　（2）骨架组装。骨架组装是指造船的基座搭建，然后装龙骨、斗筋（艄柱）、脚梁（隔舱壁），从船舶的中段最宽处起，往前后按顺序进行组装。木质帆船，从主龙骨前斗筋（艄柱）一直到船尾尾龙骨，中间每道梁（即舱壁）、脚梁及肋骨（龙筋），这是一艘船的基本骨架（见图 8-40）。

　　（3）装底板、玉肋与满口。打造一艘木质帆船，在构件骨架组装好后，接下来的工序是安装龙骨的副翼板，安装船底板。在船板之上安装大、小玉肋（有的玉肋一边两条，有的一边三条，视实际需要而定）。装完玉肋，满口。（见图 8-41）至此，大木作打造船身工序结束。

图 8-40　竖框架　　　　　　　　　　　图 8-41　古船全貌

　　（4）油灰捻缝。油灰捻缝工作在造船中称为小木作。主要是将船体中所有"缝"都用桐油、石灰、麻丝捻缝，使整个船体保持水密封性。这一工艺精湛、细致，做得好坏大有讲究（见图 8-42 至图 8-45）。此后全船还要上油漆。

图 8-42　古船盛缝

图 8-43　制油灰

图 8-44　嵌麻绒

图 8-45　灰缝拖平

（5）"龙眼"制作安装。造船最后一道工序是安装龙眼。龙眼不但是每一艘船上的重要装饰，而且这种装饰带有一定的传统风俗民情。安装龙眼要选黄道吉日，并举行一定的仪式进行祭祀，因此船主与造船师都得十分认真对待。

（6）属具及饰件安装。按照设计图纸安装属具桅、舵、帆及饰件（见图 8-46 至图 8-48）。安装完毕，建造木帆船的工序基本结束。

图 8-46　属具车关棒

图 8-47　古船装饰件

图 8-48　古船头饰

第五节　宁波造船的风俗民情

宁波是航海保护神——妈祖的发祥地。在北宋时,妈祖仅仅是福建湄洲岛上的民间信仰崇拜的出海保护神。北宋宣和年间,朝廷为了派使者出使高丽国,在明州打造两只"神舟"和六只"客舟",官方在明州府三江口东渡门海运码头起航到招宝山,举行祭神。出使高丽团从明州出发,完成使节任务后,仍回明州,在航海途中,风浪大作,由于妈祖神灵保佑,使节船平安归来,此事报告徽宗皇帝,皇帝大悦,挥毫赐"仁济"庙额,从此妈祖信仰由民间信仰转为朝廷认可,妈祖成为我国航海的保护神。明州在南宋时建起了第一个妈祖庙。

从此凡是造船、出航都要祭祀妈祖神灵,这一习俗世代相传,所以说"妈祖文化"成为航海保护神信仰的精神支柱。

从宋代明州到今天的宁波,对航海保护神妈祖的信仰,在人们心目中已深深扎根,妈祖神灵已流传了好几个世纪,形成了一个习俗文化,人们称为"妈祖文化",包括它的信仰、传播以及信奉的习俗风情。反映在宁波地区打造船舶过程中,都离不开妈祖神灵的保佑。所以在建造的每一个环节都要进行祭祀。

现以象山船建造为例。

一、新船打造前祭祀仪式

打造新船,须择个吉利的日子动工。此日先祭天地祈祷上苍,保佑平安,使工程顺利完工。按东门岛习俗,造新船敬拜天后宫中的妈祖娘娘,所供用的实物为:(1)祭桌、八仙桌;(2)香烛;(3)供品:鱼、肉、鸡、蛋、猪头(整只带尾)、水果、点心;(4)红桶盘;(5)佛经:金刚经、大法华经、地藏王经等;(6)打击乐器(东门船鼓):大鼓、中鼓、大钗;(7)旗、幡;(8)娘娘坐轿、替凳。除请妈祖娘娘外,还需请谢城隍庙、五将军庙、土地庙诸神灵与菩萨。这些活动都由从事民间信仰职业者主持。亲友送礼祝贺,当天下午举办酒席,主持造船的"把作师傅"中堂上座,船主把盏敬酒,热闹非常。

二、新船建造中祭祀妈祖

1. 定龙骨(龙筋)

龙骨是一艘船中主要的骨架,因此,船主和建造师都十分重视。为了在打造中顺顺利利,因此都要拜祭妈祖娘娘。据丁爵连老人回忆,他听老一辈人讲,打造大捕船有很多相关习俗,如定龙筋(龙骨)习俗,钉眼睛习俗。过去渔民造大捕船如同造房屋一样隆重、讲究。渔民把船称为"木龙",造船先由大木师傅破木选料定龙筋。请民间信仰职业者,选良辰吉日,在天后宫敬拜海神妈祖娘娘,献祭供品(全猪、全羊等),念《金刚经》、《大法华经》、《地藏王经》等经文,供元宝若干(这是船主自己定的),上香,洒黄酒等祈请保佑。祭后,长元(船主)向大木师傅敬酒(东门有名的大木师傅要算邵广福),送红纸包钿。

2. 装饰"龙眼"

旧时人们认为钉船眼关系重大,它预兆该船日后能否平安兴旺,因此,船主都十分重视。大木师傅选用上等木材制作渔船眼睛,不得有丝毫差池。船眼睛根据船只大小制作定型后,不是说钉便可钉的,要讲阴阳五行,又要到天后宫,在妈祖神明前掷筊问卜择定时日。安装船眼睛有专用术语,有三道程序:一为定彩,二是封眼,三是启眼,不得有半点马虎。渔船眼睛用黑白色有阴阳协调之意,按金、木、水、火、土五行,用五色彩条扎于银钉,每只船眼睛上镶入一枚银元。坐头把椅的造船师傅,才有资格用银钉将船眼睛钉在船头两侧。要钉得不高也不低,不前也不后,两边对称。据说一只船眼睛紧紧关注着天,能知风云变幻;一只眼睛紧紧关注着海,能知浪涛变化和海里鱼群动向。渔船一钉上眼睛后,立时变得更有灵气,这一过程称作"定彩"。"定彩"之后是"封眼","封眼"较简单,用红布或红纸把船眼睛蒙上。在入水前必须有隆重仪式——"启眼"。择妥吉日,候准潮时,方可进行。一切由民间俗套约束,要到天后宫大殿妈祖娘娘前,"掷筊扶乩",选定黄道吉日。在鞭炮、锣鼓声中,长元(船主)亲手把"封眼"的红布或红纸,利索地揭去,这一慎重动作,便称作"启眼"。这船眼睛好像巨目生光,银钉变得异常闪亮、生动,显得十分神气。装饰"龙眼"要敬天地、祭海神。道头滩场东西两侧,各置八仙桌一张,供全猪、全羊各一,恭敬天地;天后宫大殿中堂,设数张八仙桌,供上肉、蛋、鱼(或鱼胶)、豆腐、麦面、馒头等六至八大盘。

祭品有上下几等,根据船只大小和船主财力而定,有五盘福礼的,也有全猪、全羊的。祭祀开始,先由船主上香,默默跪拜祷告,继之民间信仰职业者口中念念有词,一会手舞拂尘,一会口喷净水,只等"征兆"出现,便一声令下,锣鼓齐鸣,鞭炮震天,船眼安在预定位置上才算完成。

何谓"征兆"? 在拣日子时,民间信仰职业者即已告诉船主,钉船眼时辰一到,便有征兆出现。这个征兆或是飞禽,或是走兽,或是人和其他自然现象,此时造船师傅要马上将船眼钉上,不得延时。如果钉船眼时辰一到,果然有如信仰职业者所说的征兆出现,这是个好兆头,日后这船必然兴旺发财,捕鱼的则潮潮满载,经商的则生意兴隆。

三、新船下水前祭祀妈祖

新船造成后,下水和钉龙眼一般同日进行,也有因潮汐关系,另择吉日的。由大木把作师傅指挥,先铺垫头板,上面涂上海涂代替润滑油。船上插上长红旗和彩旗,船两旁系上绳索,等潮涨八分时听从把作师傅口令,拉的拉,推的推,在徐徐下水时,岸上、船上边放鞭炮边抛红馒头。下水后,船主早已准备好在祭祀妈祖娘娘桌旁,放着几坛酒,桌上摆着酒碗、炒豆,供众人畅饮。船主谢过妈祖娘娘及城隍庙、五将军庙、土地庙诸神灵与菩萨,祭典结束,船主还办酒席庆贺。

第六节 关于"浙船"的船型

浙江沿海一带港口,历来是建造木帆船的重要基地之一,因此对于这一带打造的船型,无疑也有独自的特点,形成了它自有的一些打造规律与线型。

我们认为每一个国家、每一个地区所打造的船舶船型,也一定会去适应当地航运的要求,大量的出土古船文物与文献记叙都证明了这一点。所以说船型的形成、出现与它们的航行地域有着密切的关系。

一、航域与船型的关系

中国历史上出现的船型,有许多学者认为分四种,有的认为浙船可与福船合并。由于海洋地理结构上的差异,到了明州港的南洋货物,都要经过明州中转换船向日本列岛、朝鲜半岛运输。自古以来就是这样,文献记载屡见不鲜。从大量出土文物看,一种船型,往往与船的航行地域大有关系。

图 8-49 沙 船

（1）沙船。在江河（湖泊）水系中航行的船舶,大多属于平底船。这一类船型与它装载的货物有关。大量的江河两岸丰富的各类物产,都要通过船舶进行运输,所以沙船是容量大的平底的线型,结构与它所处地域的江河（湖泊）水流、风力等都是相对适应的。（见图 8-49）

（2）广船。"广船"是指广东的船型。我国有着辽阔的海岸线,从南到北的名埠中,广东的广州是一个具有悠久历史的"海上丝绸之路"的大埠,它面向东南亚、西亚以及印度洋以外的各国的港口,自唐代以来就有着互相交往的历史,也是我国有着2000多年历史的中外中转大港。因此造船业发达,号称"广船"。其独特的"折扇"状帆,在中线面处深过龙骨的"插板"和舵叶上开孔的"开孔舵",这些都是为了适应其所航海域的海情而制作的,形成了具有特色的船型。(见图8-50)

图 8-50　广东船　　　　　　　　　图 8-51　福建船

（3）福船。福建造的船型统称为"福船"。有的学者认为是福建、浙江沿海一带尖底海船的统称。其所包含的船型和用途相当广泛。"福船"出土文物中,最为典型的泉州湾南宋海船的发掘,这是在1974年夏天所出土的一艘货船,这对全方位研究"福船"船型等具有重大的意义。从出土的文物表明,该船的最晚年代在咸淳年间。研究结论表明,该船是一艘尖头、尖底的走南洋诸国和阿拉伯沿岸的"南路货"船。① 据《萍州可谈》云:"海中不畏风涛,唯惧靠搁。"因此说这类福船船型,它的航海领域是相当广泛的。(见图8-51)

（4）浙船。"浙船"是指浙江沿海的一种船型。有学者认为与福船一样是"尖头尖底"船。这类尖底船是不是与福船的尖底船完全一样呢? 这个问题也与它所航行的海域有着关系。

浙东沿海有史以来就有著名的明州(宁波)港,从唐代开始设市舶使管理唐代海外贸易,五代设"博易务"管理贸易,北宋在杭州、明州与广州设置

---

① 李复雪:《泉州湾宋代海船上贝类的研究》,《海交史研究》1984年第6期。

市舶司,号称"三司",专门管理与各国的通商贸易。到了南宋建都临安(杭州),明州市舶司为户部管辖。还有广州、泉州,也称"三司"。也就是说,从唐宋时代起,浙江沿海不但与遥远的阿拉伯、波斯地区有通商贸易,而且在东亚文化贸易圈中,明州港是一个物资输出的主要口岸,[①]因此历来造船业发达。

由于明州港地处中国海岸线中段,又是南北海洋交界之地,往南与唐代贾耽广州通夷道相接,往北与登州渤海道连接,因此,在浙东所建造的航海船型,必须是适应去南、北洋的船型。北洋主要是去日本列岛与朝鲜半岛的。

从"浙船"出土古船和文献记载看,其特点是尖头尖底船型,这里所说的尖底,并不是和福建的尖底船一致,而是有它的独特的线型,即有的专家所指出的"V"字形,到后半身为"U"字形。这就是"福船"与"浙船"的区别。

"浙船"这类型的海船,既能适航于南洋,又能在北洋航行活动。综上所述,除沙船外,广船、福船与浙船这三种船型,在适应航海上,经过对比,可以看出有着共同的特点是抗风浪、提航速,保证航海安全,但每一种船型都有它们自己的线型与特点。

二、"浙船"的特点与线型

上面通过不同海域不同船型的比较,可以看出"浙船"是一种既适合南洋更适合北洋航行的船舶。它的特点即尖头,底部由 V 字形到 U 字形的一种船型。

浙江宁波、象山以及山东蓬莱等地出土物证实了"浙船"的船型,在北宋时已定型,一直延续到当代。

1. 明州建造的"神舟"船型

北宋元丰初朝廷下旨"造两舰于明州(今宁波)……皆名为'神舟',出使高丽……自定海(今镇海)绝洋而东。既至,国人欢呼出迎……"这两艘"神舟"船型即《宣和奉使高丽图经》中记叙的"上平如衡,下侧如刃",这反映了明州于元丰初打造的是尖底旁边如刃的船型。

在北宋末的宣和初又出使高丽,这次在明州建造装修的两艘"神舟"也应属于尖底 V—U 类型船。这两艘大船大木作部分来自两浙路或福建,[②]

---

① 林士民、沈建国:《万里丝路——宁波与海上丝绸之路》,宁波出版社 2002 年版,有关交通贸易节。

② 大木作船体来自福建两浙路。两浙路港口当时有温州、台州、杭州、苏州、润州、常州、湖州等,推断船体来自上述港口之一。

最后由明州完成该船的建修。建修地点也在明州府招宝山下，所以说出使高丽的大型"神舟"，其船型均为尖底船，其尖底的线型据推断也应是由 V 字形到 U 字形这一类。关于"神舟"可详见北宋造船节。

2. 宁波出土的北宋海船船型

宁波出土的海船其时代为北宋，根据出土古船，经过研究（详见北宋造船节），专家学者一致认为与宁波、温州著名的船型"绿眉毛"相比较其数据属正常范围，认为是一艘"尖头、尖底、方尾的三桅外海船"。其实从线型看是尖底，由 V 字形到 U 字形。宁波北宋古船具有它自身的特点。

3. 蓬莱出土的元代刀鱼船型

山东蓬莱水城出土了编号为一、二号的元代的浙江（宁波）刀鱼船型的战船。刀鱼船原于浙东宁波沿海一带，俗称钓槽船。对这类刀鱼船，袁晓春先生指出："确实与上述三种船型（即沙船、广船和福船）有明显区别。"（见图 8-52）他还提出"明确'浙船'的概念"。蓬莱一、二号船的刀鱼船也称钓鱼船，文献明确记载：浙东民间钓

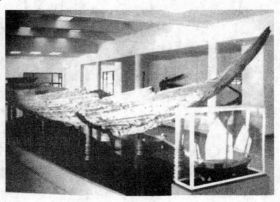

图 8-52　蓬莱出土的宁波船

鱼船，"其尾阔可分水，面敞可容兵，底狭尖破浪……"，说明此型是"底下尖可破浪"。从实测与复原图表明，其船体"尾阔"呈 U 字形线状。这些特点正是宁波船的特点，与宁波所出土的北宋船型也相似。所以在北宋时曾"措置合用刀鱼战船，已行画样，颁下州县"①制造。这里也说明浙东宁波一带这类刀鱼船型相当流行、兴盛。它与出土北宋海船线型实质上是同一类型。

4. 象山出土的明代战船船型

宁波象山船与蓬莱船在船舶形制上有相同和一致性，这说明象山船的后部尾阔、底狭尖的特点。这种刀鱼船型，因其船体形细长而得名，据辛元欧先生 1989 年蓬莱水域出土古船考，认为最早出现于五代末或宋初，其发源地即浙江（宁波）沿海。早期是作为渔船，以其快速性较好，演变为战船。

---

① （清）徐松辑：《宋会要辑稿稿食货》五十之八。

象山船还有一个特点,设有"梗水木",它与北宋宁波船的舭龙骨作用是一样的,说明从北宋到明代,宁波船还用了这一先进的装置。正如席龙飞所说:"象山船的发现,还有在 20 世纪 80 年代发现的蓬莱船都是浙江(宁波)沿海优秀造船技术传统的物证。"

　　5.1960 年普查中的优秀船型

图 8-53　国外书上的绿眉毛船

在这次大普查中唯有"绿眉毛"船型从木帆船改为机动木帆船有发展前途,因此肯定这种船型,作为政府扶植发展的一种船型。这类"绿眉毛"船型主要在宁波(舟山)、温州、海门有 200 多艘。

　　评论认为,"线型好,阻力小,航速高","弦弧大,弦墙深,梁拱高","稳性良好,所以抗浪,抗风性能优越"。其线型大多为尖头、尖底,亦由 V 字形逐渐到 U 字形的结构造型。(见图 8-53 至图 8-55)

图 8-54　外国书上的宁波船

THE NINGPO TRADER.

NINGPO in Chekiang, some twelve miles from the mouth of the Yung river, is one of the first places in which foreigners settled. As early as 1533 the Portuguese colony known as Liampo was in a flourishing condition. We can be certain, therefore, that Ningpo was an important place in olden days. Shanghai has since eclipsed this one-time busy mart, and the fine vessels that used to carry the tea and other produce for which this port was famous have now nearly disappeared. The majority of junks seen moored alongside the river bank at Ningpo at the present time are of the Chusan Island, Shaoshing, or Foochow pole type, but occasionally one will see a real old Ningpo junk moored down by the Native City. If lucky, one will be met with outside Chinhai at the mouth of the River, and the illustration given shows one of these lumbering traders passing Tiger Island on her journey north. Of the turret type and similar in a great many ways to her sister vessel, the Pechili Trader (see page 28) she is infinitely more picturesque and, gliding along in the light breeze, the blue stern with red facings reflected in the muddy waters, with the brown and yellow of her sails contrasting with the sky, she is indeed a beautiful sight. Running up to 100 feet in length and carrying from 100 to 150

[75]

图 8-55　外文介绍宁波商船

6. 古船建造工艺调查的船型

在撰写《宁波造船史》过程中,对建造木帆船的工艺调查,投入了大量的精力,对宁波(包括舟山)地域沿海建造木帆船的老船厂(作坊)和目前尚健在的造船老师傅进行了实地访问(见图 8-56),记录了他们的口碑,这是宝贵的非物质文化遗产。

图 8-56　作者(右二)与访问者合影

访问中获得了许多有关"浙船"类型的极为生动的形象照片与口碑资料。以象山捕捞用的大捕船为例,从船型看也是尖头、尖底由 V 字形到 U 字形的结构造型。

据舟山同志提供:前几年建造的"绿眉毛"大海船,航行到韩国釜山进行了航海文化交流。这艘船型的特征与古代的"绿眉毛"一样,即尖头、尖底由 V 字形到 U 字形的结构造型。

宁波市江东凯凯帆船模型研究开发有限公司(浙江长宏造船有限公司)总经理陈祥荣先生给全国各地博物馆、展览馆制作的船模和造船在业界颇有名气。他制作的绿眉毛船、乌浪鼓船(见图 8-57、图 8-58),都是尖头尖底,尖底由 V 字形到 U 字形的结构,也是"浙船"的优秀船型。

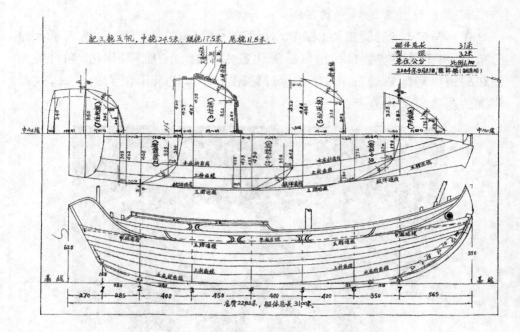

图 8-57　陈祥荣制造的绿眉毛船图

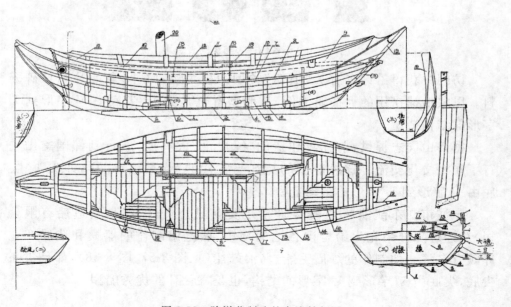

图 8-58　陈祥荣制造的乌浪鼓船图

在研究"浙船"的过程中,笔者还请教了我国著名的武汉、山东、广东、江苏、浙江等地的造船、船史研究的专家、学者(见图 8-59、图 8-60),他们认为《宁波造船史》一定要把"浙船"这种优秀的船型写进去,这不但为进一步深入研究"浙船"打开局面,也是对"浙船"非物质文化遗产的抢救与保护,而且为我们继承发扬中国木帆船中"浙船"优秀文化遗产增强了责任心和信心,使它流芳百世。

图 8-59　专家学者研讨古船

图 8-60　古船研究所部分专家学者合影

后　记

　　《宁波造船史》作为一个专业史，理应由专业搞造船的专家撰写，但是宁波作为文化大市现在还没有一个专门研究宁波造船史的机构。2007年宁波市文化广播新闻出版局领导，计划与宁海宝德公司联合举办宁波造船史陈列展，并把编写陈列大纲、文本的任务交给我。因此，从2007年下半年开始搜集有关宁波的造船文献与出土文物资料。时值受日本东京大学、广岛大学邀请作《宁波港沉船考古研究》学术报告（讲座）与交流。2008年1月完成了《中国·宁波船史陈列》大纲，整个陈列在12月8日宁波名城公布日的"海上丝绸之路"文化节公开展出。其间得到我国著名的造船史专家席龙飞教授的关怀与支持，例如对陈列大纲的研讨提出修改建议等。在陈列船模中得到宁波宝德公司总经理尤飞君先生的支持，提供了大量的实物资料。其中各类型船模都是按照出土物发表的资料作了设计后制作的，这些船模中有很大部分是属于宁波沿海的船。这批实物中还包括明清时期的来自全国各地聚集于宁波港的船模，这批船模不但反映了我国各个时期的基本船型，而且更为具体形象地将舟船的结构配置等介绍给人们。我在编写宁波造船史时，将这些船模有机地结合史料给予组合，在组织撰写中获得了不少造船的知识。《中国·宁波船史》展出后，得到中央、省市领导、媒体和博物馆系统的好评，从中也积累了不少的资料与知识。2009年中国（宁波）古船研究所成立。尤飞君为所长，席龙飞、何国卫、顿贺、柳存根、何志标、金行德、韦文禧、黄浙苏、蔡薇和我被邀为研究所的研究员。2009年9月在研究所召开年会，议题为：北宋神舟与客舟的研究。通过陈列与宁波沉船考古一系列研究活动,对宁波古代的造船历史有了一个概括的了解,对宁波港唐宋以来东亚航路与明州港远洋航线、"陶瓷之路"、远洋地名以及交通贸易情况等研究,已积累了不少的资料,为撰写《宁波造船史》奠定了基础。

2010年1月,宁波市哲学社会科学发展规划领导小组办公室"2010年度宁波市文化研究工程项目"之一《宁波造船史》通过专家评审立项。我既不是造船的行家,又不是专业研究者,为什么对造船与航海会有兴趣呢?作为一个考古工作者,则以实物、遗迹为研究对象,目的是复原社会的一个侧面。在长期的考古工作中,曾经在宁波河姆渡遗址发掘出独木舟。此外,跨湖桥的独木舟与墓葬中的铜钺(风帆有关),唐代的龙舟,北宋的外海船,南宋的江海船,明代的战船等,在这些考古发掘出土的舟船实物中,除了主要研究造船方面的工艺技术外,更重要的是研究这些古船的用途,即与航海贸易及文化交流的关系。这一系列研究与宁波港历代对外交流与交往史,与航海史、航线都有着十分密切的关系。因此笔者利用考古资料来研究上述历史,具有一定的优势。

造船与航海有着密切的关系。目前国内关于造船与航海的专题性博物馆虽然是有,但由于角度不同,陈列的造船与航海的内容也就有一定的差别。例如福建泉州的"中国海外交通史博物馆"陈列的船模,展示了中国的各种类型的船模,但是没有突出各个时代的造船精英与亮点,例如北宋两次出使高丽打造的"神舟",照理应该很好地讨论研究,制成模型让人们知道在北宋时中国造船业已相当发达,但这方面缺乏资料与展示。泉州出土的南宋古船,不论从船型或结构上对研究南宋时期海船有很高的价值。在山东蓬莱几次考察中,发现山东蓬莱元代古船的结构、配置与我们象山发掘的战船有很多相似的地方,这对我们了解当时战船的结构有很大的帮助。在浙江考察了镇海、舟山、宁海、象山的古代造船工场,特别是从取材到制作,这一整套的工序十分有条理,印象深刻。镇海老船厂曾为日本打造过宁波船,说是作为陈列用,此后韩国张保皋研究会的金井昊先生多次来宁波参观博物馆(和我们结为友好馆),与我多次研究,准备打造一艘元代贸易的仿古船。为了这件事,我考察了宁波古代造船场遗址和造船厂,到天童山看树木选材,并到韩国考察木浦沉船搜集有关资料,后来由于经费问题,让旅游部门接收。这里说明一个问题,韩国的造船界对古代明州港造船的高超技艺还是信得过的。

　　浙江大学日本文化研究所（后为浙江工商大学日本文化研究所）的所长王勇教授，是研究日本遣唐使的著名学者，在探索渡海工具遣唐使船时，曾想在宁波打造日本遣唐使船，并通过宁波至日本的航行活动，开展中日文化的进一步交流，并通过航海探索体验唐代的中日航海活动。当时我搜集了一些资料，并作了一个打造遣唐使船的计划。由于日本遣唐使船的资料实在不多，目前所见到的也是后人所绘制的遣唐使船，因此实现这一目标确实存在着不少困难。王勇教授的决心与日本学者对明州港造船的信心是可敬佩的。这一切活动对撰写《宁波造船史》有一定的帮助。

　　回想在 20 世纪 70 年代末，第一次发掘北宋海船。当时在奉化江西岸北宋古国际海运码头遗址处发掘，这次发掘的目的是搞清楚唐宋时期海运码头的位置、结构、演变历史与规模。在发掘过程中，露出了古船。当古船一暴露，我们就十分注意它所处的地层层位与保护措施，为了确保清理质量做了一系列的准备工作。古船出土要作记录、拍照，当时古船上有的名称都不知道，去图书馆借了有关造船与船舶的书籍进行学习对照，与此同时请了宁波造船厂的黎松庭工程师来帮忙，并通报中国海外交通史研究会，邀请航海、船舶、海交史专家学者汇集一起共同分析研究，并结识了席龙飞、何国卫等教授，这在学术上对大家都有很大的帮助与提高。尤其是席、何两人合作写了《对宁波古船的研究》一文，在《武汉水运工程学院学报》1981 年第 2 期发表。其中对我们发掘的北宋古船里的舭龙骨作了研究，首先提出了比外国早了六七百年的观点，同时对古船的结构等作了翔实的研究，使我们考古者对发掘沉船的意义有了进一步的认识，并为宁波港的航海与海外交通史提供了第一手实物资料。1981 年 12 月 21 日至 28日在宁波市召开了"宁波港海外交通史学术讨论会"，出席会议的有许多造船方面的专家学者，如中国科学院自然科学史研究所周世德、徐英范（谈宁波宋代海船的复原），武汉水运学院席龙飞、何国卫（对宁波古船的研究），大连水运学院杨熺教授等，他们对宁波港的造船发表了许多高见，为进一步推动宁波沉船考古工作的开展，为宁波市文物考古研究所沉船考古揭开了序幕。考古报告发表后，也引起了造船、航海、海交界学者的关注，先后来宁波考察交流。

　　通过这次沉船考古，不但对宁波考古工作作了一次肯定，而且为今后沉船考古指明了方向。在这次学术研讨会上，我发表题为《明州港的造船业》的论文，在撰写论文过程中觉得宁波的造船、航海史料十分丰富，在这个基础上萌发了编写《宁波造船史》的想法。1981年年初，我主持宁波市文管办工作期间，搞了一个《宁波造船史》初稿。这个大纲的内容，目前尚保存着，当时是用铅字打印的，大纲内容如下：

宁波造船史（第一初稿提纲）

第一章　宁波造船业的起源（原始社会至商周）

第一节　原始社会的水上工具

（一）最古老的渡水工具

（二）先民的航海技术（宁波先民水上活动记述与考古材料引证已能航海活动）

第二节　商周时期的水上交通与造船

（一）越民族的水上活动（指夏代文献记载、献舟等）

（二）越国的造船业（吴越战船，宁波已成为我国九大港口之一）

第二章　宁波造船业的发展时期（秦汉至唐）

第一节　秦汉时期的水上交通

（一）始皇来鄞（即今宁波）与航海

（二）汉代宁波与日本的通商

第二节　吴晋时水运和造船（运河沟通促使宁波造船发展；海军从宁波远征看造船）

第三节　隋唐时期造船的发展

（一）隋唐大运河直通宁波"三江口"（大运河开凿与浙东运河连接考证外海运的发展）

（二）唐代明州的造船业（考古发掘的船场与龙骨）

（三）唐代海外交通与造船（主要日本与南海诸国，包括鉴真和尚来明州东渡）

第三章　宁波造船业的鼎盛时期（两宋、元）

第一节　跃居全国首位的造船业

（一）明州造船发达的历史原因

（二）明州造船场（厂）的分布（根据考古资料评述）

（三）官府与民间造船的概况

第二节　造船机构设置与人员配备

第三节　造船技术的突破

第四节　出土的宋船与造船工艺

第五节　宋代漕运与发达的造船业

第六节　元庆元（即宁波）的航海事业（指海外交通贸易，以及海军远征都从庆元集兵出征史实）

第七节　宋元时期海外交通贸易与造船业

第四章　宁波造船业的衰落时期（明清）

第一节　海禁对宁波造船业的影响

第二节　宁波出土明清古船与工艺

第三节　资本主义入侵与宁波造船业的衰落

第五章　宁波造船业的复兴时期

第一节　宁波造船业的复兴的历史原因

第二节　宁波民间造船业的大发展

第三节　宁波造船工艺的系统总结

第四节　东方大港的建成与造船

（宁波为我国进一步对外开放的十四个港口城市之一，目前已建成我国著名的深水良港（北仑），除浙江造船厂外，市内有制造外海渔轮的制造厂等。）

现在看来，这个铅字打印稿，有的内容在今天还是可用的，有的内容随着时代的进步，资料的丰富，也还有参考价值。证明了一点，笔者萌发编写《宁波造船史》一念已经有30年了，这次终于实现了。事实上宁波港发展的历程中离不开造船业的发展，只有造船业发达，才有可能拓展海上航线，才有可能发展经济与文化交流。凡是一个发达的海港城市都离不开造船业的发展。

宁波的沉船考古，在第二次全国文物大普查后，有目标的，如慈溪市海边的宋代木船，象山县涂茨的两处沉船，镇海海塘残船遗存和奉化江青白瓷碗这批似有沉船可能。不久我们在配合镇海区清理古江河修筑河岸时，在城池遗址出土了与唐代瓷器共存的残船和一批船板、艄柱和桐油灰等遗存。在象山县配合农田基本建设，发掘了明代沉船。在姚江的南岸唐、宋遗址中，清理了造船遗存与一条宋古船。在象山港水下考古时，笔者亲自参加了水下考古工作，在船上鉴定文物。经水下考古人员探摸表明，象山港在奉化江段卫星定位处，不但有一批元代青白瓷出土，而且在海底尚保存了残船的遗骸。这一切都证明了宁波水下考古大有可为。上述的工作反映了沉船考古不但引起了社会上的特别重视，而且也是宁波市文物考古方面的一个亮点。

在《宁波造船史》撰写大纲完成后,把大纲与具体内容送到宁波市社联科技处,处领导十分支持与关心。除了搜集资料花了很多时间,重点是实地考察。在撰写过程中,浙江省文物考古研究所蒋乐平教授提供了资料、图片,并得到了市文物考古研究所领导和同仁们的支持与帮助,如丁友甫、吴兴华、林浩等同志,在百忙之中提供资料、图片;武汉理工大学席龙飞教授特地将《浙江省木帆船普查资料》寄来给我作参考;古船研究所所长尤飞君先生提供了北宋神舟讨论会的资料;保国寺建筑博物馆馆长余如龙先生大力支持,给予一切方便。

初稿完成后,于 2011 年 1 月份,将导论与目录等内容分别寄给中国(宁波)古船研究所、上海交大、武汉理工大学、武汉理工大学造船研究中心、中国船级社武汉规范研究所,以及广东、山东蓬莱、江苏常熟、浙江象山等有关造船与船史研究专家,征求他们的意见,这些专家学者对《宁波造船史》都作了充分的肯定,并给予大力的支持与鼓励,认为"开创了撰写地方造船史专著的先河","这本《宁波造船史》不仅为宁波舟船文化的研究和传播作出了大贡献,而且有助推动中国造船史研究的发展","对'浙船'的研究有了新的认识"。同时对文稿又作了一些调整补充。例如何国卫教授等提出"船舶是否是尖底船应从船舶中横剖线和船底面是否有平面(除突出船底外的龙骨)上来判断。横剖线呈 V 形的肯定是尖底,呈 U 形的则有平底,横剖线的 VU 程度反映了尖平程度。宁波出土宋船线型与泉州船相近是尖底的","象山船虽无平底但它是大园舺型的;被认为属浙江刀鱼战船型的蓬莱 1 号船是有较小的平底的",等等,对我们研究海船是平底还是尖底,都有一定的帮助。

对于尖底海船,我们认为最早出现文献记载的应当是北宋元丰时,朝廷明确命令明州打造"神舟",打造地点在明州府的镇海口招宝山下,打造的是"上平如衡,下侧如刃"的大型海船,到了南宋末我国泉州湾出土的海船是一艘较大的尖底船,这为我们复原提供了依据。

尖底海船是否源于东南沿海?从目前来看,文献记载比北宋早的还未见。在中国出土古船中,很大一部分是内河船,海船在中国目前见到的少。宁波北宋海船,虽是尖头尖底体量但不如泉州海船大,泉州海船是南宋晚期的一艘尖底大海船,对全方位研究造船有很大价值,这在《中国造船史》中已专门叙述。在元代由庆元港(明州)起航的海船,也是尖底船。这些充分反映了我国著名的港埠都有历史悠久的造船史。

为继承与发扬我国古代的打造木帆船的工艺,宁波市镇海在 20 世纪 80 年代曾经为日本打造过木帆船两艘,宁波的舟山是我国著名的渔场,也是打造从事捕捞的海船的基地,打造绿眉毛并与韩国作友好访问,都有着一定的历史意义。为了使人们了解打造工艺,笔者走访了镇海、舟山与宁海、象山等地,这些打造木帆船的工场都为打造铁壳、水泥船的厂所取代。古船研究所尤飞君先生,为全国各地文博、旅游单位打造仿古木帆船(包括船模);宁波市江东凯凯帆船船模研究开发有限公司(浙江长宏造船有限公司)总经理陈祥荣先生提供建造木帆船经验和图纸;象山县石浦杨氏古船坊主人杨雪峰、其父亲杨道满和造船舶有丰富经验的陈瑞春先生都是与渔业造船有关的浙江省非物质文化遗产的传承保护人。因此,笔者请他们介绍建造过程,将一整套工艺记录下来,成为木帆船制造工艺的非物质文化遗产的光辉一页。

宁波市社科联科技处领导和同志们的大力支持和关心,使课题研究不断深化,为进一步保护造船方面有关的非物质文化遗产的深挖、研究奠定了基础。

中国船史研究会名誉会长、中国海外交通史研究会顾问、武汉理工大学造船史研究中心顾问席龙飞教授和中国船史学术委员会古代史组著名专家、武汉造船工程学会船史学术委员会副主任、中国船级社武汉规范研究所何国卫教授为本书赐序。对支持本书撰写,提供资料的单位、个人和浙江大学出版社责任编辑深表感谢。

林士民

2011 年 8 月

图书在版编目(CIP)数据

宁波造船史 / 林士民著. —杭州：浙江大学出版
社,2012.3
ISBN 978-7-308-09697-3

Ⅰ.①宁… Ⅱ.①林… Ⅲ.造船工业－工业史－研
究－宁波市 Ⅳ.①F426.474

中国版本图书馆 CIP 数据核字(2012)第 034013 号

宁波造船史

林士民　著

责任编辑	吴伟伟 weiweiwu@zju.edu.cn	
封面设计	俞亚彤	
出版发行	浙江大学出版社	
	（杭州市天目山路 148 号　邮政编码 310007）	
	（网址：http://www.zjupress.com）	
排　　版	浙江时代出版服务有限公司	
印　　刷	杭州日报报业集团盛元印务有限公司	
开　　本	710mm×1000mm　1/16	
印　　张	14	
字　　数	237 千	
版印次	2012 年 4 月第 1 版　2012 年 4 月第 1 次印刷	
书　　号	ISBN 978-7-308-09697-3	
定　　价	39.00 元	